»Ein Weib mit ungeheurem Talent«
Angelika Kauffmann

ZUM BUCH

Sie war reich und erfolgreich. Eine Porträtmalerin, die frenetisch gefeiert wurde im Europa des 18. Jahrhunderts. Und das, obwohl man den Frauen damals absprach, überhaupt Talent zu haben.
Der gesamte europäische Hochadel, der Kaiser in Wien und der Zar in Petersburg, sie alle wollten nur von ihr gemalt werden. Ihre Begabung – früh entdeckt und vom Vater konsequent gefördert – machte sie selbstbewußt, ja karriereorientiert. Doch sie ließ sich trotz aller verlockenden Angebote nie als Hofmalerin binden. Sie mußte frei sein.
Angelika Kauffmann (1741–1807) tauschte sich mit den bedeutendsten Größen ihrer Zeit aus – mit Goethe, Herder, Klopstock. Und sie war schön, was alle Welt Skandale vermuten ließ, besonders die männlichen Neider. Und dennoch mußten alle eingestehen: »Sie ist an Tätigkeit ein Mann und hat mehr getan als 50 Männer tun können.«
In einer großen Retrospektive, die 1998 und 1999 in Düsseldorf, München und Chur – ihrem Geburtsort – zu sehen sein wird, soll ihr umfangreiches Werk jetzt endlich gewürdigt werden.

ZUM AUTOR

Siegfried Obermeier lebt als Roman- und Sachbuchautor im bayerischen Oberschleißheim. Mehrere Jahre war er Redakteur einer Kunstzeitschrift; er ist Mitautor des Standardwerkes »Kunst«.

SIEGFRIED OBERMEIER

»Ein Weib mit ungeheurem Talent«

Angelika Kauffmann

ECON & LIST TASCHENBUCH VERLAG

Veröffentlicht im Econ & List Taschenbuch Verlag
Der Econ & List Taschenbuch Verlag
ist ein Unternehmen der Econ & List Verlagsgesellschaft, München

Dieses Buch erschien 1987 in ähnlicher Form im Oberon Verlag, Frankfurt a. Main.
Für diese Ausgabe wurde es überarbeitet und völlig neu ausgestattet.
Umschlagkonzept: Büro Meyer & Schmidt, München – Jorge Schmidt
Umschlagrealisation: Tabea Dietrich, Constanza Puglisi, München
Titelabbildung: Artothek Peissenberg (Selbstbildnis der Angelika Kauffmann)
Lektorat: Ulrike Meiser, Düsseldorf
Gesetzt aus der Rotis, Linotype
Satz: Josefine Urban – KompetenzCenter, Düsseldorf
Druck und Bindearbeiten: Ebner Ulm
Printed in Germany
ISBN 26559-8

INHALT

VORWORT

Angelika Kauffmann protestierte nie, ist niemals aufsässig und widerborstig gewesen, hat nie jemandem gründlich Bescheid gesagt, nie ihre Zähne gezeigt oder Ellenbogen gebraucht. Nach einem solchen Verhalten sucht man in ihrem Leben vergebens – und dennoch war sie eine Rebellin, allerdings eine sanfte, aber nicht wenig beharrliche. Sie war in Europa in der Zeit zwischen 1780 bis 1800 nicht nur die gefragteste und gefeiertste Malerin, sondern wohl auch die bekannteste Frau aus bürgerlichen Kreisen. Wenn etwa Marie Antoinette (1755–1793) zu gewissen Zeiten innerhalb Europas ebenso in aller Munde war, dann aus ganz anderen, hier irrelevanten Gründen. Dieser österreichischen Kaisertochter wurde die Bekanntheit quasi schon in die Wiege gelegt, während Angelika Kauffmann sich ihren Ruhm selber schuf und das in einer Zeit, da es für eine Frau schlechthin unmöglich war, auf irgendeinem Gebiet etwas zu erreichen oder gar damit Ruhm zu erwerben. Kunst, Handwerk, Handel, geistliche und weltliche Ämter, dazu die Schulen und Universitäten waren – mit ganz wenigen Ausnahmen – von Männern dominiert. Frauen sprach man Talent im 18. Jahrhundert meist noch schlichtweg ab. Wer es als Frau also zu etwas bringen wollte, mußte ganz außerordentliche Voraussetzungen mitbringen, wie etwa die Malerin und Kupferstecherin Maria Sibylla Merian (1646–1717), die zudem das Glück hatte, aus einer schon lange bekannten Künstlerfamilie zu stammen.

Nichts davon traf auf Angelika Kauffmann zu. Ihr Vater Johann Joseph Kauffmann (1707–1782) ernährte sich und seine kleine Familie mehr schlecht als recht als Wandermaler, dessen Name

ohne die später berühmte Tochter längst in Vergessenheit gesunken wäre.
Aus damaliger Sicht kann man es schon als ein kräftiges Lökken wider den Stachel bezeichnen, wenn Angelika sich nicht damit abfand, zeitlebens als unbezahlte Gehilfin ihres Vaters durch Europa zu ziehen, bis einer sich erbarmte und das mittellose Mädchen gnädig zur Frau nahm. Freilich müssen wir auch den guten Willen ihres liebe- und verständnisvollen Vaters anerkennen, der – nachdem ihm Gott keinen Sohn geschenkt hatte – der Tochter jede Chance gab, sich zu profilieren. Für Väter war es damals Brauch und Sitte, in der Tochter nur die künftige Ehefrau und Mutter zu sehen. Was an Wünschen und Hoffnungen darüber hinausging, wurde als »Weiberflausen« abgetan. Dieser Vater aber ließ Angelika gewähren, als sie mit 13 Jahren den Wunsch äußerte, ihn und die Mutter zu porträtieren. Und nicht nur das: Er stellte sich, seinen Stolz, seine bescheidenen Talente zurück, als er den Bischof von Como überredete, Angelika zu einem Bildnis zu sitzen.
Die Zeit, in der sie lebte, kam aber zudem ihren Wünschen, ihrem Talent entgegen, denn es war die Zeit der Wunderkinder, die allerdings fast ausnahmslos männlicher Natur waren. Der kleine, klavierspielende, durch Europa tingelnde Mozart – Angelikas unmittelbarer Zeitgenosse – ist dafür das beste Beispiel.
Die ersten entscheidenden Schritte auf der Ruhmesleiter tat Angelika Kauffmann in London, wo sie seit 1766 lebte und arbeitete, und zwar ohne den Vater. Damit soll gesagt sein, daß die sanfte Rebellion der Angelika Kauffmann sich in kleinen Schritten, aber äußerst beharrlich und konsequent vollzog. Dazu gehörte auch, daß sie, eine zwar erfolgreiche, aber schon auf die dreißig zugehende Frau, zwei glanzvolle Heiratsanträge freundlich aber bestimmt ablehnte. Der eine kam von Sir Joshua Reynolds, dem berühmten Maler und Präsidenten der Londoner Akademie, der andere von ihrem Kollegen Nathaniel

Dance, der seiner Angebeteten von Rom nach London gefolgt war. Ungewöhnlich und erstaunlich ist, daß die von ihr Zurückgewiesenen auch weiterhin ihre Freunde blieben. Daß sie dem berühmten Reynolds einen Korb gab, wird der Überlegung entsprungen sein, damit als »Mrs. Reynolds« auf ein künstlerisches Abstellgleis zu geraten. Sie wollte lieber weiterhin die bekannte und beliebte »Miss Angel« bleiben und ihre künstlerische wie wirtschaftliche Selbständigkeit und Unabhängigkeit bewahren. Als sie dann auf einen Hochstapler hereinfiel und ihn überstürzt heiratete, war es eben Pech; im übrigen war ganz London seinem Charme erlegen. Aber sie war es, die diesen Mann erwählt hatte, ohne Mitwirkung oder Einverständnis des Vaters, der ihr vermutlich ganz dringend abgeraten hätte. Dieser »Graf Horn« war ein junger, stattlicher Mann, und sein Name verriet die Herkunft aus ältestem schwedischen Adel, und – anders als Reynolds und Dance – blieb er beharrlich und ließ sich nicht abweisen. Er galt in seiner Heimat als politisch verfolgt – kurzum, er bot alles auf, was Angelikas Bewunderung und Fürsorge erregte. Als sich bald nach der Hochzeit erwies, daß dieser »Graf« unter zahllosen verschiedenen Namen als Betrüger durch Europa gezogen und schon mehrfach verheiratet gewesen war, jagte Angelika den Gauner davon. Sie hätte ihn anzeigen und so dem Henker ausliefern können, denn in England stand auf Bigamie die Todesstrafe, aber darauf verzichtete sie.
Verfolgt man Angelikas Leben, so fällt auf, daß ihr Eigenschaften wie Rachsucht oder Vergeltung fremd waren. Das Paar wurde so rasch geschieden, Angelika gab ihm noch dreihundert Pfund mit auf den Weg, und er verschwand für immer. Vielleicht hat sie es gar nicht so sehr bedauert, denn sie war – gerade der Londoner Aufenthalt zeigte das – fest entschlossen, die berühmte Angelika Kauffmann zu bleiben und nicht Anhängsel eines Mannes zu werden, wie sich das heute noch im angelsächsischen Raum ausdrückt, wenn auf der Adressenkarte steht: »Mrs. John Miller« und dabei der weibliche Vorname im dunkeln bleibt.

Ihrem Weg auf der Ruhmesleiter tat dieses Skandälchen keinen Abbruch, und sie handelte sehr konsequent, als sie einem Freund ihres Vaters, den um 15 Jahre älteren Antonio Zucchi, die Hand zur Ehe reichte. Damit hatte sie einen Mann an ihrer Seite und konnte sich in Ruhe ihrem eigentlichen Ziel widmen, nämlich Europas begehrteste Malerin zu werden. Zucchi stützte sie, wo er konnte, grundierte ihre Leinwände und fertigte Rahmen an.

Bei diesem ruhigen und bescheidenen Mann wurde sie nicht zu einer »Mrs. Antonio Zucchi«, sondern blieb unbestritten *die Kauffmann.* Zucchi hielt ihr den Rücken frei und nicht umgekehrt.

Damit begann in Rom ein neues Leben, und es war ein weiteres Stück ihrer sanften Rebellion, daß sie ihr Atelier auf dem Pincio in einer völlig von Männern beherrschten Stadt errichtete. In Neapel – wo sie sich zuvor kurz aufgehalten hatte – traf sie die Königin Karoline Marie, eine Tochter Maria Theresias. Diese sehr resolute Monarchin – sie regierte quasi für ihren unfähigen Ehemann – war von Angelika sehr angetan und tat alles, um sie an ihren Hof zu ziehen. Gerade das aber wollte die Kauffmann nicht, denn sie verabscheute jede Art von Abhängigkeit. Sie wollte frei sein.

Woanders – etwa in Frankreich und Deutschland – gab es von Frauen geführte und beherrschte Salons – in Rom kannte man nichts davon. Hier hatte der Papst alle Zügel in der Hand, dann kamen die Kardinäle, die Prälaten und der absolut patriarchalisch eingestellte römische Adel. Bei den früheren Päpsten hatte es eine oder mehrere Maîtressen gegeben, die manchmal zu einem ziemlichen Einfluß gelangten, doch diese Zeiten waren endgültig vorbei. Pius VI. begünstigte zwar seine Nepoten, aber er lebte anders als seine Vorgänger im Amt keusch, nahm sein Amt ernst und arbeitete viel.

Das tat Angelika Kauffmann auch, aber nicht nur das. In wenigen Jahren hatten ihr liebenswürdiger Charme, ihre unbeirrbare Menschlichkeit und ihr von allen bewundertes Talent die Herzen der Römer erobert. Wer in die Heilige Stadt kam und einigermaßen etwas darstellte, wurde von ihr empfangen, und es gab nicht eine Stimme, die sich über ihre Person abschätzig äußerte.

Bei erfolgreichen Menschen besteht manchmal die fatale Neigung, auf andere mit Herablassung oder gar Verachtung herabzuschauen. Bei Angelika Kauffmann finden wir genau das Gegenteil. Sie hat sich in einigen Fällen vehement für Benachteiligte eingesetzt – ich werde im Goethekapitel darüber berichten.

Es ist ein Glück für uns und zum Verständnis für das Wesen der Angelika Kauffmann von höchster Bedeutung, daß Ende Oktober 1786 der große deutsche Dichter nach Rom kam. Als fast zwei Jahrzehnte später seine »Italienische Reise« erschien – Angelika Kauffmann war schon vor einigen Jahren gestorben –, war es wie die Wiederbelebung einer schon halb Vergessenen.

In diesem Buch hat Goethe mehrere Frauen erwähnt, sie aber ist die einzige, die er namentlich nennt. Sie waren enge Freunde, und seine Beurteilung der Künstlerin Angelika Kauffmann fiel nur lobend aus.

Und dennoch: In Angelika Kauffmanns Leben war dieses Zusammentreffen auf jeden Fall ein nächster Schritt auf ihrem Weg zu einer selbstbewußten Malerin: Mit Geschick, Beharrlichkeit, aber auch der nötigen Konsequenz hat sie den damals durch seinen »Werther« schon weitberühmten Dichter auf den richtigen, oder besser gesagt, den ihm gemäßen Lebensweg gebracht, woran freilich auch das Erleben der Antike einen beträchtlichen Anteil hatte. Dazu muß gesagt sein, daß Goethe in Rom unter einem Pseudonym auftauchte, und in seinem getürkten Paß bereits der Beruf stand, auf den er vielleicht von nun an – das hat er ganz ernsthaft erwogen – überwechseln wollte. Zumindest hatte er vor, hier, in einem der bedeutendsten

Zentren europäischer Kunst zu prüfen, ob sein Talent ausreichte, Maler zu werden. Daß dies keine flüchtige Laune war, beweisen hunderte von hinterlassenen Aquarellen, Zeichnungen und Kupferstichen.
Angelika Kauffmann mochte ihn als Menschen, schätzte auch den Künstler in ihm, erkannte schnell seine Genialität. Daß aber seine Begabung nicht auf dem Gebiet der Malerei lag, war ihr auch klar. Sie ließ sich mit Vergnügen aus seiner werdenden »Iphigenie« vorlesen und prüfte geduldig seine malerischen Versuche. Es ist ein hohes Meisterstück, wenn man verfolgt, wie sie ihn mit Geduld, Beharrlichkeit und manchmal mit deutlichem Nachdruck von der Idee abbrachte, auf die Malerei überzuwechseln. Er schien bald erkannt zu haben, daß sich sein malerisches Talent in gewissen Grenzen bewegte, aber so ganz aufgeben wollte er diese Kunst doch nicht. Zumindest beim Zeichnen hoffte er, es »bis zu einem gewissen Grade zu bringen«.
Zwischen beiden gab es wahrscheinlich keinen erotischen Funken. Angelika war damals schon 45 und nicht von der Art, ihm mit »weiblicher Überredungskunst« oder mit den »Waffen einer Frau« zuzusetzen. Ihre Freundschaft war eher geistiger Natur, und wenn es um Malerei ging, dann akzeptierte Goethe gern ein Lehrerin-Schüler-Verhältnis.
Sprechen wir Klartext: Einer alternden, aber sehr gescheiten und sehr bewundernswerten Malerin ist es gelungen, den schwankenden und in einer Lebenskrise steckenden Goethe auf den ihm gemäßen Weg zurückzubringen. Dieser Dichter war nun gewiß kein Mensch, der sich viel sagen, sich von den Ratschlägen anderer leiten ließ. Daß es Angelika Kauffmann mit der ihr eigenen Einfühlungsgabe gelang, diesen genialen Menschen mit sich selber wieder in Einklang zu bringen, ist schon eine Leistung besonderer Art. Ob Goethe sich dessen ganz bewußt war, wissen wir nicht, aber gespürt muß er es haben, und manchmal spricht er ihr – in Form eines Kompliments –

anerkennend seinen Dank aus: »Sie ist eine treffliche, zarte, kluge, gute Frau, meine beste Bekanntschaft hier in Rom.« Das sagt gerade ein Goethe nicht so einfach hin.
Diese enge Freundschaft und geistige Vertrautheit führte aber auch dazu, daß Angelika ihm ihre Sorgen anvertraute. Diese waren freilich weder finanzieller noch ehelicher Art, sondern bezogen sich auf ihre harte Arbeit. »Sie ist nicht glücklich, wie sie es zu sein verdiente, bei dem wirklich großen Talent...« Sie hat ihm ihr Leid geklagt und in deutlichen Worten gesagt, daß sie manchmal alles hinschmeißen möchte. Aber Goethe kannte diese Frau sehr gut: »Das ist nun aber nicht und wird nicht.« Und er hatte recht: Angelika änderte ihre Arbeitsweise nicht und blieb fleißig und bescheiden, bis ihre körperlichen Kräfte nachließen. Diese vielgerühmte Bescheidenheit war vielleicht das Geheimnis ihres Erfolges. Sie konnte die bewunderte Ausnahmefrau bleiben, solange sie nicht zeigte, wie hart sie arbeitete, schreibt Waltraud Maierhofer.
Eine besondere Art ihrer sanften Rebellion war es, daß sie nicht wie viele andere Maler ihre Auftraggeber aufsuchte. Das lehnte sie konsequent und mit der ihr eigenen Liebenswürdigkeit ab. Wer sich porträtieren lassen wollte, mußte sich zu ihr ins Atelier bemühen. Das war eine von ihr aufgestellte Regel, von der sie keine Ausnahme zuließ. Bis dahin gab es kein historisches Beispiel, daß der höchste Repräsentant des Abendlandes, der deutsch-römische Kaiser, sich jemals in eigener Person zu einem Maler verfügt hätte, um sich porträtieren zu lassen. Kaiser Joseph II. tat es, und stolz berichtete Angelika Kauffmann nach Schwarzenberg, der Heimat ihrer Sippe: »... Ihre Majestät beehrten mich mit der Commiserie, zwei Gemälde für Hochselbe zu malen.«
Mag dieser Moment auch der Höhepunkt in ihrem Künstlerleben gewesen sein, so änderte es nichts an Angelikas Charakter oder ihrer Einstellung zum Leben. Sie blieb auch weiterhin was sie war: Bescheiden, umgänglich, hilfsbereit, aber durchaus

ihres Wertes und ihrer schon damals hoch eingeschätzten künstlerischen Bedeutung bewußt. Auch Goethe folgte da dem Geschmack seiner Zeit: »Sie hat ein unglaubliches und als Weib wirklich ungeheures Talent.«
Doch Angelika Kauffmann wurde als Künstlerin auch von anderen kritisch gesehen. August von Kotzebue (1761–1819), damals hochberühmter satirischer Bühnendichter, bemerkte bei einem Besuch ihres Ateliers: »Für heroische Gegenstände gebricht es der Künstlerin vollends an Kraft ... In Portraits scheint sie jedoch ihre größte Stärke zu besitzen, und vielleicht sind die Frauenzimmer, wenn sie Malerinnen werden wollen, recht eigentlich für diesen Zweig der Kunst bestimmt...«
Trifft dies auch nicht mehr für unser Jahrhundert zu, für das 18. und 19. müssen wir diese Behauptung aus ihrer Zeit heraus verstehen. Es sei hier nur an Rosalba Carriera (1675–1757) erinnert oder besser noch an Elisabeth Louise Vigée-Lebrun (1755–1842), die hochbegabte Porträtistin, die während der Französischen Revolution zwei Jahre im Ausland lebte und in Rom ihrer schärfsten Konkurrentin einen kurzen Besuch abstattete. Das wenigstens war ein Feld, auf dem Frauen arbeiten konnten, ohne in Konflikt mit ihrer Rolle zu geraten.
Es wäre reizvoll, dieses Phänomen genauer zu untersuchen, doch glaube ich, der Hauptgrund liegt darin, daß sich den begabten Malerinnen jener Epoche die Karriere als Porträtistin förmlich aufzwang. Dabei konnten sie die gebotene Schicklichkeit wahren, brauchten das Haus nicht zu verlassen, waren unabhängig von öffentlichen Aufträgen und von den fast nur mit Männern besetzten Akademien. Die Leute kamen ins Atelier, zahlten in der Regel gut und prompt, und es wurde in Adelskreisen schnell comme il faut, sich von der Vigée-Lebrun – weil die Königin Marie Antoinette es tat – oder von der Kauffmann – weil alle Standesgenossen es taten – abkonterfeien zu lassen.
Diese Rollenzuweisung existierte bis in die Zeit vor dem Ersten

Weltkrieg, als die heute wie damals kaum bekannte Porträtistin Tini Rupprecht (1867–1956) mit ihrer fast ausschließlich adligen Kundschaft in etwa fünfzehn Jahren eineinhalb Millionen Goldmark verdiente. Sie stellte kaum aus, wurde von Salon zu Salon weitergereicht, und sogar der brummige Lenbach empfahl die begabte Kollegin an Kunden, die er aus Zeitmangel ablehnen mußte. Eine andere kritische Stimme, vor allem, was ihre Darstellung von mythologischen Themen betraf, kam von August Wilhelm Schlegel, Kunsthistoriker, Sprachforscher, Dichter und zeitweilig Reisebegleiter und wohl auch Geliebter der Madame de Staël. Er bemerkte mit sanfter Ironie: »Die zarte Weiblichkeit in Gedanken und Dichtungen, die auf den Bildern der Angelika Kauffmann anzieht, hat sich bei den Figuren mitunter auf eine unerlaubte Art eingeschlichen; ihren Jünglingen sieht es aus den Augen, daß sie gar zu gern einen Mädchenbusen hätten, und womöglich auch solche Hüften.«
Es blieb also ein unlösbares Dilemma für eine Künstlerin – malte sie aus weiblicher Sicht, wurde ihr das zum Vorwurf gemacht, tat sie das nicht, galt es als Makel für sie als Frau.
Angelika Kauffmanns Name war so allen Gebildeten in Europa bekannt, und wer damals nach Rom kam, Geld und einen guten Namen besaß, rechnete es sich zur Ehre an, von der Kauffmann empfangen oder gar porträtiert zu werden.

Da stellt sich uns die Frage, wie man heute ihr Werk aus kunsthistorischer, wie aus materieller Sicht einschätzt. Wir leben in einer materialistischen Zeit, die den Wert eines Künstlers zuerst einmal an den Preisen seiner »Ware« mißt. Da treffen wir bei Angelika Kauffmann auf ein seltsames Phänomen: Ihren Bildern blieb die schwankende Bewertung anderer zu Lebzeiten hochberühmter Maler erspart; sie wurden nie besonders teuer, waren auch nie sehr billig. Nehmen wir als Beispiel Franz von Stuck (1863–1928). Auch er porträtierte zu hohen Preisen, auch er malte mythologische Szenen, die freilich nicht ganz so ernst

und literarisch gemeint waren wie die der Kauffmann. Nach dem Ersten Weltkrieg – Kandinsky hatte längst zur Abstraktion gefunden und der Expressionismus blühte – wurden Stucks Bilder belächelt, und nach dem Zweiten Weltkrieg waren sie zu Preisen teils unter hundert Mark zu haben und niemand kaufte sie. Das hat sich inzwischen wieder völlig geändert, doch dieses Auf und Ab in der Gunst der Kunstkäufer läßt sich auch bei ganz großen Malern beobachten; erinnert sei dabei an die früher oft schwankende Bewertung Rembrandts.
Anders bei Angelika Kauffmann. Im Vorarlberger Landesmuseum zu Bregenz liegt ein französisch geschriebenes Preisverzeichnis von 1788 auf, das für ihre Bilder Preise zwischen vierzig und hundertzwanzig »sequins« ansetzt. Zunächst einmal irritiert der Gebrauch des Wortes »Zechine«, aber diese altertümliche Münzeinheit wurde damals noch in mehreren europäischen Ländern gebraucht, war mit dem Dukaten zu vergleichen und wurde bis Anfang des 19. Jahrhunderts in Rom und Venedig als »zecchino« geprägt. Wenn sie auch zuletzt nicht mehr aus reinem Gold gefertigt war, so muß man die Zechine doch als Münzeinheit von hohem Wert betrachten, entsprechend etwa dem von zehn Goldmark.
So gesehen, bewegte sich Angelikas Preisniveau im oberen Bereich, und daran hatte sich nach ihrem Tod und der folgenden Zeit auch kaum etwas geändert. Ihre Bilder kamen und kommen selten in den Handel, und wenn, dann sind sie begehrt und keineswegs billig zu haben. So wurden im November 1982 bei Christies in London zwei Gegenstücke mit mythologischen Themen für etwa achttausendfünfhundert Pfund versteigert, was immerhin einem Preis von um dreißigtausend Mark entspricht. 1979 gab die Kunsthandlung G. Boerner eine Lagerliste heraus, die rund dreihundertfünfzig Zeichnungen und Stiche von und nach Angelika Kauffmann enthielt, mit Preisen bis zu zwölftausend Mark für eine mehrfigurige Zeichnung.
Das war die materielle Seite, nun aber zur ideellen. Waltraud

Maierhofer nimmt zur Einordnung Angelika Kauffmanns innerhalb der Kunstgeschichte ihren wichtigsten Biographen, Giovanni Rossi, zur Hilfe und schreibt: »Giovanni Rossis Darstellung folgt dem Muster, das für männliche Künstler galt, und ordnet ihr Werk in die Geschichte der Kunst im 18. Jahrhundert ein. Er hat Unterschiede zu anderen Malerinnen hervorgehoben und Kauffmanns Werk nicht mit dem von Frauen, sondern dem berühmter Maler verglichen. Der Biograph betont, daß Kauffmann aus eigenem Antrieb, nicht aufgrund der Zugehörigkeit zu einer bestimmten Schule zu Originalität und Erfolg gelangte, und zeigt sie nicht als empfindsam-schöne Seele, sondern als mutige und starke Künstlerin, geradezu eine Heldin, die verschiedenen Anfechtungen widerstand, um sich als Künstlerin durchzusetzen, die tugendhaft und weise handelte und ein Leben voller Verzicht einzig für die Kunst führte. Da Rossi zum größten Teil Auskünfte der Malerin selbst verwendet hat, kann man diese Biographie als verdeckte Autobiographie Kauffmanns bezeichnen, in der sie ihr eigenes Genie betont und hervorhebt, daß sie schon als Mädchen eine große Historienmalerin habe werden wollen. Als der kritische Londoner Rezensionsbrief von Sturz in einem Lebensbild über sie wiederabgedruckt wurde, ließ sie in einer Zeitschrift erklären, sie lege Wert darauf, zu ihrem Leben und Werk selbst gefragt zu werden, und forderte: ›Wer auf diese Weise öffentlich ausgestellt wird, hat doch wahrlich das Recht, Wahrheit zu fordern, wenn auch nicht Diskretion.‹ Gerade Rossis Biographie hat viel dazu beigetragen, daß Angelika Kauffmann nicht vergessen wurde, obwohl die Kunstgeschichtsschreibung sie ignorierte, als der Klassizismus in Mißkredit geriet. Ihre künstlerische Leistung blieb lange Zeit verdeckt und ist noch lange nicht ausreichend gewürdigt.«

1. KAPITEL

Die Herkunft

Angelika Kauffmann hat sich zeitlebens darüber geärgert, wenn man sie eine »Schweizer Malerin« nannte. Da sie nun einmal am 30. Oktober 1741 in Chur, der Hauptstadt Graubündens, geboren wurde, lag diese Bezeichnung nahe. Dieser Geburtsort aber war nur ein Zufall, und wir werden sehen, wie es dazu kam.

Immer schon war es das Schicksal der Bewohner von engen, abgelegenen Gebirgstälern, daß sie sich – zumal die Kinderreichen – ein Zubrot verdienen mußten.

Am deutlichsten wird dies im Tessin, wo z. B. im Verzasca-Tal Leinenweberei betrieben wurde, die nach Erfindung des mechanischen Webstuhls zugrunde ging. Danach zerstreuten sich die Männer als Kaminkehrer und Scherenschleifer in alle Welt. Noch bekannter dürfte das Intelvital zwischen Comer und Luganer See sein, das fast ausschließlich Künstler hervorbrachte. Die »Magistri intelvesi« waren als Bildhauer, Architekten, Stukkateure und Maler in ganz Europa zu finden, und ihnen ist vom 12. bis zum 19. Jahrhundert so mancher berühmte Bau, so manche Kirchen- oder Schloßdekoration zu verdanken. Sie arbeiteten in Rom, Mailand, Wien, Petersburg, München, Salzburg, Passau und an vielen anderen Orten. Die Dome in Passau und Salzburg, das Stift Klosterneuburg sind ebenso ihr Werk wie das Palais Lobkowitz in Prag oder die Ausstattung der Hofburg in Wien.

Im Bregenzerwald war man mit den Künstlern nicht so reich gesegnet. Dort arbeiteten die Männer in der Bausaison meistens als Maurer, und es scheint, daß die Muse nur eine einzige Sippe beglückte, nämlich die Kauffmanns. Dazu ein Wort zur Schreibweise des Namens. Angelika signierte und unterschrieb fast ausschließlich mit »ff«; bei den übrigen Gliedern ihrer Familie wechselte es, doch man kann sagen, daß die meisten sich ihrer berühmten »Frau Bas« in Rom anpaßten und das Doppel-f gebrauchten. Die heutigen Mitglieder dieser Sippe schreiben hingegen ihren Namen ohne Ausnahme mit einfachem f.

Ihren Vornamen schrieb die Kauffmann italianisiert »Angelica«, doch hat sich »Angelika« durchgesetzt.

Als Heimatort der Sippe gilt Schwarzenberg und seine Umgebung. Der reizende Ort liegt im Zentrum des Bregenzerwaldes, eine halbe Autostunde östlich von Dornbirn. Das ist eine rechte Bilderbuch-Urlaubslandschaft mit schmucken alten Bauernhöfen, meist mit den im alemannischen Bodenseeraum typischen Holzschindeln verkleidet und mit dem eingebauten »Schopf«, einer wintergartenähnlichen Laube. Gut ein Drittel des Ortes dürfte seit Angelikas Zeiten das Aussehen kaum verändert haben. Schräg gegenüber der Kirche steht das »Kauffmann-Haus«, das damals einem Onkel Angelikas gehörte und wo sie während ihrer Aufenthalte in Schwarzenberg u. a. auch gewohnt hat. Während ihres Wanderlebens hat sie sich, soviel man weiß, nur zweimal länger in Schwarzenberg aufgehalten.

Selbstbildnis der Angelika Kauffmann (Bildarchiv Foto Marburg)

Einmal, während sie als Sechzehnjährige zusammen mit ihrem Vater die Kirche ausmalte und ein zweites Mal im Herbst 1781 nach ihrem Aufenthalt in England.

Der erste, in Schwarzenberg urkundlich erwähnte Kauffmann war ein wohlhabender Bauer, der 1446 als »Landammann« –

eine Art gewählter Bauernvertreter – amtierte. In den Urkunden wird er »Hans Koofmann« genannt. Fast zweihundert Jahre blieben sie dann im dunkeln, bis 1620 der Name wieder in Kirchenbüchern auftaucht, und immer handelt es sich um kleine Bauern, die wohl auch zu denen gehörten, die im Frühjahr hinaus mußten, um etwas dazuzuverdienen.

Johann Joseph Kauffmann, Angelikas Vater, wird als erster Maler seiner Sippe genannt. Auch seine Brüder Simon und Anton wirkten im Elsaß als Maler, verloren aber – im Gegensatz zu Angelika – die Verbindung zur Heimat.

Der 1707 geborene Johann Joseph Kauffmann, ein kleiner, aber angesehener Wandermaler, übte seine Kunst – er selbst sah sich wohl eher als Handwerker – in der näheren und weiteren Umgebung, meist als Kirchen- und Bildnismaler aus. Ab 1736 sind seine Werke durch datierte und signierte Bilder bezeugt. Spätestens ab 1739 muß ihn der Bischof von Chur beschäftigt haben, denn aus diesem Jahr stammt seine Ernennung zum fürstbischöflichen Hofmaler. Damit war freilich weder eine feste Anstellung noch ein Gehalt verbunden, doch es hob Kauffmann ein wenig heraus aus der Anonymität kleiner Wandermaler, und dieser Titel wird ihm auch anderswo so manche Tür geöffnet haben.

1740 finden wir also Johann Kauffmann in Chur, wo er am 6. November die Jungfrau Cleophea Lutz heiratete, ein Mädchen aus guter, wenn auch verarmter Graubündner Familie. Die 1717 in Chur geborene Braut war ursprünglich protestantisch, doch ihr Johann hatte sie noch vor der Eheschließung zum römischen Glauben »bekehrt«. Im Jahr darauf kam das Töchterchen zur Welt und wurde im Dom auf die Namen Anna Maria Angelika Catherina getauft. Die kleine Familie wohnte in dem Haus Reichgasse 57, wo heute eine Gedenktafel an die Geburt der Künstlerin erinnert. Das ist nun der Grund, warum viele in Angelika Kauffmann eine Schweizerin sahen, was sie aber zeitlebens verneinte, zum letzten Mal in ihrem Testament, das mit

den Worten beginnt: »Ich, Maria Anna Angelika Kauffmann von Schwarzenberg im Bregenzer-Wald, Constanzer Kirchensprengel, aus Zufall zu Chur in Graubünden geboren ...«
Man sieht also, welchen Wert sie darauf legte, als Bregenzerwälderin zu gelten. Sie hat sich mehrmals in ihrer Heimattracht porträtiert, und sie verlor bis zu ihrem Tod nicht die Verbindung zu den »Vettern und Basen« in Schwarzenberg. Heute trägt noch ein Dutzend Familien in Schwarzenberg den Namen Kaufmann, und zwar in der sechsten bis achten Generation.

2. KAPITEL

Das Wunderkind

Als die Arbeit am Dom zu Chur getan war, packte Johann Kauffmann sein Malgerät ein und wanderte – vermutlich ist das meist wörtlich zu nehmen – mit seiner Frau und dem knapp einjährigen Töchterchen nach Süden, ins Veltlin.
Heute führt eine schöne, vielfach gewundene Autostraße von Chur über St. Moritz ins Tal der Adda und von dort den Fluß entlang über Sondrio nach Morbegno, einem Luftkurort am Fuße des Pizzo dei tre Signori. In den Kirchen und Palästen von Morbegno und seiner Umgebung wird man vergeblich nach Fresken oder Bildern suchen, die Johann Kauffmanns Namen tragen. Das bedeutet nun nicht, daß er dort untätig gewesen wäre, doch er schuf nichts Eigenes, sondern wirkte als Gehilfe eines anderen Malers. Nach Morbegno rief ihn vermutlich ein Auftrag des Malers Pietro Ligario (1686–1752), der für die Ausstattung der Pfarrkirche San Giovanni Gehilfen suchte. Ligario

Atelierszene mit angeblichem Selbstbildnis (Bildarchiv Foto Marburg)

hatte in Rom und Venedig studiert und genoß in seiner Heimat hohen Ruhm. Die einflußreiche und weitverzweigte Familie der Salis beschäftigte ihn lange Jahre mit der Ausstattung ihres Stadtschlosses in Chur, wo er und Johann Kauffmann sich kennengelernt hatten. Kauffmanns Porträt eines Johann Salis hat sich bis heute erhalten.
Mit dem Aufenthalt in Morbegno beginnt Angelika Kauffmann als Künstlerin faßbar zu werden, denn hier entstand ihr Selbstporträt mit dreizehn Jahren, und es ist, soviel man herausgefunden hat, das früheste von ihr erhaltene Werk. Nach Giovanni Gherardo Rossi, der 1818 die erste gedruckte Biographie über Angelika Kauffmann veröffentlichte, hat sich ihre Begabung schon sehr früh gezeigt.
»Da Johann Joseph frühzeitig anfangen wollte, seine Tochter

im Schreiben zu unterrichten, so bemerkte er, wenn er ihr zur Nachbildung der Buchstaben gewisse Vorschriften in die Hände gab, nicht ohne Verwunderung, daß sie die Figuren, die etwa zur Zierde darauf angebracht waren, mit mehr Leichtigkeit und Geschmack, als die Schriftzüge selbst abbildete: auch fesselte jeder Kupferstich, jede Gipsform, jedes Gemälde ihre Aufmerksamkeit. Sie brachte ganze Tage auf dem Arbeitszimmer ihres Vaters zu und nährte ihre Neugierde nach Gegenständen der Kunst mit eben jener Freude, mit welcher andere Kinder ihre Zeit mit Spiel und Scherz zu vertreiben pflegen. Bald mit der Feder, bald mit dem Reißzeug ihres Vaters versuchte sie, Kupferstiche oder Zeichnungen zu kopieren, und tat es mit Pünktlichkeit und Liebe. Der Vater sah hieraus, daß keine vorübergehende kindische Neigung, sondern ein entschiedener Trieb des Talents Angelika zur Malerei berufe. Er fing also an, sie ordentlich auf den Weg der Kunst zu führen und darauf fortzuleiten, da aber ihr Alter noch allzu zart war, so legte er es so an, daß sie die Kunst liebgewänne, damit Studium und Anstrengung ihr angenehm werden und fortgesetzte Mühe und Arbeit sie nicht davon abschrecken möchten.«

Das klingt zwar alles plausibel, gehört aber vermutlich doch zur Kindheitslegende, die sich später um jeden berühmt gewordenen Maler bildet. Jedes normale Kind im Vorschulalter zeichnet gern und manchmal auch recht gut, bis dann der Schulzwang die gestalterische Freiheit erstickt und die Lust am Zeichnen sich verliert. Erst wenn sie unvermindert bis zur Pubertät und darüber hinaus anhält, kann man vorsichtig auf eine gewisse Neigung und – bei entsprechendem Talent – auch auf die entsprechende Eignung schließen.

Auf ihrem frühesten Bild sehen wir ein kesses Rokokodämchen, das an einem breiten Samtband ein Kreuz um den Hals trägt und in der rechten Hand ein Notenblatt hält. Auf dem Blatt stehen sechzehn Takte einer italienischen Arietta und darunter die Bemerkung:

»Im 13ten Jahr meines Alters mahlte ich es und meines Vaters und Frâ Muetter Contrafé, Morbegno Valtlin.«
Daraus müssen wir schließen, daß es ursprünglich ein größeres Bild mit den Porträts ihrer Eltern war und später zerschnitten wurde. Trotz mancher naiver Elemente verrät dieses Bild ein Können, das weit über das Alter der Malerin hinausweist, und es zeigt noch Angelikas Vorliebe für Musik. Dies war nun ihre zweite Begabung, und Angelika hat sie zeitlebens gepflegt. Sie sang schon als junges Mädchen ausgezeichnet und spielte virtuos auf dem Cembalo.
Im Vordergrund aber stand die Malerei, und ihr bester und vermutlich einziger Lehrer war der »Herr Vater«. Er wird seiner Tochter die Kunst nicht aufgezwungen haben, wie man das z. B. von Anton Raphael Mengs (1728–1779) erzählt, dessen Vornamen schon ein vom Vater gesetztes Programm verrieten (Anton nach Correggio, der eigentlich Antonio Allegri hieß). Er wurde angeblich tagsüber stundenlang ins Atelier gesperrt, und wenn das Ergebnis zu mager war, gab es noch reichlich Prügel. Sicherlich hat Angelika Zeichnen und Malen spielerisch erlernt, und ihr Talent tat das übrige.
Außer Malerei und Musik muß noch eine dritte Begabung erwähnt werden, nämlich die für Sprachen. Angelika lernte leicht und schnell und hat damals in Morbegno den Grund zu ihrem Italienisch gelegt. Als erwachsene Frau konnte sie sich fließend in Englisch, Italienisch und Französisch unterhalten, wobei sie ihre Muttersprache am schlechtesten beherrschte und zeitlebens ihre Dialektprägung nicht loswurde. Wir werden das später an ihren höchst originellen Briefen feststellen können.
Die Familie Kauffmann hatte sich übrigens um ein Glied erweitert: ein »Vetter Joseph«, sieben Jahre älter als Angelika, wirkte als Lehrling und Gehilfe des Vaters. In Wirklichkeit war er ein Halbbruder Angelikas aus Johann Kauffmanns erster Ehe. Doch das wurde stets geheim gehalten, und es ist nicht sicher, ob sie die wahren Verhältnisse jemals erfahren hat. Joseph

Kauffmann starb als kurfürstlicher Hofmaler in Mainz. Wir haben ihn vorgestellt und dürfen ihn auch gleich wieder aus den Augen verlieren, da er sich bald von seinem Lehrer, sprich Vater, trennte und nach Mailand ging. Erst in Angelikas später römischer Zeit hat er wieder die Verbindung mit ihr gesucht.
Als die Arbeit in Morbegno beendet war, ging Johann Kauffmann mit seiner Familie Anfang des Jahres 1754 nach Como, der schönen heiteren Stadt am Comer See, die damals durch eine schon seit Jahrzehnten betriebene Seidenraupenzucht heftig prosperierte. Seit die Habsburger 1715 das Herzogtum Mailand an sich gebracht hatten – auch Como gehörte dazu – herrschte Frieden im Land, und es ging sichtbar aufwärts, vor allem unter dem tüchtigen Kaiser Karl VI. (1685–1740), der sich um alles kümmerte: Steuern, Zölle, Gewerbe, Handwerk, Fischerei, Landwirtschaft, Straßen und Flußregulierungen. Seine Beamten waren überall und achteten auf die Einhaltung der kaiserlichen Verfügungen. Inzwischen saß Maria Theresia auf dem Thron der Habsburger, und sie, als fürsorgliche Landesmutter, kümmerte sich um Wollverarbeitung und vor allem um die Seidenproduktion, die Como zu einer reichen Stadt machte; denn die früher schier unerschwingliche, importierte Faser wurde nun preiswert im eigenen Land erzeugt.
Ein Kranz prächtiger Schlösser und Villen umgab den See, teils vom reichen Mailänder Adel, teils von den neureichen Seidenbaronen erbaut. Es gab regelmäßigen Schiffsverkehr, ein gutes Theater und Musikveranstaltungen. Viele wohlhabende Familien legten gern ein paar Dukaten in guten Porträts an.
Johann Kauffmann gelang es, seiner Tochter beim Bischof von Como einen Porträtauftrag zu verschaffen. So saß der geistliche Herr dem malenden Wunderkind, und wenn es sich bei diesem unsignierten Bild – heute im Kapuzinerkloster von Lugano – wirklich um Angelikas Werk handelt, dann war es eine Meisterleistung der Vierzehnjährigen.
»Dieser Prälat«, berichtet Rossi, »war ein ehrwürdiger Greis von

stattlicher Körperbildung, edlem Kolorit und lebhaftem Auge; ein langer grauer Bart zierte sein Kinn. So stellte er der Malerin ein Muster von Greisenschönheit dar, deren getreue Nachbildung gewiß nicht leicht war. Dies schreckte jedoch Angelika nicht ab, sondern vermehrte noch ihren Mut, die Schwierigkeiten wie gewöhnlich zu überwinden. Sie malte das Porträt in Pastell, und seine Ähnlichkeit wie auch die ganze Ausführung der Arbeit erhielten das Lob des Prälaten, so wie aller derjenigen, die es sahen; weswegen man in Como, wo sie sich etwa zwei Jahre aufhielt, ihre Arbeiten gleichsam um die Wette verlangte.«

Mit den zwei Jahren in Como wird Rossi wohl ein wenig übertrieben haben. In Wirklichkeit dauerte der Aufenthalt nicht allzu lange und war nur eine Art Zwischenstation auf dem Weg nach Mailand. Dort herrschte damals eine Art Gründerzeit, denn in Wien bemühte man sich, dem Vielvölkerstaat neue Impulse zu geben und es besser zu machen als die Spanier, die es fast zwei Jahrhunderte verwaltet hatten. An allen Ecken und Enden der Stadt wurde gebaut, so daß es für Johann Kauffmann kein Problem war, hier Aufträge zu bekommen. Für Angelika war dies vor allem eine Zeit des Lernens. Sie sah die Werke großer Meister in Kirchen, Klöstern und Palästen – sie schaute, kopierte, studierte und erweiterte damit ihre Kenntnisse um ein Beträchtliches. Sie dachte nicht daran, sich auf den fragwürdigen Lorbeeren des malenden Wunderkindes auszuruhen, sie wollte weiterkommen, und hier war die beste Gelegenheit dazu. Daß sie auch in Mailand Aufträge ausgeführt hat, belegen einige Adelsporträts und das Bildnis eines Mönches von 1756 in der Ambrosiana. Daneben nahm sie Unterricht in Musik und Gesang und bildete ihre Sprachkenntnisse weiter aus. In diesem Zusammenhang wäre es interessant, wenn wir mehr über Angelikas Mutter wüßten. Nahm sie an all diesen Dingen teil oder spielte sie nur die Rolle der Hausfrau in dieser von Kunst und Musik geprägten Familie? Wir müssen annehmen, daß sie ihrer Tochter alles beibrachte, was von einer künftigen Ehefrau verlangt wird, also Haus- und Näharbeiten, doch kam Angelika niemals in die Verlegenheit, sich damit in der Praxis bewähren zu müssen.

Doch das Leben der Cleophea Kauffmann dauerte nur vierzig Jahre, sie starb am 1. März 1757 in Mailand. Ein schwerer Schlag für Vater und Tochter, ein Schlag, der ihnen Mailand so verleidete, daß sie sich auf die Heimreise machten. Das muß Mitte des Jahres 1757 gewesen sein, doch es ging nicht ohne Umwege ab. In Chiavenna gab es einige Aufträge zu erledigen; unter anderem schmückte Angelika ein Salis-Schloß mit Supraporten, die – ganz im Geschmack der Zeit – Schäferszenen und einen Pulcinello mit einem Schwarm Kinder zeigten.

Über Chur, wo sie den Verwandten der Mutter die Trauerbotschaft überbrachten, reisten sie nach Schwarzenberg. So lernte Angelika Kauffmann erst als Sechzehnjährige ihren »Heimatort« kennen, doch Vater und Tochter fuhren nicht dorthin, um sich im Kreis der zahlreichen Verwandten auszuruhen – auf sie wartete eine neue große Aufgabe.

3. KAPITEL

Die Kirche von Schwarzenberg

Da der »Vetter Joseph« in Mailand geblieben war, kamen nur Vater und Tochter im Herbst 1757 nach Schwarzenberg. Es waren viele Verwandte zu begrüßen, und dann erfuhr Johann Kauffmann, was man von ihm und seiner Tochter erwartete. Am 1. Oktober 1755, also etwa vor zwei Jahren, war im Dorf ein Feuer ausgebrochen, das, vom Sturmwind angefacht, in kurzer Zeit die Kirche und sechzehn Häuser in Schutt und Asche legte. Das Kirchenschiff blieb zwar erhalten, ein neuer Dachstuhl wurde draufgesetzt, der Turm befestigt und aufgestockt. Doch das Innere der ausgebrannten Kirche wartete auf neuen Schmuck, und so hatte man sich entschlossen, Johann Kauffmann und seine begabte Tochter mit der Ausstattung zu beauftragen. Zuerst einmal wurde die hübsche, jugendfrische Angelika bestaunt. Nicht ohne Familienstolz hatte man vernommen, daß seine hochwürdige Exzellenz, der Bischof von

Como, ihr zu einem Porträt gesessen hatte. Sicherlich empfing man die Verwandten mit Neugierde, Freude, Stolz, doch beneidet wird man sie nicht haben; denn kein Seßhafter neidet dem Wandervogel das unstete Leben. Hatte man auch nicht viel, so saß man doch auf Haus und Hof und galt etwas im Tal. Freie Bauern waren sie allemal, wählten sich ihren Landammann selber und hatten nur Gott zu fürchten und sich mit seinen Heiligen gut zu stellen, damit eine Fürbitte auch nach oben durchdrang.

Wir wissen nicht, ob man sich über die Ausschmückung der Kirche lange beriet oder ob man es den Malern überließ, den Innenraum der Kirche zu gestalten. Wie immer man sich einigte, die Aufgabe für das Malergespann bestand in der Darstellung eines Kreuzwegs, in zwei Bildern für die Seitenaltäre und in Apostelbildern über den Kreuzwegstationen. Ob Johann Kauffmann auch mit dem Deckenfresko beauftragt wurde, ist nicht sicher. Jedenfalls betraute der Vater die sechzehnjährige Angelika mit den zwölf Apostelbildern unterhalb des Kirchengewölbes.

Da Johann Kauffmann in Schwarzenberg kein eigenes Haus besaß, hat er mit seiner Tochter bei Verwandten gewohnt, und zwar bei seinem Bruder Michael, dessen Anwesen in der »Wies« lag. Später sind sie dann vielleicht in das »Kauffmann-Haus« bei der Kirche übergewechselt, das ihrer Arbeitsstätte näher lag.

Angelikas Biograph G. G. Rossi berichtet für diese Zeit die folgende hübsche Geschichte: »Als Angelika bei dieser Gelegenheit in ihr Vaterland zurückgekommen war, wohnte sie bei ihrem Onkel Michael Kauffmann. Während sie bei Tische saßen, kam auch der Ziegenhirt des Ortes in seiner schlichten Landestracht, sie zu willkommnen und setzte sich ohne weitere Umstände mit an den Tisch. Angelika war durch diese unerwartete Erscheinung nicht nur etwas betroffen, sondern mit jenem nicht allzu wohl duftenden Tischgenossen nicht ganz zufrieden. Wenn sie sich in späteren Jahren ... an diese Szene erin-

Christus und die Samariterin am Brunnen, Gemälde von Angelika Kauffmann und ein Beispiel ihrer sakralen Kunst

(Bayerische Staatsgemäldesammlung, München)

nerte, so pflegte sie lächelnd hinzuzufügen: ›Wer hätte mir damals gesagt, mit welchen erhabenen Personen ich zu einer anderen Zeit zu Tische saß und wer sagt mir jetzt, daß ich nicht wieder einst mit dem Ziegenhirten zu Tische sitzen werde?‹ Auch wenn sie in späteren Jahren an Festtagen in ihrem Wagen zur Messe fuhr, sagte sie öfters zu ihren Freunden: ›Wie die menschlichen Dinge sich ändern! Als junges Mädchen mußte ich oft, um die vorgeschriebene Messe zu hören, mitten im Winter, mit Anbruch des Tages zu Fuß und bis zu den Knieen im Schnee drei Stunden Weges zurücklegen ...‹« Vermutlich ist es Angelika wie so vielen gegangen, die aus kleinsten Verhältnissen zu großen Höhen emporstiegen, daß sie diesen Zustand wie einen Traum empfanden, der jederzeit enden könnte.

Wie bald schon Vater und Tochter mit der Arbeit begannen, ist aus der Datierung von Angelikas Fresken zu ersehen: Der heilige Matthäus an der Ostwand trägt ihr Signum und die Jahreszahl 1757. Kaum einer der kleinen Wandermaler hat damals eigene Ideen verwirklicht; man hielt sich an bewährte Vorbilder und kupferte ungeniert ab. Der Begriff des Plagiats war zwar nicht unbekannt, doch die Auffassung war eine andere, denn damals war ein Künstler eher stolz, wenn er anderen als Vorbild galt. Zu solchen bewährten und häufig verwendeten Vorbildern gehörten die Apostelköpfe des Venezianers Giovanni Battista Piazzetta (1682–1754), einem der ganz großen Barockmaler der Serenissima, der sehr zurückgezogen lebte und seine Heimatstadt – abgesehen von einer kurzen Studienzeit in Bologna – niemals verließ. Er war ein begnadeter Zeichner und schuf eine Reihe von Köpfen und Halbfiguren in Kohle mit Weißhöhung, die schon damals bei Sammlern außerordentlich beliebt waren. Piazzettas Schüler Marco Pitteri fertigte etwa hundertfünfzig Stiche nach diesen Vorlagen an, und es gab kaum einen Freskenmaler, der nicht einige davon besaß.

So hing das junge Mädchen im Gerüst und malte die Apostelköpfe »al fresco«, das heißt in den noch feuchten Putz, was eine absolute Sicherheit voraussetzt, denn ausbessern läßt sich da nichts. Unterläuft ein Fehler, muß der Putz abgeschlagen und von neuem feucht aufgetragen werden. Angelika scheint damit keine Probleme gehabt zu haben. Sie stand ja nicht zum ersten Mal auf einem Gerüst, um dem Vater beim Freskenmalen zu helfen. Diesmal allerdings schuf sie eine Reihe von Bildern ganz alleine und – gemessen an ihrem Alter – hat sie kein schlechtes Werk vollbracht.

Fast ein Jahrhundert schauten die Köpfe der zwölf Apostel auf die Kirchenbesucher hinab, da glaubte man, »modern« sein zu müssen und gestaltete den Innenraum im neugotischen Stil um. Die Bezeichnung »barock« galt damals als Synonym für »häßlich« oder »verschroben« – nun besann man sich aufs Mittelalter, und wo man es sich leisten konnte, wurde alles in Neogotik umdekoriert. Die Schwarzenberger jedenfalls beauftragten den Maler Franz Bertle mit der Gotisierung und der übermalte kurzerhand die Apostelbilder der Angelika Kauffmann. Wie wir wissen, schlug der Stil bald wieder um; man konnte die Neugotik nicht mehr sehen und legte im Zuge eines Umbaus die Apostelmedaillons wieder frei. Dies ist dem Münchner Maler W. Kolmsberger zu verdanken, der leider auch das wenig aufregende Deckenfresko einer Himmelfahrt Mariens schuf.

Wir wissen nicht, welche Gedanken die junge Malerin bei der Arbeit bewegt haben, doch daß man ihr in der Pfarrkirche von Schwarzenberg einst ein Denkmal setzen sollte – davon wird sie nicht einmal geträumt haben.

1802, am Ende ihres Lebens, malte sie dann in Rom das Hochaltarbild einer Marienkrönung und schenkte es ihrer Heimatkirche. Das meisterlich gemalte Bild ist besonders typisch für ihre Kunst.

4. KAPITEL

Eine Künstlerin auf der Walz

Auf die Walz gehen« – damit bezeichnet man in Süddeutschland die früher obligatorische Wanderschaft der Handwerksgesellen, ein Brauch, der noch weit bis in unser Jahrhundert hinein lebendig war, jetzt aber – von einigen Hamburger Zimmerleuten abgesehen – nicht mehr geübt wird.

War es Ehrgeiz, war es Neugierde oder regte ihr Vater sie dazu an – jedenfalls empfand die jetzt Achtzehnjährige das Bedürfnis, sich weiterzubilden. Angelika wollte nicht da stehenbleiben, wo ihr Vater stand, sie wollte die Malerei nicht als Handwerk, sondern als Kunst betreiben.

So wurde der Plan gefaßt, eine Studienreise durch Italien zu machen und dabei alle wichtigen Gemäldegalerien in Bologna, Venedig, Florenz und Rom zu besuchen. Daß unterwegs gearbeitet werden mußte, planten Vater und Tochter mit ein, doch die Reisekasse war nicht leer, denn Angelika hatte, noch von

Bildnis einer Dame als Vestalin, Gemälde von Angelika Kauffmann
(AKG, Berlin)

Schwarzenberg aus, verschiedene lukrative Porträtaufträge ausgeführt. Da war etwa Franz Konrad von Rodt, der Fürstbischof von Konstanz, ein sehr umgänglicher und kunstliebender

Herr, den der Papst vor kurzem zum Kardinal ernannt hatte. Der geborene Meersburger hatte das Neue Schloß in seiner Heimatstadt zur bischöflichen Residenz gemacht, und nun wollte er sich von der jungen Malerin, deren Heimatort zu seinem Bistum gehörte, porträtieren lassen. Sie entledigte sich dieser Aufgabe so geschickt, daß dieser eine Auftrag gleich andere nach sich zog. So etwa den der Familie der Grafen Montfort – ihnen gehörten Bregenz und Tettnang –, wo man gerade zur Hochzeit rüstete und für das junge Paar, Franz Xaver von Montfort und Gräfin Sophie von Limburg-Styrum, in Tettnang ein Schloß eingerichtet hatte. Angelika porträtierte die gräfliche Familie in den Jahren 1758/59.

Neben zahlreichen Auftragsarbeiten, die sie in jener Zeit im Bodenseegebiet ausführte, entstand auch das anmutige »Selbstporträt in Bregenzerwald-Tracht«, das die junge Künstlerin mit Pinsel und Palette zeigt und in die Uffizien gelangte. Eine gute Kopie ist im Vorarlberger Landesmuseum zu sehen.

Im Frühling des Jahres 1760 reiste Johann Kauffmann mit seiner Tochter ins Veltlin, wo eine seiner Schwestern lebte; wenig später finden wir Angelika in Mailand, mit Arbeit und Studium emsig beschäftigt. Man hatte die junge Malerin in der großen, reichen Stadt nicht vergessen, und es herrschte kein Mangel an Aufträgen und Einladungen. Es ist ein Wunder, daß das hübsche, zierliche, fast zwanzigjährige Mädchen sich bei den vielen Bällen, Theater- und Konzertbesuchen nicht verliebt hat – zumindest ist davon nichts bekannt –, doch der Herr Papa paßte schon auf, daß sein Küken nicht auf Irrwege geriet.

Etwa in dieser Zeit malte Angelika ein ausgezeichnetes Porträt ihres Vaters. Der damals ungefähr vierundfünfzigjährige Maler trägt die flache Zopfperücke des Rokoko und hält einen Zeichenstift in der Hand. Es ist ein ernstes, etwas kantiges Gesicht mit scharfen, forschenden Maleraugen, doch der weiche Mund verrät Gutmütigkeit; es gibt ja auch nicht den geringsten Hinweis dafür, daß Johann Kauffmann ein strenger Vater gewesen ist.

Beim Betrachten dieses Porträts müssen wir uns die Frage stellen, wann der alternde Maler erkannt hat, daß seine Tochter nicht immer die bescheidene und geschickte Gehilfin bleiben würde, sondern daß ihr Talent das seine weit überragte und ihr Schicksal wohl auch einen anderen Verlauf nehmen würde als sein eigenes. Vielleicht war es dieses Porträt, das ihm ausdrücklich klarmachte, welchen Weg Angelika gehen würde und mußte.

Gerade in dieser Zeit aber wurde Angelika Kauffmann schwankend. Sie hatte mit Eifer Musik und Gesang weiterbetrieben und stellte sich nun ganz ernsthaft die Frage, ob sie sich nicht für die Bühne entscheiden solle. Ihre Stimme hatte sich herrlich entwickelt, ihr Gesang fand großen Beifall, wenn sie bei den Abendgesellschaften kleine Arien zum besten gab.

Damals lebte Johann Christian, der jüngste Sohn des großen Bach, in Mailand als hochangesehener Domorganist, der auch regelmäßig die Bühnen mit Opern und Konzerten belieferte. In der Musikgeschichte nennt man ihn deshalb den »Mailänder Bach«, und es besteht kein Zweifel, daß er in seiner Zeit der bekannteste dieser großen Musikerfamilie war. Wenige Jahre später wurde er Händels Nachfolger als königlicher Kapellmeister und so zum »Londoner Bach«. In dieser Stadt blieb er bis zu seinem Tod 1782.

Seit 1756 übte Graf Karl Firmian als bevollmächtigter Minister für die Lombardei in Mailand sein Amt aus. Er residierte im Palazzo Vigoni, scharte zahlreiche Künstler um sich und war vor allem der Musik zugetan. Mengs und Winckelmann zählten zu seinen Freunden; er baute eine riesige Bibliothek auf und förderte Kunst und Literatur, wo er es konnte.

J. J. Winckelmann schrieb in einem Brief:

»Dieser ist der vollkommenste Mann, welchen Sie auf all Ihren Reisen und vielleicht in Ihrem ganzen Leben werden kennenlernen ...«

Nun, Angelika Kauffmann lernte sie beide kennen, Graf Firmian und später auch Winckelmann. Jetzt aber wurde sie in den Palazzo Vigoni geladen, wo sich Maler, Musiker und Literaten drängten. Hier traf sie ihre Auftraggeber aus der Mailänder Gesellschaft wieder, gewann neue dazu und erwog – ungeachtet ihres großen Erfolgs – gerade in dieser Zeit, die Malerei aufzugeben. Hier wird es vermutlich gewesen sein, als sie eines Abends etwas vorsang, beklatscht und bewundert wurde, daß ein junger Musiker an sie herantrat und Angelika in ein Gespräch verwickelte. Er beschwor sie, den Gesang zum Beruf zu machen, lobte ihre Stimme, ihre jugendfrische Schönheit und malte ihr aus, wie schnell sie als begabte Sängerin berühmt werden könne.

Wir kennen den Namen des jungen Mannes nicht, müssen aber doch annehmen, daß Angelika sich in ihn ein wenig verliebt hatte und so seinen Ratschlag um so ernster nahm. Als gehorsame Tochter offenbarte sie ihrem Vater ihr Dilemma. Johann Kauffmann zeigte sich nicht gerade begeistert davon, daß Angelika nun den vertrauten Pinsel zugunsten einer unsicheren Bühnenlaufbahn weglegen wollte. Aber er war wohl zu gutmütig, um es ihr schroff zu verbieten und wählte einen klügeren Weg, als er vorschlug, den Grafen Firmian um Rat zu bitten. Der befragte auch seinen Hauskaplan, und nach langen, gründlichen Erwägungen riet man Angelika von ihren Plänen ab. Was konnte ein junges Mädchen dem Ratschlag von drei erfahrenen Männern entgegensetzen? Vermutlich sah sie auch ein, daß die Bühnenlaufbahn hart und gefahrvoll sein konnte und fühlte sich diesen Anforderungen nicht gewachsen. Sie brach mit dem jungen Musiker und setzte entschlossen eine Karriere fort, die ja schon verheißungsvoll begonnen hatte. Sie selbst hat die Qual dieser Wahl in einem allegorischen Gemälde ausgedrückt, das sie ratlos zwischen den Figuren der Malerei und der Musik zeigt. Eine Legende will wissen, daß sie das Gesicht des unbekannten Musikers in ihrem Gemälde »Orpheus und Eurydike« verewigt habe, doch dafür gibt es keinen Beleg.

Die Verlockung mag groß gewesen sein, in Mailand ansässig zu werden, wo Angelika schon einen Namen und einflußreiche Freunde besaß. Doch es sollte ja eine Studienreise durch Italien werden, und so brach sie im Frühjahr 1762 mit ihrem Vater wieder auf. Der kunstbegeisterte Graf Firmian hatte ihnen Empfehlungsbriefe mitgegeben, die den beiden Kauffmanns überall Tür und Tor öffnen sollten.

Parma stand als erste auf dem Reiseprogramm, die Stadt des genialen Correggio, der vielen Malern des Barock und Rokoko als Vorbild galt. Bologna war die nächste Station und bot mit seiner berühmten Malerschule ein reiches Studienfeld. Annibale (1560–1609) und Ludovico (1555–1619) Carracci, Giov. Francesco Barbieri (gen. Guercino, 1591–1666), Guido Reni (1575–1642) und nicht zuletzt Domenico Zampieri (gen. Domenichino, 1581–1641) waren als Hauptvertreter des bolognesischen Hochbarocks in vielen Kirchen und privaten Sammlungen zu bewundern. Die Vettern Carracci hatten um 1590 die »Accademia dei Desiderosi« gegründet, und diese bestand bei Angelikas Besuch unter dem Namen »Accademia Clementina« noch immer. Hier florierte ein öffentlicher Lehrbetrieb, den es in dieser Art nicht einmal in Mailand gab. Mit Feuereifer nahm Angelika ein mehrmonatiges Studium auf, das sie mit einem Diplom abschließen konnte. Nun besaß sie es erstmals schwarz auf weiß, auch wenn sie es längst wußte: Du bist eine Malerin, du kannst etwas!

In diesem Zusammenhang ist interessant zu erwähnen, daß die Bologneser Akademie auch für Frauen zugänglich war. Noch einhundertfünfzig Jahre später war das beispielsweise bei der Münchner Kunstakademie noch nicht der Fall, und wer – wie etwa Gabriele Münter – dort ein Kunststudium aufnehmen wollte, mußte eine private Schule besuchen.

Ein weiteres wichtiges Reiseziel war Florenz, und hier traf sie am 9. Juni 1762 ein. Auch wenn das Haus Lothringen jetzt im Besitz der Toskana war (seit 1737 herrschte Herzog Franz Stephan), so hatten doch die Medici Florenz nachhaltig geprägt. Sie hatten in rund dreihundertjähriger Herrschaft für Kunst und Kultur mehr getan als je ein Geschlecht zuvor. Der Palazzo Vecchio, die Uffizien, die Loggia dei Lanzi mit ihren Skulpturen, die Paläste mit ihren Gärten, die Kirchen und Klöster, die Akademien und nicht zuletzt die weltberühmte Sammlung von Gemälden, Statuen, Gemmen, Gold- und Silberarbeiten erinnerten an die Medici. Der ganze ungeheure Privatbesitz war zuletzt an Anna Maria Ludovica de'Medici gefallen, der Schwester des 1737 gestorbenen letzten Herzogs Gian Gastone. Diese letzte ihres Geschlechts starb 1763 und bestimmte in ihrem Testament, daß sämtliche Kunstwerke wie auch Möbel, Bücher, Münzen, Keramik, Silbergeschirr und Kleider in den unveränderlichen Besitz des Großherzogtums übergehen sollten und für jedermann zugänglich sein müßten. Sie war schlau, die letzte Medici, und kannte das raffgierige Haus Habsburg-Lothringen, und so lautete eine Zusatzklausel, daß dieses Vermächtnis nur so lange gelten solle, wie diese Meisterwerke in Florenz blieben. Sie befürchtete nämlich, daß alles oder zumindest ein Teil davon nach Wien gebracht werden würde, sobald sie die Augen geschlossen hatte.

Nolens volens hielten sich die Habsburger daran, und so konnte Angelika Kauffmann die herrlichen Kunstwerke bewundern und studieren. Ihre gewichtigen Empfehlungsschreiben taten ein übriges und bewirkten, daß man ihr allein ein Atelier zuwies, wo sie in aller Ruhe große Meisterwerke studieren und kopieren konnte, während weniger begünstigte Maler sich in den öffentlichen Galerien in Rudeln vor den Werken der großen alten Meister drängten. Natürlich besuchte sie auch hier eine Schule, und zwar die »Accademia del Disegno«, wo sie im Oktober 1762 das entsprechende Diplom erhielt.

Was im einzelnen sie in Florenz kopiert hat, ist leider nicht bekannt, bis auf eine in ihrem Testament erwähnte Rembrandtkopie. Wir wissen von anderen, daß sie mit dieser Tätigkeit vorwiegend ihre Zeit in Florenz verbrachte, so etwa aus den Erinnerungen des baltischen Grafen Friedrich von Lynar, der »die schönen Copien der Mademoiselle Marianne Kauffmännin« bewunderte. Aus diesem Hinweis ersehen wir auch, daß die Kauffmann ihren Vornamen Angelika damals nicht als einzigen führte; im Florentiner Akademiediplom wird sie »Marianna Angelica« genannt.

Damals traf man neben den Deutschen vor allem Engländer in der Arnostadt, und aus diesen Kreisen fanden sich auch viele Auftraggeber ein. Darunter waren Mitglieder des englischen Adels, wie der Duke of Gordon oder der Earl of Spencer. Die neue Welt war in der Person des bekannten Arztes Dr. John Morgan aus Philadelphia vertreten. Hier wurden die ersten Kontakte zu England geknüpft, wo Angelika später einen wichtigen Teil ihres Lebens verbringen sollte und wo ihr Name zu europäischem Ruhm gelangte.

Einer ihrer Mitschüler in der florentinischen Akademie war der angloamerikanische Maler Benjamin West (1738–1820), von dem sie ein Porträt malte, das heute im Besitz der Uffizien ist. West empfahl die junge Künstlerin an seine Landsleute weiter, und so darf man sagen, daß die Kauffmann ihr erstes Vermögen in Florenz mit dem Porträtieren von Engländern verdient hat.

Welche Bedeutung Italien für die englische Kunst hatte, wird aus einem Artikel von Michael Kitson deutlich, den er für den Ausstellungskatalog »Zwei Jahrhunderte englische Malerei« schrieb.

»... eine Reise nach Rom für alle, die die Kunst der Historienmalerei meistern wollten, war fast unumgänglich. Auch Landschaftsmaler wurden in großer Zahl von der Umgebung Roms angezogen ... Es kann sogar ohne Übertreibung behauptet werden, daß von ungefähr 1750 bis in die 1790er Jahre, als der Ausbruch des Krieges mit Frankreich es für britische Besucher so gut wie unmöglich machte, nach Europa zu reisen, fast jeder bedeutende britische Künstler wenigstens ein paar Jahre seiner Laufbahn in Italien verbrachte...«

Das Hauptziel von Angelikas Reise aber war Rom, wo sie zusammen mit ihrem Vater im Januar 1763 anlangte.

Rom, die alte Kaiserresidenz, war seit Jahrhunderten zum Zentrum der katholischen Christenheit und der Päpste wie zur Hauptstadt des schon ziemlich geschrumpften Kirchenstaates geworden. Auch katholische Fürsten sahen längst nicht mehr ein, warum der Papst, als Stellvertreter Christi auf Erden, so viel irdischen Besitz brauchte, und mit dem Beginn des 18. Jahrhunderts setzte der Niedergang des Kirchenstaates ein. Kaiser Joseph I. ließ 1708 die Kirchenlehen in der Romagna besetzen, Frankreich nahm sich Avignon, Neapel und Benevent, und es schien nur noch eine Frage der Zeit, wann auch der morsche Rest verschwinden würde. Auf dem Stuhl Petri saß zu jener Zeit der fromme und gütige Clemens XIII., der sich nicht damit abfinden mochte, daß die meisten katholischen Länder die verhaßt gewordenen Jesuiten davonjagten, wie dies etwa Portugal, Spanien, Neapel und Frankreich schon getan hatten. Clemens protestierte dagegen, und man vergalt es ihm mit der Besetzung von Teilen des ohnehin stark geschrumpften Kirchenstaates. Es war das Jahrhundert der Aufklärung, und viele katholische Fürsten begannen streng zwischen dem Glauben – ihm blieben sie treu – und der weltlichen Seite der Kirche zu unterscheiden. Zunehmend wurden die zahlreichen unproduktiven Klöster als Last empfunden, den Druck auf Politik und Geistesleben durch die früher allmächtigen Jesuiten empfand man nun als unerträglich. Die Trennung von Kirche und Staat war nicht mehr aufzuhalten, und überall zeigten sich die Risse in einem Gebäude, das nie auf sicheren Fundamenten gestanden hatte.

Papst Clemens ertrug die Widrigkeiten mit Größe und erkannte deutlich, daß seine weltliche Macht ihm unaufhaltsam aus den Händen glitt. Doch er war nicht gesonnen, sich demütigen zu lassen und bestätigte mit seiner Bulle »Apostolicum pascendi munus« ausdrücklich und mit vielem Lob den Jesuitenorden. Doch dies war nur ein kleiner Aufschub, denn sein Nachfolger, Papst Clemens XIV., tat dann doch, was ganz Europa von ihm verlangte, und hob 1773 den Orden auf. Daß die Jesuiten ihn ein Jahr später durch Gift beseitigten, ist ein durch nichts zu beweisendes Gerücht.

Zurück zu Clemens XIII., der den deutschen Altertumsforscher Johann Joachim Winckelmann gerade zum Oberaufseher sämtlicher Altertümer in und um Rom ernannt hatte. Damit konnte sich der deutsche Gelehrte frei von wirtschaftlichem Druck seinen Forschungen widmen. Wichtige Werke hatte der 1717 in Stendal Geborene schon veröffentlicht, wie »Anmerkungen über die Baukunst der Alten«, das mit anderen Publikationen Grundlage und Ursache für die einige Jahrzehnte später einsetzende Stilepoche des Klassizismus wurde. Mit dem Maler Raphael Mengs verband ihn schon seit Jahren eine tiefe Freundschaft. Der Künstler versuchte auf der Leinwand zu verwirklichen, was Winckelmann in seinen Schriften propagierte. Mengs war zu dieser Zeit am spanischen Hof in Madrid, doch Angelika hatte auch Empfehlungsschreiben für den Kardinal Alessandro Albani wie für den Altertumsforscher Winckelmann, der im Haus dieses Kirchenfürsten, seines alten Gönners, wohnte.

Alessandro Albani (1692–1779) war einer jener Prälaten, die sich weniger zum geistlichen Amt als zu Kunst und Wissenschaften hingezogen fühlten und auch die Mittel dazu besaßen, ihre Ideen zu verwirklichen.

Albani entstammte einer seit Clemens XI. – der ursprünglich Gian Francesco Albani hieß – reich gewordenen Familie. Er begründete die Kunstsammlung der Villa Albani, und Angelika hatte den Vorzug, die damals kompletten Schätze bestaunen zu dürfen. Dazu müssen wir heute nicht mehr nach Rom fahren, denn Napoleon entführte den größten Teil der Sammlung nach

Frankreich, und König Ludwig I. von Bayern holte nach des Korsen Sturz vieles davon nach München in seine Antikensammlung.
Auch Sammlungen haben ihre Schicksale... Es war nun allerdings nicht so, daß man alles, was Napoleon nach Paris verschleppt hatte, später einfach an den Meistbietenden verhökerte. Die Stücke wurden erst in Paris verkauft, nachdem man die rechtmäßigen Eigentümer gefragt hatte, ob sie den Rücktransport nach Rom übernehmen würden. Der durch den Krieg verarmte römische Adel konnte sich das jedoch nicht oder nur für einen Teil der Kunstwerke leisten, und so gelangte vieles von Paris aus an andere Besitzer. Kronprinz Ludwig von Bayern sandte den Bildhauer Klenze dorthin und ließ ihn etwa vierzig Stück der Sammlung Albani erwerben, darunter Prachtstücke wie »Eirene mit dem Plutoskind« oder den berühmten bronzenen »Athletenkopf mit Siegerbinde« – heute Glanzstücke der Münchner Glyptothek.
Wo Angelika bei ihrem ersten römischen Aufenthalt wohnte, läßt sich nur vermuten. Vielleicht verbrachte sie die ersten Tage oder Wochen in einem der Gasthöfe im »Deutschenviertel« um die Kirche S. Trinità dei Monti, doch später wird sie wohl Gast einer ihrer vielen Malerfreunde gewesen sein. Es ist nicht auszuschließen, daß sie schon damals ihr späteres Haus bewohnte. Hier hatte einst der Maler Salvatore Rosa (1615–73) gelebt und gearbeitet, jetzt besaß es der berühmte Mengs. Ein Auftrag hatte ihn nach Madrid geführt, und sein Atelier benützte inzwischen der Maler Giovanni Battista Casanova (1722–95). Auch Therese Mengs, Anton Raphaels Schwester, lebte mit ihrem Mann, dem Maler Anton Maron, in diesem Haus.
Natürlich horcht man bei dem Namen Casanova sofort auf. Das war der ältere Bruder des berüchtigten Abenteurers, in dessen Wesen auch einige schillernde Züge zu finden sind. Als er für Winckelmanns »Denkmäler« die Kupferplatten stechen sollte, leistete er sich den »Scherz«, einige Illustrationen nach ge-

fälschten Altertümern einzuschmuggeln. Der überlastete Winckelmann merkte dies in der Eile nicht und hatte viel Mühe und Kosten, den Unfug wieder auszubügeln. Als Teilhaber an den drei Prachtbänden sollte Casanova auch einen Teil der Produktionskosten übernehmen, doch er verschwand aus Rom, ohne einen Heller zu bezahlen. Er hatte inzwischen einen Ruf aus Dresden erhalten, wo er Professor und später Direktor der dortigen Kunstakademie wurde. Man darf ihn übrigens nicht mit seinem jüngeren Bruder Francesco Casanova (1727–1805) verwechseln, der ebenfalls Maler wurde und mit seinen Schlachtenbildern großen Erfolg hatte.
Nun tauchte auch der junge amerikanische Malerfreund aus Florenz auf, gerade fünfundzwanzig Jahre alt, während Angelika im Jahr zuvor einundzwanzig geworden war. Das ideale Paar! Beide begabte Künstler, beide auf der ersten Sprosse des Ruhms, doch die Leute munkeln viel, und die Wirklichkeit sah ganz anders aus. Vielleicht wäre Angelika dieser Verbindung gar nicht so abgeneigt gewesen, doch Benjamin West hatte in Philadelphia schon eine Braut und dachte nicht daran, sie aufzugeben. Jedenfalls porträtierte Angelika ihren Kollegen, ehe er nach London zurückreiste.
Im Sommer desselben Jahres fuhren die Kauffmanns nach Neapel, wo man damals, weil es im Gegensatz zu Rom am Meer lag, gerne die Sommerzeit verbrachte. Angelika kopierte im königlichen Museum von Capodimonte einige Bilder und malte während dieser Zeit auch mehrere Porträts, wie das des britischen Konsuls Gemini. Das frische Bild zeigt den Konsul mit offenem Hemd und Künstlerhut in lockerer Pose und ist auf der Insel Ischia entstanden, deren heiße Radiumquellen damals allmählich berühmt wurden und das dabei war, ein Kurbad des 18. Jahrhunderts zu werden. Dort entstand auch die schöne Radierung von Johann Friedrich Reiffenstein, der selber im Zeichnen dilettierte und deshalb einen Stift hält. Dieser Mann wurde später in Rom Angelikas engster Vertrauter, und Goethe hat ihn als

»Rat Reiffenstein« häufig in seiner »Italienischen Reise« erwähnt. Dieser vielseitige Mann lebte seit 1762 in Rom und war ein Hansdampf in allen Gassen. Er malte, radierte und versuchte sich als Bildhauer, wirkte als Kunstschriftsteller und Altertumsforscher und war für die neuangekommenen Deutschen in Rom ein begehrter Cicerone. Er kannte alles und jeden, verschaffte jungen Malern Aufträge und betrieb ganz nebenher einen schwunghaften Handel mit Altertümern.

Und noch einer besuchte im Frühjahr 1764 die Kauffmanns in Neapel: Johann Joachim Winckelmann, Generalinspekteur der römischen Altertümer, Freund, Vertrauter und Sekretär des fast blinden Kardinals Albani. Ihn begleitete Johann Heinrich Füssli (1741–1825) aus Zürich, der damals noch nicht Maler war, sondern nach einem Theologie- und Sprachenstudium sich vor allem mit Shakespeare-Übersetzungen befaßte. Aus Neapel schrieb er an seinen Vater:

»... es ist eine Künstlerin hier, die aus Schwaben gebürtig, aber meistens in Constanz und Chur erzogen wurde. Dieses Mädchen von noch nicht 21 Jahren hält sich mit ihrem Vater, einem mittelmäßigen Porträtmaler, schon zwei Jahre in Italien auf und arbeitet mit einem außerordentlichen Fleiß und wenn es mehr ist, mit einer seltenen Geschicklichkeit ... ihre Porträts sind von einer Wahrheit, Ausdruck und Zeichnung, daß sie alle jetzigen welschen Bildnismaler weit weit übertrifft...« Was der junge Füssli damals feststellte, können wir auch heute noch bestätigen: Angelikas Porträts aus jener Zeit bilden den Höhepunkt ihrer Schaffenskraft.

Mitte April trafen sie alle wieder in Rom ein, und Angelika begann in der Villa Albani sogleich mit dem Porträt Winckelmanns, vermutlich im Auftrag von Joh. Heinrich Füssli oder dessen in Zürich lebendem Vater Caspar. Es gilt allgemein als das beste Bildnis des berühmten Gelehrten und ist wohl zugleich das beste Werk, das Angelika je schuf. Die Verehrung der dreiundzwanzigjährigen Malerin für den deutschen Klassi-

zisten muß sehr tief gewesen sein, und der sonst etwas hochnäsige Winckelmann geizte ihr gegenüber auch nicht mit seinem Lob. Auf eine gelehrtenhaft trockene Art, die sonst eigentlich nicht seinem Stil entsprach, teilte er dies auch Freunden mit: »Mein Bildnis ist von einer seltenen Person, einer deutschen Malerin, für einen Fremden gemacht. Sie ist sehr stark in Porträts in Oel, und das meinige kostet 30 Zecchini; es ist die halbe sitzende Figur. Sie hat dasselbe in Quarto geätzt, und ein anderer arbeitet es in schwarzer Kunst, um mir ein Geschenk mit der Kupferplatte zu machen. Das Mädchen, von welchem ich rede, ist zu Costnitz (sic!) geboren, aber zeitig von ihrem Vater, der auch ein Maler ist, nach Italien geführt worden, daher sie welsch so gut als deutsch spricht; sie spricht aber dieses, als wenn sie in Sachsen geboren wäre. Auch spricht sie fertig französisch und englisch, daher sie alle Engländer, welche hierher kommen, malt. Sie kann schön heißen und singt um die Wette mit unseren besten Virtuosen. Ihr Name ist Angelika Kauffmannin.«
Wenn es um die Herkunft von Angelika geht, entsteht sofort Verwirrung. Wir werden das noch öfter erleben. Daß er aus ihrem Deutsch einen sächsischen Unterton heraushörte, ist kurios, denn was er hörte, war der harte Klang des Alemannischen vom Bodensee.
Angelikas Porträt von J. J. Winckelmann ist durch Reproduktionen in Kupfer- und Stahlstich weit verbreitet worden. Sie hat von dem Gelehrten noch eine Radierung gefertigt, die aber bei weitem nicht an das Original heranreicht. Auf diesem Blatt hat Winckelmann etwas Weiches, betont Jugendliches, das der volle Haarschmuck noch unterstreicht. Auf dem Ölbild dagegen ist er halbkahl, seine gescheiten Augen blicken nachdenklich in die Ferne, die kräftigen Hände – die Rechte hält eine Schreibfeder – ruhen auf einem geöffneten Schreibalbum. Der damals Siebenundvierzigjährige ist behutsam idealisiert, doch das Bild wirkt ruhig und ohne Pathos. Mit Goethes Porträt hatte Angelika, wie wir sehen werden, weitaus weniger Glück.

Auch Reiffenstein, der Tausendsassa, mischte sich in das Geschäft. Er fertigte einen Kupferstich von dem Porträt an und überredete den wohlhabenden Hans Heinrich Füssli zur Übernahme der Kosten.

Kaum noch die Rede ist von Johann Kauffmann, dem Vater des vielbeachteten Talents. Er wird in Rom kaum zu Aufträgen gekommen sein, da dort niemand ihn kannte und alle nur seine Tochter hofierten. Ein bißchen sah er das Ganze wohl auch als sein Werk an: Schließlich hatte er das Genie gezeugt, es großgezogen und ihm die Anfänge des Malens beigebracht. Vermutlich hat er sich mit dieser Rolle zufriedengegeben.

Das Winckelmannporträt wurde im Sommer an Caspar Füssli nach Zürich gesandt, und da hängt es heute noch, im Zürcher Kunsthaus. Hans Heinrich Füssli, Schriftsteller und ordinierter evangelisch-reformierter Geistlicher, erkannte schließlich seine wahre Begabung und wandte sich seit 1767 ganz der Malerei zu. Nach schwierigen Anfängen wurde er schnell berühmt. Die Surrealisten verehren in ihm eine Art Vorläufer; seine Bilder – darunter der berühmte »Nachtmahr« – sind tatsächlich sehr eigenwillig und ohne erkennbares Vorbild. In London trafen beide sich wieder, doch wird die eher solide und beständige Angelika Kauffmann dem unruhigen, von Frauenaffären gehetzten Genie kaum näher gekommen sein. Die Nachtseiten des menschlichen Daseins übten auf Henry Fuseli, wie er sich in England nannte, eine starke Wirkung aus. Goethe, der immer Beherrschte, der Mann des Maßes, meinte über ihn: »Was für eine Glut und Ingrimm ist in diesem Menschen!« Und wir spüren die leise Mißbilligung des Olympiers.

Zu Angelikas Winckelmann-Porträt läßt sich abschließend sagen, daß mit ihm ihre Studienreise beendet war. Was sie in Mailand, Florenz und Rom gemalt hatte, war Gesellenarbeit. Mit diesem Bild lieferte sie jetzt ihr Meisterstück, das ihren Namen weiten Kreisen bekannt machte. Die Accademia di San Luca in Rom, ehrwürdigste aller italienischen Malerakademien, nahm sie als Mitglied auf, und sie schenkte dem Institut ihr Gemälde »Die Hoffnung«. Das war 1765, und am 1. Juli dieses Jahres reiste sie von Rom ab. Warum? War es wegen des jungen Malers Nathaniel Dance, der sich kurz vor ihrer Abreise in sie verliebte und sie unbedingt heiraten wollte? Sie saßen in der Akademie oft nebeneinander, und es gibt sogar eine Zeichnung, die sie gemeinsam schufen. Doch scheint die Zuneigung einseitig gewesen zu sein, und für eine oberflächliche Liebesbeziehung war Angelika nicht zu haben. In England werden wir ihrem hartnäckigsten Verehrer wieder begegnen.

Trotz allem: Ein Grund für eine »Flucht« aus Rom wird es kaum gewesen sein. Warum also kehrte sie ihren Erfolgen, ihren vielen Freunden und Verehrern den Rücken? Ehe wir dieser Frage nachgehen, noch ein Wort zu Winckelmann, den Angelika nach ihrer Abreise nicht mehr wiedersah: Sein aus bescheidensten Anfängen – er war der Sohn eines Schusters – zu den Gipfeln europäischen Ruhms emporgestiegenes Leben endete wenige Jahre, nachdem Angelika ihn gemalt hatte, auf tragische Weise.

5. KAPITEL

Winckelmann und die Folgen

Im westlichen Teil der Mark Brandenburg, in Stendal, der einstigen Hauptstadt der Altmark, wurde Johann Joachim Winckelmann am 9. Dezember 1717 als preußischer Untertan geboren. Sein Vater war Schuhmacher und lebte in ärmlichen Verhältnissen, doch Johann war der einzige Sohn, und es wurde ihm ermöglicht – wer weiß, unter welchen Entbehrungen –, eine höhere Schule zu besuchen.

Über seine Jugend ist wenig bekannt; er selber hat sich darüber ausgeschwiegen oder nur Belanglos-Anekdotisches erzählt. Seit 1738 studierte er in Halle Theologie und alte Literatur, später noch Mathematik und Medizin. Sein ursprünglicher, wohl auch von den früh verstorbenen Eltern gutgeheißener Plan war eine Ausbildung zum Pastor, doch davon nahm er bald Abstand. Er brachte sich als Lehrer und Bibliothekar durch – das typische Intellektuellenschicksal jener Zeit –, doch auf die

Johann Joachim Winckelmann, Kupferstich von Rudolf Rahn nach einem Gemälde von Angelika Kauffmann (AKG, Berlin)

Dauer wollte er sich damit nicht begnügen. Als sich die Chance bot, in Rom Bibliothekar zu werden, griff er zu. Er wechselte den Glauben, weil man ihm klargemacht hatte, daß als Protestant in Rom keine Karriere zu machen sei, und so fügte sich Winckelmann in die stattliche Reihe der deutschen Konvertiten, die – wie die Nazarener – aus romantischem Bedürfnis oder wie manche andere aus Lebensnotwendigkeit diesen Schritt getan haben. Obwohl er sehr liberal dachte, scheint ihn sein Glaubenswechsel unterbewußt lange beschäftigt zu haben. Er flüchtete sich in Zynismen, goß Spott über beide Konfessionen und gestand einem Bekannten, der ihn in Rom besuchte, er pflege, obwohl er ein treuer Sohn der katholischen Kirche sei, am Morgen, wenn er sich sein Frühstück bereite, die guten alten, lutherischen Kirchenlieder zu singen. Nun, er kam auch darüber hinweg, da er vor allem sein Fortkommen im Auge hatte.

Seit 1755 lebte Winckelmann in Italien von den unterschiedlichsten Beschäftigungen. Er katalogisierte in Florenz eine große Gemmensammlung und nahm kurz darauf eine Stellung bei dem Kardinal Alessandro Albani an, die dann sein weiteres Leben bestimmen sollte. Sein Gönner hatte eine Laufbahn hinter sich, die eher in die Renaissance gepaßt hätte. 1692 in Urbino geboren, kam sein Onkel im Jahre 1700 als Clemens XI. auf den Stuhl Petri. Alessandro hatte eine Soldatenlaufbahn begonnen und avancierte schnell zum Oberst eines päpstlichen Regiments. Der gutaussehende, kräftig gebaute junge Mann führte ein lustiges Leben mit Frauen, Jagd und am Spieltisch, als der Vater starb und der Papst drei Neffen zu versorgen hatte. Einer war schon zum Priester geweiht, einer bereits verheiratet, und so mußte nun Alessandro, der jüngste, in den Vatikan ziehen. Er tauschte den Soldaten- mit dem Priesterrock, gab aber sein Lotterleben keineswegs auf. Als er mit einer Geliebten in den heiligen Hallen des Vatikan ertappt wurde, schickte ihn der Papst auf einen diplomatischen Posten nach Wien, wo er wie-

derum die Damenwelt in Aufregung versetzte. Als der päpstliche Onkel starb, holte ihn sein Nachfolger Innozenz XIII. nach Rom und ernannte ihn – der nur die niederen Weihen besaß – zum Kardinal. Die Purpurrobe änderte das Leben des kaum Dreißigjährigen von Grund auf. Er nahm sein Amt als »Protektor des Heiligen Römischen Reiches« sehr ernst und spielte bald eine wichtige politische Rolle, vor allem als Verbindungsmann zu Deutschland und Österreich. Seine noch immer ungebändigte Sinnlichkeit sublimierte er durch eine rege Sammeltätigkeit, die ihm zugleich die geliebte Jagd ersetzte. Er jagte nun ein anderes Wild: Münzen, Gemmen, Bilder, hauptsächlich aber antike Ausgrabungen, die damals mehr in der Art von Raubgrabungen vor allem aus Pompeji und Herkulaneum bezogen wurden. Kardinal Albani war sich nicht zu gut dafür, selber in die Katakomben zu kriechen und fromme Nonnen beim Sieben der mit »Heiligenknochen« durchsetzten Erde zu überwachen. Sobald dann eine Münze oder etwas Ähnliches auftauchte, griff er zu. Er scheute auch nicht vor kriminellen Mitteln zurück, wenn er ein Stück unbedingt haben wollte. Als eine römische Adelsfamilie ihm einen vier Meter hohen Obelisken nicht freiwillig verkaufen wollte, ließ er ihn durch seine Leute einfach bei Nacht stehlen. Albani war allerdings einsichtig genug, das Stück erst nach dem Tod seines Vorbesitzers im Park seiner Villa aufstellen zu lassen. Wer den Obelisken heute sehen will, braucht nicht nach Rom zu fahren. Er ist, wie vieles andere aus der Albanisammlung, nach München gelangt und steht jetzt vor dem Eingang zum Ägyptischen Museum.
Die berühmte Sammlung des Kardinals war im Laufe der Zeit so gewachsen, daß Albani seinen Palast in der römischen Innenstadt aufgab, um weit draußen, an der Via Salaria, einen viel größeren errichten zu lassen. Der Architekt Carlo Marchionne verfuhr dabei so, daß er die Villa quasi um die Kunstwerke herumbaute, das heißt, es waren für die kostbarsten Stücke in Haus und Garten passende Plätze architektonisch eingeplant.

Goethe, der die Villa aus eigener Anschauung kannte, schrieb in seinem Aufsatz über Winckelmann:
»Gebäude drängten sich an Gebäude, Saal an Saal, Halle zu Halle, Brunnen und Obelisken, Karyatiden und Basreliefe, Statuen und Gefäße fehlten weder im Hof- noch Gartenraum, indes große und kleinere Zimmer, Galerien und Kabinette die merkwürdigsten Monumente aller Zeiten enthielten.«
Die Villa Albani (heute Villa Torlonia) gilt als eine der letzten römischen Prachtvillen, die zwischen Renaissance und Spätbarock in der Urbs errichtet wurden. Sie ist Villa und Museum zugleich, doch sie ist bis heute in Privatbesitz und deshalb leider nicht zugänglich.
Man hätte gerne gewußt, was Angelika Kauffmann dachte, als Winckelmann oder vielleicht der Kardinal selbst sie durch diese auch für römische Verhältnisse ungeheure Pracht führte. Das Dorf Schwarzenberg samt Kirche hätte leicht in den riesigen Park gepaßt, und die Residenz des Bischofs von Como war ein bescheidenes Haus, verglichen mit dem, was sie hier sah. Eines gilt es noch festzuhalten: Während Angelika in der Villa Albani verkehrte, begannen Winckelmanns Ideen auf ihre Malerei einzuwirken, und ihre Porträts bekamen einen klassischen Zuschnitt, wenn sie selbst auch im Grunde, wie schon erwähnt, ein Kind des Rokoko geblieben ist. Und nicht nur sie allein. Die illustren Gäste bei den prachtvollen »villeggiature« (Gartenfeste) ließen sich in jenen Zeiten noch wenig von Winckelmanns strenger klassischer Kunst- und Lebensbetrachtung beeindrukken. Sie waren geboren und aufgewachsen im Zeitalter des Barock, und als Winckelmanns Ideen in alle Kunstbereiche eindrangen, lebten er und die meisten der damaligen Sommergäste der Villa Albani längst nicht mehr.
Als Winckelmann zum Bibliothekar und bald auch zum Freund und Vertrauten des Kardinals wurde, war dieser schon fast blind, doch ungebrochenen Geistes, und er konnte sich, da er hauptsächlich Plastiken sammelte, auf seinen Tastsinn verlas-

sen. Sie kamen trotz der Standesunterschiede prächtig miteinander aus, und daran änderte sich auch nichts, als Winckelmann Generalinspekteur der römischen Altertümer wurde. Inzwischen hatte er eine Reihe von Werken veröffentlicht, die seinen Namen in ganz Europa bekannt machen sollten. Als Kernpunkt seiner Lehre könnte man den Satz zitieren:

»Der gute Geschmack, welcher sich mehr und mehr durch die Welt ausbreitet, hat sich angefangen zuerst unter dem griechischen Himmel zu bilden.«

Auf diese Behauptung gründete er seine Lehre vom Wahren, Guten und Schönen, umriß die griechische Kunst mit den Worten: »Edle Einfalt, stille Größe« und forderte in einem wohl bewußten Paradoxon: »Der einzige Weg für uns, groß, ja, wenn es möglich ist, unnachahmlich zu werden, ist die Nachahmung der Alten.« Egon Friedell hat in seiner »Kulturgeschichte der Neuzeit« bemerkenswerte Ansichten zu dem Phänomen Winckelmann geäußert:

»Daß aber Winckelmann mit seiner Erfindung des harmonischen Griechen einen so ungeheuren Erfolg hatte, kam daher, daß, wie dies für große historische Wirkungen immer die notwendige Voraussetzung ist, eine starke Persönlichkeit und ein starkes Zeitbedürfnis zusammentrafen.

Winckelmann war, um es mit einem Wort zu sagen, der erste Archäologe in der legitimen Bedeutung des Begriffs: ein liebevoller Erforscher und Kenner des Altertums, dem sein ungeheures Wissen nicht Selbstzweck war, sondern ein Organ, in die Vergangenheit einzudringen. Kein Detail entging seinem Blick...

Sein Hauptwerk, die »Geschichte der Kunst des Altertums«, ist ihrer äußeren Gestalt nach ein historisches Werk, in Wirklichkeit aber eine Ästhetik, die an der Hand der alten Bildwerke die moderne Kunst verwirft und die bedingungslose Rückkehr zur Antike fordert. Es gibt für Winckelmann eigentlich nur eine einzige Kunst: die Plastik, denn die Malerei läßt er nur gelten,

soweit sie eine Art Bildhauerei ist, nämlich Umrißzeichnung, Kontur...«
Diese aus heutiger Sicht ein wenig seltsamen Theorien hinderten ihn nicht, sich von Angelika Kauffmann malen zu lassen, und da ihn mit Mengs eine enge Freundschaft verband, verstieg er sich zu dem Satz: »Der Inbegriff aller beschriebenen Schönheiten in den Figuren der Akten findet sich in den unsterblichen Werken des Herrn Anton Raphael Mengs, ersten Hofmalers der Könige von Spanien und Polen, des größten Künstlers seiner und vielleicht auch der folgenden Zeit.«
Mengs war ein tüchtiger Maler, aber auch nicht mehr, und Winckelmanns überschwengliches Lob verleugnet zugunsten des Freundes die eigenen Theorien.
A. R. Mengs wiederum stand ganz unter dem Einfluß seines hochgeehrten Freundes und verkündete, daß die Kunst der Natur überlegen sei, da sie sich ihre Materialien frei wählen könne, keinerlei Zufällen ausgesetzt sei und so alle Vollkommenheiten in einer Gestalt vereinigen könne.
Über dergleichen kann man heute nur schmunzeln, doch solche Thesen haben damals die Kunstwelt geprägt, und Angelika hat sie als sehr junge Frau aufgenommen, gutgeheißen und auf ihre Weise verarbeitet. Ihrem Werk fehlt allerdings das auch von Winckelmann propagierte Bekenntnis zum nackten Körper. Angelika war in einer prüden, stockkatholischen Welt großgeworden und konnte sich niemals dazu durchringen, einen völlig nackten Menschen zu malen oder zu zeichnen. Ihr »Urteil des Paris« ist ein Garderobenstück, alle Beteiligten sind in züchtige Gewänder gehüllt. Damit war sie mit dem keuschen Papst Clemens einer Meinung: er nämlich war es, der die nackten Statuen im Vatikan mit Feigenblättern versehen ließ, die sie heute noch tragen. Winckelmann nannte diesen Papst »Sua Scrupulosità« (Seine Sittsamkeit), doch er sagte es nicht zu laut. Er selber war keineswegs prüde und lebte seine Homosexualität aus, soweit dies mit Anstand möglich war. Als ihn Giacomo Casanova einmal mit einem jun-

gen Mann in flagranti erwischte, meinte Winckelmann, er tue dies nur, um tiefer in die Welt der alten Griechen einzudringen.
Winckelmann wuchsen seine zahlreichen Ämter allmählich über den Kopf. Neben seiner literarischen Produktion – sie war ihm wohl das Wichtigste – mußte er als Generalinspekteur alle wichtigen Rombesucher als Cicerone durch die Stadt führen. Dann gab es den fast blinden Kardinal, dessen Sammlung und Bibliothek er betreute, und schließlich ernannte der Papst ihn noch zum »Scriptor Linguae Teutonicae«, d. h. er war für das gesamte deutschsprachige Schrifttum im Vatikan verantwortlich. Es muß wohl eine Art Flucht gewesen sein, als er sich im Frühjahr 1768 zu einer Deutschlandreise entschloß, doch den genauen Grund kennt man nicht. Es gab weder Eltern noch Verwandte zu besuchen, auch von einer Einladung ist nichts überliefert. Er reiste zusammen mit dem Bildhauer und Restaurator Bartolomeo Cavaceppi (1716–1799), von dem ein schriftlicher Reisebericht erhalten ist.
Sie fuhren von Rom über Bologna nach Venedig und Trient. Nach einer mühsamen Alpenüberquerung trafen sie in München ein, doch Winckelmann war inzwischen in einem Zustand, daß Cavaceppi um seinen Verstand fürchtete. Er murmelte immer nur: »Torniamo a Roma ...« (»Kehren wir um nach Rom«) und war kaum noch ansprechbar. Von Regensburg wollte er sofort zurückfahren, doch er hatte vom Kardinal Albani Briefschaften für den Wiener Hof dabei, und Cavaceppi konnte ihn mit Mühe überreden, den Umweg über Wien zu machen. Dort mußte er für einige Tage ins Krankenhaus, und Cavaceppi, der noch in Berlin zu tun hatte, reiste allein weiter.
Am 1. Juni 1768 traf Winckelmann in Triest ein und nahm in der »Locanda Grande« im Stadttzentrum Quartier. Er sagte dem Wirt, er wolle die Reise mit dem Schiff fortsetzen, und dabei erteilte ihm ein gewisser Francesco Angelis Auskunft. Sie kamen ins Gespräch, aßen zusammen und sahen sich auch in den nächsten Tagen häufig, da sie Zimmer an Zimmer wohnten.

Winckelmann zeigte seinem neuen Bekannten einige goldene Schaumünzen, worauf dieser beschloß, den Deutschen umzubringen und sich die Medaillen anzueignen, Da der Versuch, Winckelmann zu erwürgen, mißlang, stieß Angelis seinem Opfer mehrmals ein Messer in den Leib. Blutüberströmt taumelte Winckelmann aus seinem Zimmer, der Mörder lief davon, Arzt und Priester wurden geholt. Der Arzt stellte fest, daß Winckelmann innerlich verblutete und sagte ihm, er habe nur noch kurze Zeit zu leben. Mit schwacher Stimme diktierte er sein Testament, in dem er den Kardinal Alessandro Albani zum Alleinerben einsetzte. Am 8. Juni 1768 gegen vier Uhr nachmittags starb Johann Joachim Winckelmann, und keiner der Zeugen seines Todes wußte so recht, wer dieser Mann eigentlich war und was er für das Geistesleben Europas bedeutete.

Sein Mörder wurde auf der Flucht gefaßt und am 21. Juli in Triest öffentlich gerädert.

Die eigentliche Wirkung Winckelmanns setzte erst nach seinem Tod ein und hatte ihren Höhepunkt in den Jahrzehnten nach 1800, als man in klassischen Formen baute, malte und formte und in klassischen Jamben dichtete. Seinen bleibenden und sichtbarsten Ausdruck hat der Klassizismus in den Metropolen gefunden, wo er das Stadtbild nachdrücklich prägt, wie etwa in Paris mit dem Pantheon und der Madeleine, in Berlin mit Schinkels Altem Museum, in München mit den Bauten um den Königsplatz, in Helsinki mit der Universität und in Washington mit dem Weißen Haus. Sie alle künden vom Siegeszug eines Stils, dessen geistige Grundlage Winckelmann geschaffen hatte.

6. KAPITEL

Die Kösten hir seynd außerordentlich . . .

Zurück zum Jahr 1765, zurück zu Angelika Kauffmann, die nun Rom, der Stätte ihres bisher größten Erfolgs, den Rücken kehrte. Wir haben uns gefragt, warum, und anders als bei Winckelmann, dessen konfuse und tödlich endende Reise ein Rätsel bleibt, hatte Angelika plausible Gründe, den Schauplatz zu wechseln. Zwar lebte sie in Rom vorwiegend im Kreis deutscher und italienischer Künstler, doch der größte Teil ihrer Auftraggeber kam aus England – eine Entwicklung, die ja schon in Florenz begonnen hatte. Auch Winckelmann, dem Vielbeschäftigten, fiel dies auf, und er berichtete an einen Freund: »Auch spricht sie fertig französisch und englisch, daher sie alle Engländer, welche hierher kommen, malet.«

So hat es sich wohl ergeben, daß man sie häufig nach England einlud und ihr versicherte, daß ihr Name dort schon bekannter

sei als hier. Doch es scheint, daß Angelikas endgültiger Entschluß, nach England zu gehen, erst in Venedig gefaßt wurde. Möglicherweise wurde die Abreise auch durch einen Auftrag beschleunigt, den Johann Kauffmann in Mailand zu erfüllen hatte. Da aber Venedig in Angelikas eigentlich schon abgeschlossener Studienreise noch fehlte und die Zeit nicht drängte, nahm man den Umweg gerne in Kauf.
Tizian, Tintoretto und Veronese, die Kunstgötter der Serenissima, gab es in zahlreichen Kirchen und Palästen zu studieren, außerdem lebten noch einige bedeutende Maler in der Lagunenstadt. Der große Giov. Batt. Tiepolo war zusammen mit seinen Söhnen Giovanni Domenico und Francesco 1762 nach Madrid berufen worden, wo er unter anderem das königliche Schloß mit Deckenfresken ausmalte, übrigens Seite an Seite mit A. R. Mengs, der damals als durchaus gleichwertiger, den meisten sogar als der bedeutendere Maler galt. Heute denkt man da freilich anders. Giovanni Piazzetta war im Jahr zuvor gestorben, und gerade ihm – nach seinen Stichen hatte sie in Schwarzenberg gemalt – wäre sie besonders gerne begegnet.
Durch ihre zahlreichen englischen Bekanntschaften kam sie auch mit John Murray in Verbindung, der damals als britischer Gesandter in Venedig amtierte und den Giacomo Casanova als »Freund des Bacchus wie der Liebe« bezeichnete. Er war mit Lady Bridget verheiratet, die jedoch ihren Namen aus erster Ehe weiterführte und allgemein als »Lady Wentworth« bekannt war. Die beiden führten eine recht moderne Ehe, sprich Interessengemeinschaft. Nach außen spielte die Lady eine perfekte Gesandtengattin, während sie sonst ihre eigenen Wege ging und in ihrem Salon vor allem den Künsten huldigte. So lernte sie auch Angelika kennen und war schließlich von der jungen Künstlerin derart angetan, daß sie ihr den Vorschlag machte, gemeinsam nach England zu reisen. Johann Kauffmann schien nicht allzu begeistert. Aber er wollte der Karriere seiner Tochter nicht im Wege stehen, und sie verein-

Sir Joshua Reynolds, Selbstbildnis mit Brille (AKG, Berlin)

barten, daß er nach Erledigung seiner Aufträge nachkommen würde. Hätte er geahnt, was Angelika dort zustoßen würde, so wäre er wohl mitgereist oder hätte ihr die Reise ausgeredet. So brachen die beiden Damen im Frühjahr 1766 auf, lösten sich – sicherlich ganz bewußt – aus der Obhut von Vater und

Ehemann, und wir dürfen annehmen, daß ihnen die Reise großen Spaß machte.
Sie fuhren nicht auf direktem Weg nach London, sondern es gab allerlei angenehme Abstecher und Unterbrechungen. Einige Wochen blieben für Albano, das damals gerade en vogue wurde, dann ging es weiter nach Lausanne am Genfer See, einem der frequentiertesten Modebäder jener Zeit. Doch sie hielten sich nirgends lange auf, denn Lady Wentworth zog es in ihre Heimat, wo sie ihre »Miss Angel« bald vorführen wollte. In Paris blieben sie gerade so lang, um ein paar Gemäldesammlungen besuchen zu können, und Ende Juni trafen sie schon in London ein. Ihre ersten Eindrücke von Land und Leuten schilderte Angelika in einem Brief an ihren Vater, der auf originelle Weise zeigt, wie dialektgebunden ihr Deutsch noch immer war – und auch bleiben sollte.

Aller Libster Vatter.
Habe ewer schreiben von 20 Augusten wie auch den ledsten von 13 September Richtig, und mit vihlem Vergnügen erhalten, freut mich von Hertzen daß ihr wohl auff seind, ich befinde mich auch gantz wohl Gott sey Dankh. in ewren ledsten vernamme ich daß ihr folgenden tag sambt der lieben Rosa Morbegnio verlassen werden. der gedankhen und die Hoffnung euch zu sehen freut mich über alles – und wünsche es Recht sehr – ich sehe ihr seynd entschlossen die Reysse fortzusetzen vor ihr eine antwort von mir erwarten, ist also ungewiss ob dißer briff euch zu handen Komme. Jedoch Kan ich nicht umgehn euch genau zu berichten von beschaffenheit hißigeß Landeß – damit ihr euch darnach richten, und selbst überlegen welches besser ist, die Reisse anjetzo fortzusetzen, oder auffschiben biß Könfftigs frühjahr; seind versichert ich wünsche euch zu sehen, allein ich bitte mir es nicht übel zu nemmen: ich und einige gute freund finden nicht for Ratsam daß ihr dißen winter anherro Kommen sollen. wenn ihr die ursachen selbst überlegen, werden ihr selbst finden, daß

es nicht for unsern avantagio were. Die Kösten hir seynd außerordentlich – ich bin in einem particular Hauß, bey sehr braffen und Ehrlichen leuten, alte bekannt von Mylady – sy hat die güte gehabt diesen leuten mich so anzubefelen, alß were ich ihr eigene tochter, ich bin über ein Monat hie im Hauß – habe gutes licht, die leute im Hauß gehen mir in allem an die hand – die frau ist eine muter gegen mir. ihre Zwei töchter liben mich wie eine schwester. Die gelegenheit war so gut und in allem mir so anständig, daß ich mir khein bedenken gemacht habe mich zu versichern und das quartir for den gantzen winter zu nemmen. ich habe vier zimmer, eins wo ich mahle, daß andre, wo ich meine fertigten bilder stehen habe (wie es hier der brauch ist, die leute Kommen die arbeit zu sehen ohne den Künstler zu verstören), die andre 2 Zimmer seynd sehr Klein, Kaum hat ein bet platz zu stehen, einß von diesen ist mein schlaffzimmer, daß andre dint for tücher und dergleichen sachen darin aufzubehalten; for die Zimmer bezahle ich 2 gine die Wochen. 1 gine for die Kost – sambt dem bedinten, den ich Kleiden muß. Dises ist ohne wasch, und andere Kleinigkeiten die ich täglich unumgänglich vonnöten habe, den bedienten Könt ich ebenfalß nicht entberen; dießes seynd meine außgaben, die euch nicht Klein vorkommen werden, Kunte eß genauerer nicht ein Richten. ich versichere solten ihr auff den winter Kommen, so müssen wir ein Hauß nemmen, welches sehr schwer zu finden ist; und unter Hundert gines Jährlich gar nicht zu haben. unmobiliert verstet es sich, ein Hauß auf hißige art zu mobilieren Kombt auff vierhundert gines – Betrachten selber wie hoch dieses kommen würde, besonderst im winter wo alles vihl teurer ist, die tage sehr Kurtz – die arbeit gibt nicht vihl auß wie ihr wohl wisset. wir müsten ein bedinten haben und eine Magt – das decorum erfordert es – ich bin hie nun bey Jedermann bekant und in ansehen. ich muß mein Caracter nicht nur allein mit meiner arbeit sutenieren, all übriges muß darnach eingerichtet seyn – mit einer gewissen propertet, die heut zu tage sehr notwendig ist, wen man sich

Distinguiren will die vornehmsten Damen Kommen inß Hauß, zu sitzen – mich zu besuchen – oder meine arbeit zu seehen; in einen schlecht eingerichten Hauß dörfft ich leut von solchem Range nicht empfangen. mein gegenwertige einrichtung is ordentlich – und zu gleicher zeit so genau als man sie haben Kan; eine veränderung würde nichts verbessern; so lange ich allein bin hab ich hoffnung (unerachtet die Kösten die ich habe) ein merkhliches zu ersbaren, dissen winter durch – und dann auf den sommer eine andre ein Richtung machen – die häußer seynd leichter zu haben und all übrigeß ist nicht so teuer. noch einß welches mir große sorge geben würde, ihr seynd der hiesigen lufft und daß Clima nicht gewont – wir seynd schon sbät in der Zeit, wir haben hir schon der mänge nebeliger finsterer tage – der tampf von den Kollen ist gar nicht angenem – und besorge ihr Konten Krankh werden was wer das for ein Creutz, ich darf nichts mehr sagen – ich förchte ihr möchten denkhen ich suche eure ankonfft auß andern ursachen zu verhindern. Nein gewiß nicht – meine absicht ist, mein und ewern nutzen so vihl möglich zu befördern und in gegenwärtigen umständen unnötige Kösten zu ersbaren. mit der Zeit Kan alles eingericht werden – willß Gott, nach unserm wunsche, bitte ihr wohlen aldises wohl überlegen, und nichts übereilen. der liebe Gott erhalte euch gesund, ich verbleibe bis in den tod ewer gehorsamme tochter
Ang. Kauffmann

meine adreße ist

To Miss Angelika Kauffmann at Ms. Humes
Surgeon in Suffolk Street
Charing Cross
London.

Man müßte sich schon sehr täuschen, wenn aus diesem Brief nicht eine unterschwellige Erleichterung herauszulesen ist, daß

sie ohne Aufpasser leben darf, auch wenn sie zuletzt versichert, ihm nur »unnötige Kösten ersbaren« zu wollen.
An dieser Stelle einige Worte zur politischen und kulturellen Situation eines Landes, in dem Angelika Kauffmann sich eineinhalb Jahrzehnte aufhielt, wo sie künstlerische und gesellschaftliche Triumphe feierte und gleichzeitig ein schmerzliches persönliches Fiasko erlebte.
Auf dem Thron des britischen Weltreichs saß seit 1760 König Georg III. aus dem Hause Hannover, das durch die Sukzessionsakte von 1701 in den Besitz Englands gekommen war. Sein Vater, König Georg II. August, wie auch seine Mutter, Karoline von Ansbach, waren reinblütige Deutsche, und auch er hatte mit Sophie Charlotte von Mecklenburg-Strelitz eine Landsmännin geheiratet, so daß England also derzeit von einer deutschen Dynastie regiert wurde. Georg III. brach das Bündnis mit Friedrich dem Großen gegen Frankreich und Spanien ab und schloß mit seinen Gegnern Frieden, was ihm Kanada, Florida und einige Karibikinseln einbrachte. Er regierte nach deutschem Muster als absolutistischer König und rief dadurch in Parlament und Volk eine ziemliche Opposition hervor. 1765, im Jahre von Angelikas Ankunft, zeigten sich Spuren von geistiger Zerrüttung bei König Georg, die aber bald wieder verschwanden.
Das literarische England befand sich damals in einer Art Stagnation. Pope, Swift, Fielding und Defoe lebten nicht mehr, die wunderlichen Werke des Landpfarrers Sterne (1713–1768) wurden sehr geschätzt und in ganz Europa gelesen und nachgeahmt. Oliver Goldsmith (1728–1774) war gerade dabei, seinen »Vicar of Wakefield« zu beenden, einen stillen frommen Roman, der ihm zwar einigen Ruhm, doch keinen Reichtum bringen sollte. Das in diesem Buch beschriebene christlichbehagliche Leben führte der Autor allerdings nicht. Er zigeunerte durch halb Europa und versuchte in London als Arzt und Apotheker sein Glück, doch nichts gedieh so recht.

Ebenfalls im Jahr von Angelikas Ankunft erschienen die »Works of Ossian«, von James Macpherson herausgegebene Bardenlieder seiner schottischen Heimat. Viele glaubten, der Autor habe altes Volksgut gesammelt und ins Englische übersetzt, doch er hatte nur einige Bruchstücke gälischer Dichtung verwendet, um daraus in pathetisch-schwärmerischen Versen etwas durchaus Eigenes zu machen. Er traf damit haargenau den Geschmack des Publikums, wenn auch kritische Geister behaupteten, daß diese Verse mit dem im 3. Jahrhundert n. Chr. lebenden Barden Ossian nicht das Geringste zu tun hatten. Die Wahrheit dürfte etwa in der Mitte liegen, denn schon lange vor Macpherson waren Ossianlieder herausgegeben worden. Jedenfalls wurde Macphersons Adaption in ganz Europa bekannt und in viele Sprachen übersetzt.

Der Erfolg solcher Publikationen darf nicht darüber hinwegtäuschen, daß in der englischen Literatur jener Zeit wenig Aufregendes geschah, und heute schätzen wir eher jene, die der Generation vor Angelika angehörten, wie Henry Fielding (1707–1754) mit seinem Meisterwerk, dem Roman »Tom Jones«.

Vom kulturell nicht sehr engagierten Königshaus gingen kaum Anregungen aus. Für den genialen Historiker Edward Gibbon (1737–1794) hatten die Majestäten nur die höchst geistreiche Bemerkung übrig: »Mr. Gibbon, was treiben Sie? Kritzeln, kritzeln, nichts als Gekritzel!«

Sein Werk »Geschichte des Verfalls und Untergangs des Römischen Reiches« machte ihn später weltberühmt.

Das musikalische Leben war höchst lebendig, bezog aber seine Substanz vorwiegend aus dem Ausland. Der 1759 verstorbene Händel hatte in London Triumphe gefeiert und war als »our Handel« längst anglisiert worden. Auch sein Nachfolger im Amt eines Hofkapellmeisters war wieder ein Deutscher: Johann Christoph Bach – wir sind ihm schon in Mailand begegnet. Ansonsten spielte man gängige italienische Opern aus den schnellen und leichteren Federn der Scarlatti, Pergolesi, Cimarosa und Paesiello.

Und es dauerte auch nicht lange, da war »Miss Angel« – den Namen hatte der Maler Joshua Reynolds aufgebracht – ein selbstverständlicher und sehr aktiver Teil des Londoner Kulturlebens.

7. KAPITEL

Die Welt der Miss Angel

Ob Johann Kauffmann den Ratschlägen seiner Tochter folgte oder ob ihn andere Umstände fernhielten – jedenfalls ließ er das Jahr 1766 verstreichen, um dann im nächsten Frühjahr bei Angelika zu erscheinen. Der Hinweis auf die hohen »Kösten« des Londoner Lebens war nicht umsonst gewesen: Um eine Magd zu ersparen und um Angelika einen weiblichen Umgang zu verschaffen, brachte er aus dem Veltlin Rosa Florini mit, eine Tochter seiner Schwester. Das hübsche und tüchtige Mädchen lebte sich in London schnell ein und hat später hier geheiratet.

Nun, Angelika Kauffmann hätte sich auch ohne ihren »liben Vatter« zurechtgefunden, doch nun war er einmal da, und er tat in seiner praktischen Art das Nächstliegende: Er mietete in Golden Square ein ansehnliches Haus, das er mit schönen Möbeln und Kunstschätzen gediegen ausstattete. Nun konnte sie ihre

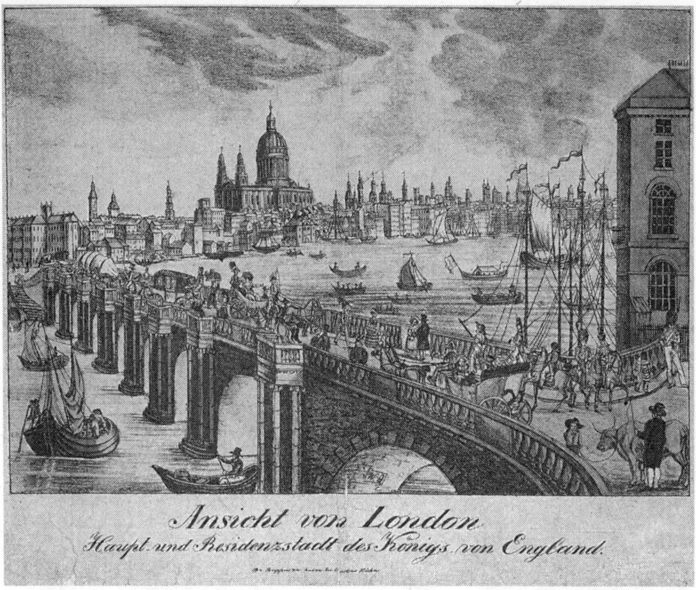

Ansicht von London, kolorierte Kreidelithographie aus dem Neuruppiner Bilderbogen (AKG, Berlin)

Kunden standesgemäß empfangen, und es wurden von Monat zu Monat mehr, was nicht zuletzt daran lag, daß der große Reynolds der Kollegin mit Wohlwollen und bald mit herzlicher Zuneigung begegnete. Angelika hatte den dreiundvierzigjährigen Maler im Sturm erobert, und noch im Herbst 1766 begann er ihr Porträt und sie gleichzeitig das seine. So reizvoll die damals Fünfundzwanzigjährige auf diesem Bild wirkt – ein schmales, apartes Gesicht mit hochgesteckten Haaren – so wenig ansprechend sieht Reynolds auf Angelikas Porträt aus. Er wirkt wie ein Sechzigjähriger mit schlaffem Gesicht und schon ziemlich gelichteten Haaren. Angelika scheint ihrem Verehrer nicht geschmeichelt zu haben.

Mit Sir Joshua Reynolds bekannt, von ihm anerkannt zu sein, bedeutete im damaligen London für einen jungen Maler sehr viel. Wer sich mit dem Münchner Kunstleben in der zweiten Hälfte des 19. Jahrhunderts befaßt hat, weiß, welchen Rang Franz von Lenbach damals einnahm. Ohne ihn ging nichts, bei allem, was Kunst und Kultur betraf, hatte der »Malerfürst« seine Hände mit im Spiel, und wer sich gegen ihn stellte, tat sich sehr schwer. Eine ähnliche Rolle spielte Reynolds ein Jahrhundert früher in London.

Joshua Reynolds wurde 1723 in der Grafschaft Devonshire geboren und trat als Lehrling – eine Kunstakademie gab es damals in England noch nicht – in die Werkstatt des Londoner Malers Thomas Hudson ein. Er brach die Lehre vorzeitig ab, malte einige Jahre Porträts in London und Devon und machte sich 1750 auf die »Grand Tour«, wie man die obligatorische Italienfahrt der englischen Maler damals nannte. Zwei Jahre später kehrte er über Florenz, Parma, Bologna, Venedig und Paris nach London zurück. Genau diese Kunststätten hatte auch Angelika besucht, und als Reynolds ihr erzählte, daß er während seiner zwei römischen Jahre im Palazzo Zuccari gewohnt hatte, dürfte das ein Gesprächsstoff für viele Stunden gewesen sein.

Reynolds blieb in Rom ziemlich unbekannt, denn er wollte in Italien keine Karriere machen, sondern dort nur lernen, lernen, lernen, bis er selber das Gefühl hatte: nun ist es genug, jetzt wende an, was du gelernt hast. Sein Biograph E. K. Waterhouse schreibt, Reynolds habe seinen Geschmack und seine künstlerischen Überzeugungen in Italien entwickelt und ausgebildet, und als er später seine »Discourses on Art« in der von ihm gegründeten Royal Academy hielt, ließ er keinen Zweifel daran, daß die Wurzeln der europäischen Malerei in Italien zu suchen seien, womit er ja schließlich recht hatte.

Nach seiner Rückkehr ließ er sich in London nieder, und nun begann eine beispiellose Karriere, die er allein seinem Können und nicht irgendeiner Protektion zu verdanken hatte.

Im Europa des 18. Jahrhunderts war es in Deutschland ja noch häufig so, daß der Hofmaler in Lakaienuniform mit dem Silberputzer und dem Stallmeister am unteren Ende der fürstlichen Tafel saß, und sein Gehalt war in der Regel nicht höher als die Wertschätzung, die er genoß.

Die Verhältnisse am Hof eines kleinen deutschen Duodezfürsten waren mit denen in England freilich nicht zu vergleichen. Es gab in London genug reiche Leute, denen es völlig gleichgültig war, ob ein bestimmter Maler schon jemanden aus der königlichen Familie hatte malen dürfen oder nicht. In der Stadt London hatte der König ohnehin nicht viel zu sagen, sondern war Gast des von freien Wahlmännern gekürten Lord-Mayors. So kam es, daß Reynolds während seiner ganzen Laufbahn keinen Auftrag von der Krone bekam und doch in London unbestritten der erste Porträtist war. Als er 1768 von George III. geadelt wurde, war das keine persönliche Gunst des Königs, sondern eher eine protokollarische Notwendigkeit, die mit seiner Ernennung zum Präsidenten der Akademie zusammenhing.

Schon 1755, in seinem ersten Londoner Jahr, hatte Reynolds etwa hundert Personen porträtiert, vier Jahre später waren es einhundertfünfzig. Später richtete er sich am Leicester Square ein prachtvolles Haus ein, und hier war es, wo er und Angelika Kauffmann sich näherkamen. Obwohl schon Mitte der vierzig, war Reynolds nie verheiratet gewesen; er lebte allein mit seiner Schwester Francis in dem großen Haus, doch es fehlte nie an schönen Frauen, die er ja nicht nur porträtierte, sondern auch als Modelle für seine mythologischen und historisierenden Bilder brauchte.

Da sehen wir etwa die berühmte Kurtisane Kitty Fisher als »Kleopatra« oder Sophia Musters als »Hebe«. Reynolds wird nicht gerade als Don Juan geschildert, doch es gab Affären und Liebschaften, und so manche Mutter hätte ihr Töchterlein bei dem reichen und geadelten Malerfürsten gern unter die Haube gebracht.

Um diese Zeit hätte Angelika Kauffmann sich zwischen zwei

Heiratsanträgen entscheiden können, aber sie lehnte beide selbstbewußt ab. Sie liebte einen Hochstapler, doch davon wird noch die Rede sein.
Der eine Heiratsantrag kam von Sir Joshua Reynolds, der andere von Nathaniel Dance, der seiner Angebetenen aus Rom nach London gefolgt war. Wäre eine Verbindung mit Reynolds für die junge Künstlerin nicht verlockend gewesen? Das hätte sie mit einem Schlag auch gesellschaftlich ganz nach oben gebracht, sie hätte einen verständnisvollen Kollegen zum Mann gehabt, der in den besten Jahren war und von dem sie annehmen konnte, daß er sich die Hörner schon abgestoßen hatte.
Eine ideale Verbindung! Ganz London war dieser Meinung, und es gab nicht wenige, die Angelika eine solche Ehe geneidet hätten. Es wurde gemunkelt, die junge, hübsche Künstlerin habe den achtzehn Jahre älteren Kollegen nach allen Regeln der Kunst umworben. Diese Vermutung ist freilich leicht zu widerlegen, da Angelika schließlich seinen Antrag ablehnte. Hätte sie ihm wirklich nachgestellt – was überhaupt nicht zu ihr paßte –, so doch mit dem Ziel, bald Mrs. Reynolds zu werden. Übrig bleibt nur die Frage, warum Angelika eine Verbindung ablehnte, die alles in allem nur Vorteile für sie gebracht hätte. Die einfachste Antwort wäre: weil sie ihn nicht liebte! Sie hatte es nicht nötig, versorgt zu werden, sie wurde täglich reicher, ihr Name war längst in den tonangebenden Kreisen bekannt, warum also hätte sie sich an einen Mann binden sollen, den sie zwar achtete und verehrte, aber nicht liebte? Oder sollte sein Alter der Grund gewesen sein? Wohl kaum, denn später heiratete sie einen Mann, der nur drei Jahre jünger war als Reynolds.
Doch da gab es noch einen zweiten Heiratsantrag eines nur sechs Jahre älteren Mannes, der sogar seinen Vater, einen bekannten Architekten, dazu bewog, für ihn bei der deutschen Malerin zu werben. Wieder lehnte sie ab. Warum? Auch ihn

liebte sie nicht, zudem war er weder reich noch berühmt. Dance aber gab die Hoffnung nicht auf. Erst nachdem Angelika Kauffmann London für immer verlassen hatte, heiratete er eine reiche Witwe, gab die Malerei auf, wurde ins Parlament gewählt und später geadelt.

Angelika jedenfalls blieb vorerst ledig, und man kann sagen, es war der Mut einer erfolgreichen jungen Frau, die das Geschlechtliche zurückdrängte und deren Libido ganz in die Karriere einging. Da wir aber über den genauen Zeitpunkt von Reynolds' Antrag nicht informiert sind, muß noch eine Möglichkeit ins Auge gefaßt werden. Sie liebte einen anderen und wollte diese Liebe nicht verraten. Diesen anderen gab es tatsächlich; er nannte sich »Graf Horn«, stammte angeblich aus Schweden und trat etwa um die Zeit in Angelikas Leben, als sie ihr Haus in Golden Square bezogen hatte.

8. KAPITEL

Wo die Liebe hinfällt ...

Qui amant, ipsi sibi somnia fingunt«, sagt Vergil in seinen Eklogen, und das bedeutet: »Liebe lebt vom Traum« – anders ausgedrückt, die Liebe formt die Wirklichkeit nach ihren Vorstellungen. Nur so ist es zu erklären, daß die berühmte Miss Angel, die – bei aller Bescheidenheit – sonst so nüchtern, vernünftig und äußerst selbstbewußt war, auf einen Abenteurer hereinfiel. Zu ihrer Verteidigung wäre zu sagen, daß ihm ganz London auf den Leim ging, daß er unbekümmert auf seinen Namen hin Schulden machte und zunächst niemand Verdacht schöpfte.

Vermutlich gehörte bereits seit dem Herbst 1767 ein »Graf Horn« zu den Dauergästen in Angelikas Atelier. Sie hatte den jungen, stattlichen Mann bei einem Fest kennengelernt, und er war ihr als Mitglied einer der ältesten schwedischen Adelsfamilien vorgestellt worden. Er hatte sein Erscheinen in London

vorher brieflich angekündigt, und alle waren nun von dem eleganten, charmanten, wenn auch etwas leichtlebigen Adligen angezogen. In London lebte er, wie man es von einem reichen und lebenslustigen Grafen erwartete. Er wohnte im besten Hotel, hielt Wagen, Pferde und eine zahlreiche Dienerschaft, frönte dem Glücksspiel, wettete bei Pferderennen und tat dies alles mit einer solch nonchalanten Selbstverständlichkeit, daß niemand den geringsten Verdacht schöpfte. Er schickte sündhaft teure Blumenarrangements in Angelikas Haus und umwarb sie so heftig und eindeutig, daß er alle anderen Verehrer abschreckte. Der Biograph Rossi faßte dies in wenige Worte:
»Sein äußerer Aufwand war groß und glänzend, und da er alles den Vornehmen von London nachtun und sich in allem nach dem Ton der Mode richten wollte, so fand er sich auf dem Studierzimmer Angelikas ein und faßte die abscheulichsten Pläne wider sie. Seine gefällige Gestalt, sein bescheidener feiner Umgang, die katholische Religion, zu welcher er sich angeblich bekannte, machte, daß Angelika ihn mit einigem Wohlgefallen und – was mehr ist – mit einer Art von Sicherheit sah. Er wiederholte seine Besuche, machte sein Benehmen immer einnehmender und zurückhaltender und bahnte sich hierdurch nach und nach den Weg zu ihrem Herzen ...«
So schmeichelte sich Frederik Horn bei Angelika ein, und er hatte eines ihren englischen Verehrern voraus: Sie waren immer Gentlemen, und wenn sie abgewiesen wurden, zogen sie sich zurück oder blieben Freunde wie Dance und Füssli, die nach wie vor in Angelikas Haus verkehrten. Horn aber ging aufs Ganze, was der wahre Gentleman wohl nie tat, denn etwas Contenance mußte man in allen Lebenslagen bewahren.
Vom Wesen her war Horn wohl ein Typ wie Giacomo Casanova, der sich immer und in jeder Situation mit Leib und Seele, Haut und Haaren hingab, ob beim Spiel oder bei Frauen. Das muß Angelika gespürt haben, und so nach und nach ging sie ihm auf

den Leim. Horn breitete sein Leben offen vor ihr aus – so jedenfalls mußte sie es empfinden. Er habe lange Jahre in diplomatischen Diensten im Ausland gelebt, und während dieser Zeit sei am schwedischen Hof gegen ihn intrigiert worden und er sei bei seinem König in Ungnade gefallen. Nun habe er durch treue Freunde erfahren, daß er auch hier in Gefahr sei und man bald seine Auslieferung verlangen werde.

Wie sollte Angelika solche Behauptungen nachprüfen? Was er ihr von der politischen Lage in Schweden erzählt hatte, konnten versierte Freunde ihr bestätigen. König Adolf Friedrich von Schweden war zum Spielball streitender Parteien geworden, die sich »Hüte« und »Mützen« nannten. Seit 1765 herrschten die »Mützen«, die von Rußland, Dänemark und England unterstützt wurden, während die franzosenfreundlichen »Hüte« derzeit auf seiten des schwachen und von seiner Frau beherrschten Königs standen.

In diesen Konflikt war Horn angeblich verwickelt, und Angelika glaubte ihm bedingungslos, sorgte sich um seine Sicherheit und ließ sich schließlich überzeugen, daß eine Ehe seine unsichere Lage wesentlich verbessern könne. Vielleicht sah Angelika sich in der Rolle einer antiken Heldin, die sich für den Geliebten aufopfert, wie sie es ja ähnlich in ihren Bildern oft dargestellt hatte. Da konnte sie sich mit Helena identifizieren, die mit Paris vom Hof des Menelaos floh, oder mit Kalypso, die dem Odysseus ewige Liebe schwor. Ein Odysseus, ein heimatlos Umherirrender, war ihr Frederik ja schließlich auch, und nur sie – er sagte es ja selbst – konnte ihm eine relative Sicherheit bieten. Horn gab schließlich zu, daß er eigentlich protestantisch war, doch er erklärte sich mit einer zusätzlichen katholischen Trauung einverstanden, und damit fiel Angelikas letzter Widerstand.

Nur der alte Kauffmann schien mißtrauisch gewesen zu sein, doch er unternahm nichts, weil Angelika und Frederik beschlossen hatten, ihre Ehe vorerst geheim zu halten, vor ihm, vor den Freunden, vor aller Welt.

Das ist das erste Mal, daß Angelika sich gegen ihren Vater stellte, daß sie vor ihm Geheimnisse hatte. Erstmals tat sie etwas Entscheidendes ohne sein Einverständnis, ohne sein Wissen. Später, so meinte Frederik, wenn die Gefahr aus Schweden gebannt sei, würden sie aller Welt ihren Ehebund verkünden, und er wolle ihr dann seine Heimat zeigen, mit ihren unendlichen Wäldern und stillen Seen, sie würde Herrin sein auf den zahlreichen Gütern und in den prächtigen Stadtschlössern. Und sie wollte ihn so wie er war.
Daß Angelika diese heimliche Hochzeit nicht recht war, dürfen wir annehmen, doch sie stellte ihren Stolz, ihre Bedenken zurück, denn schließlich sollte ja alles nachgeholt werden. Am 20. November 1767 trafen sie sich heimlich in der St. James-Kirche in Piccadilly. Die Trauzeugen der Eheschließung zwischen Maria Angelika Kauffmann und Frederik de Horn waren bestochen. Das Ehezeugnis ist erhalten, die Unterschrift des angeblichen Grafen ist zittrig und nervös, die Angelikas fest, klar und deutlich. Doch der Bräutigam nannte sich nur »de Horn«, ließ also den Grafen weg. Warum scheute der Hochstapler den Schwindel vor dem Altar Gottes? War da noch ein Rest von Redlichkeit?
Wie er es versprochen hatte, folgte der anglikanischen – die zugleich Gesetzeskraft hatte – eine römisch-katholische Trauung in der Jakobskapelle der österreichischen Gesandtschaft in London. Erst dieser Ehebund in einer katholischen Kirche besaß in den Augen der glaubenstreuen Angelika die Kraft eines unauflöslichen Sakraments. Wie Frederik Horn den katholischen Kaplan dazu brachte, die Trauung vorzunehmen, bleibt sein Geheimnis, denn weder legte er Dokumente vor, noch brachte er Zeugen mit. Vermutlich beruhigte er mit einer deftigen Geldspende das Gewissen des Kaplans. Viele Jahre später in Rom wurde ein Dichter Angelikas Freund, in dessen Hauptwerk die Verse zu lesen sind:

Die Kirche hat einen guten Magen,
Hat ganze Länder aufgefressen
Und doch noch nie sich übergessen.

Es war eine fatale Situation. Niemand, weder die vertraute Verwandte Rosa Florini noch der Vater, durfte etwas von der Hochzeit erfahren, und erst recht nicht die vielen Freunde und Bekannten. Das Leben mußte weitergehen wie bisher, mit Besuchen, Gesellschaften, Musikabenden, und Horn nahm an allem teil, als sei nichts geschehen. Doch Angelikas Freunden muß eine Veränderung in ihrem Wesen aufgefallen sein, da die bisher so ruhige, heitere und ausgeglichene Künstlerin nun fahrig, nervös und mißtrauisch wurde.
Die Gerüchteküche in London begann zu brodeln, und etwas davon drang auch an den englischen Hof, wo Angelika Kauffmann in Königin Charlotte eine wohlwollende Gönnerin besaß. Die ehemalige Prinzessin von Mecklenburg-Strelitz hatte eine direkte Art und fragte Angelika, was vorgehe und ob sie ihr helfen könne. Nun redete Angelika sich alles von der Seele, erzählte von ihrer heimlichen Hochzeit, schilderte die Schwierigkeiten ihres Gatten und stieß auf rege Anteilnahme. Die Königin wollte sich nun selbst überzeugen und lud das Ehepaar Horn zu Hof. Gerade das aber scheute der allmählich unsicher gewordene Abenteurer. Er antwortete mit Ausflüchten, schützte seine schlechte Finanzlage vor, die ihm nicht erlaube, bei Hof in gebührender Ausstattung zu erscheinen. Er wollte nun plötzlich England für einige Zeit verlassen und suchte dies seiner Frau begreiflich zu machen. So sehr Angelika diesen Mann liebte und ihm in vielem nachgegeben hatte, jetzt stieß er auf entschiedenen Widerstand. Sie konnte nicht zerstören, was sie sich in vielen Monaten aufgebaut hatte, in ihrem Auftragsbuch standen die besten Namen der Londoner Gesellschaft – nein, sie wollte bleiben und auf die Gunst der Königin vertrauen.
Frederik Horn machte gute Miene zum bösen Spiel. Was blieb

ihm auch anderes übrig? Er lebte längst von der Arbeit seiner Frau, da ja seine Einkünfte aus Schweden angeblich konfisziert waren. Es scheint sogar, daß ihm Angelika in einer schwachen Stunde das volle Verfügungsrecht über ihr Vermögen übertragen hatte. Doch nun ging das Geld langsam zur Neige, und Horn wurde zusehends gereizter, reagierte schroff und abweisend. Er hatte auch allen Grund dazu, denn er ahnte, daß es nur noch kurze Zeit dauern konnte, bis sein Schwindelgebäude zusammenbrach.

Das ging dann auch ganz schnell. In jenen Tagen traf in London ein schwedischer Adliger ein – es war ein alter, vornehmer Herr – der sich aufgrund seiner Dokumente als Graf Frederik Horn auswies. Die Verwirrung war groß. Da gab es doch schon den flotten, jungen Grafen gleichen Namens, den Anbeter und Herzensfreund der Angelika Kauffmann. Sollte dies ein Sohn, ein Verwandter des alten Herrn sein? Nun wurde Johann Kauffmann aktiv, und als Angelika spürte, daß ihr Vater nicht ruhen würde, bis alles aufgeklärt war, gestand sie ihm die heimliche Vermählung. Den alten, redlichen Kauffmann traf fast der Schlag. Es schmerzte ihn vielleicht nicht so sehr, daß sein Kind offenbar einem Schwindler auf den Leim gegangen war – das ließ sich wieder richten –, sondern Angelikas Mangel an Vertrauen. Bisher hatten sie einander nie etwas verheimlicht. Nun tat seine Angelika den entscheidenden Schritt ihres Lebens allein, ohne seinen Rat.

Als Frederik Horn spürte, daß die Falle bald zuschnappen würde, verließ ihn der Mut. Er sandte einen Priester zu den Kauffmanns, der in seinem Namen um gut Wetter betteln mußte. Doch Angelikas tief empörter Vater begnügte sich nicht damit. Er lud seinen Schwiegersohn zu Tisch, damit dieser ihm Rede und Antwort stehe. Horn überspielte seine unsichere Lage mit Grobheiten, doch Kauffmann hielt ihm entgegen, was man inzwischen herausgefunden hatte. Rossi schreibt in seiner Biographie dazu:

»In der Zwischenheit waren von verschiedenen Seiten glaubwürdige Briefe über ihn eingegangen. Der eine nannte die verschiedenen Namen, die er in mehreren Städten gewechselt hatte, der andere die unter mancherlei Titeln ausgesponnenen Ränke ... und alle zusammen bewiesen eine ununterbrochene Reihe von Schurkenstreichen.«

Die in diesen Briefen erwähnten verschiedenen Namen gingen auf ein gutes Dutzend; so nannte er sich in Amsterdam »Studerat«, in Italien »Burkle«, anderswo »Rosenkranz« oder »Brandt«. Als nun auch noch ein Schreiben aus Hildesheim eintraf, in dem eine Frau behauptete, mit Horn verheiratet zu sein und dies in London bezeugen wollte, brach Angelika die Verbindung zu dem Schwindler ab. In ihrem Großmut verzichtete sie darauf, die entehrte und beleidigte Frau zu spielen und zeigte Horn auch nicht an. Auf Bigamie stand damals in England die Todesstrafe; hätte Angelika es gewollt, so wäre Horn am Galgen geendet.

So wurde nun die »Ehe« am 10. Februar 1768 nach viermonatiger Dauer geschieden. Horn unterschrieb die Dokumente mit dem Namen Brandt. Zuvor hatte er noch einmal versucht, Angelika – mit allerdings ungeeigneten Mitteln – in seine Gewalt zu bringen, indem er ihre Entführung vorbereitete. Doch sie wurde rechtzeitig gewarnt, und die schon gedungenen Kidnapper warteten mit Pferden und Wagen vergebens. Nicht ohne Grund ist die Ehe zwischen der berühmten Künstlerin und den berüchtigten Hochstapler in Anführungszeichen gesetzt. Wenn wir nämlich dem Biographen Rossi folgen, so wurde sie nie vollzogen, da Horn wegen einer Verwundung impotent war. Es muß Angelika doch während dieser vier Monate aufgefallen sein, daß ihr Mann niemals auf einer geschlechtlichen Vereinigung bestand. Vielleicht war es ihr ganz recht so? Es gibt genügend Hinweise auf Angelikas »jungfräuliches« und »elfenzartes« Wesen, die auf eine gewisse asexuelle Veranlagung schließen lassen. Andererseits war die Bezeichnung der Jungfräu-

lichkeit natürlich auch ein Mittel, um die Einzigartigkeit einer Frau zu dokumentieren.
Angelika stand ihr ganzes erwachsenes Leben im gesellschaftlichen Mittelpunkt, wo viel getratscht und gemunkelt wird, doch niemand hat ihr jemals eine Liebschaft nachgesagt. Goethe nannte sie nicht ohne Grund »eine zarte Seele«, und Herder sprach von ihr als einer »lieben Madonna«. Beide waren nicht gerade prüde Männer, und von Goethe ist schließlich – wo er es für angebracht hielt – recht Handfestes über Frauen überliefert. Wir dürfen also ohne weiteres annehmen, daß Angelika aus dieser kurzen Ehe unberührt hervorgegangen ist.
Die Scheidung von 1768 war allerdings nur zivilrechtlicher Art, da ja nach katholischer Lehre, also auch nach Angelikas Auffassung, eine vor dem Altar geschlossene Ehe unauflöslich ist. Bekanntlich kann die »Sacra Rota« in Rom katholische Ehen zwar nicht auflösen, aber für ungültig erklären, was unter diesen Umständen keine Schwierigkeiten gemacht hätte. Und doch entschloß sich Angelika erst elf Jahre später, die Ungültigkeit ihrer Eheschließung erklären zu lassen. Trauerte sie Horn, diesem Hochstapler und Eunuchen, noch lange nach?
Durch die Auflösung der Ehe verschwand der Hochstapler Frederik – unter seinen Nachnamen haben wir die Wahl – aber aus Angelikas Leben und besaß noch die Frechheit, sich dafür dreihundert Pfund zahlen zu lassen. Seine Spur verlor sich, doch Angelika erfuhr später von seinem Tod.
Was nun Horns Herkunft betrifft, so gibt es die Vermutung, daß er der uneheliche Sohn des echten Grafen Horn mit der Dienstmagd Christine Brandt war. Diese Vermutung liegt nahe und erklärt manches an Horns Auftreten. Er wächst als Kind bei seiner Mutter auf einem der Hornschen Güter heran; der junge Graf bezahlt seinen Unterhalt, er besucht Schulen, lernt Reiten, Fechten – lernt alles, was ein Grafensohn lernen muß und erfährt schließlich, daß Horn zwar sein Vater, er aber noch lange kein Graf ist. Das muß für den ehrgeizigen und gescheiten

Jungen bitter gewesen sein, und so geht er hinaus in die Welt, um die Rolle des Grafen zu spielen, die ihm das Leben nicht gegönnt hat. So gut er diese Rolle auch spielt, immer wieder entdeckt man den Betrug, immer wieder muß er Hals über Kopf davon, doch er lernt daraus und versucht möglichst da zu sein, wo sein Vater gerade nicht ist. Vielleicht war es die glänzendste Rolle seines gehetzten Lebens, die er in London gespielt hat, jedenfalls überzeugend genug, um eine ganze Stadt zu täuschen – und Angelika dazu. Es ist schade, daß von Frederik Horn kein Porträt existiert. Angelika wird ihn zwar gemalt, später aber das Bild zerstört haben, weil sie nicht ständig an die größte Enttäuschung ihres Lebens erinnert werden wollte.
So war nun der Hochstapler außer Landes gegangen, doch der Fall war deshalb noch lange nicht ausgestanden. Wer es bisher noch nicht gewußt hatte, erfuhr es jetzt. Die berühmte Angelika Kauffmann war auf einen Schwindler hereingefallen, konnte da noch jemand dahinterstecken? Die abenteuerlichsten Vermutungen tauchten auf. Sogar Joshua Reynolds wurde verdächtigt, er habe sich für die Ablehnung seines Heiratsantrags rächen wollen und deshalb Angelika mit Hilfe des käuflichen »Grafen Horn« lächerlich gemacht. Ein Gaunerstück, von dem der charakterlich integre Reynolds gewiß freizusprechen ist, um so mehr, als er alles tat, Angelika ihr bitteres Erlebnis vergessen zu lassen.

9. KAPITEL

Die Royal Academy

In seinem Artikel »Angelika Kauffmann und England« schreibt der Kunsthistoriker Peter S. Walch: »... kann kein Zweifel darüber bestehen, daß die Malerei in England in den sechziger Jahren des 18. Jahrhunderts zu blühen begann – zufälligerweise gerade in der Zeit von Angelikas Ankunft in London. Die Zahl der Kunstgönner stieg plötzlich an...« Nun, das war kein schlechter Boden, den Angelika da betrat, um so mehr, als sie schon aus Italien eine Reihe einflußreicher Engländer kannte, die sie zu deren Zufriedenheit porträtiert hatte oder die ihr aus anderen Gründen wohlwollten, wie Dance und Füssli. So wundert es uns nicht, daß wenige Monate nach Angelikas Ankunft eine der populärsten Zeitungen, der »Public Advertiser«, eine überschwengliche Huldigungsadresse an sie richtete. Nüchterner klingt, was ein Auslandskorrespondent über die junge Malerin berichtete: »Fräulein Angelika aus Chur

Der Maler Benjamin West, ein Porträt von William Say, nach einem Gemälde von James Green (AKG, Berlin)

malt hier mit großem Erfolg und erhält zwanzig Guineas für ein Porträt. Reynolds, der ihr sehr gewogen ist, setzt die Preise für sie fest, und ich meine, viel zu hoch.«

Der ganz modern, knapp und informativ formulierende Reporter hatte schon recht – zwanzig Guineas war wirklich ein hoher Preis. Dazu müßten wir allerdings Vergleiche anstellen, und die haben ihre Tücken. Versuchen wir es trotzdem und ziehen das Tagebuch des Pfarrers Woodforde zu Rate, der es liebte, die Kosten seiner Lebensführung exakt festzuhalten. So erfahren wir, daß sich seine Mehlrechnung für ein Jahr auf fünf Pfund und siebeneinhalb Schillinge belief, während er für Fleisch sechsundvierzig Pfund ausgab, natürlich auf den ganzen Pfarrhaushalt berechnet, der gewiß nicht weniger als fünf Personen umfaßte. Knechte und Mägde bekamen damals etwa zehn Pfund im Jahr, dazu natürlich Wohnung, Unterhalt und gelegentlich ein Kleidungsstück. Wir wissen, daß Pfarrer Woodfordes Einkünfte etwa vierhundert Pfund im Jahr betrugen, womit er seinen Haushalt, die Unterstützung einiger Verwandter, häufige Einladungen und vieles andere bequem bestritt.
Zurück zu Angelika Kauffmann, die damals ganz gewiß mehr als zwanzig Bilder im Jahr malte und deren Einkommen mit Sicherheit um ein mehrfaches höher war als das des Pfarrers Woodforde. Dabei wäre noch zu berücksichtigen, daß ein Pfund in zwanzig, eine Guinea jedoch in einundzwanzig Schillinge unterteilt war.
Werfen wir nun einen Blick auf Angelikas Kunden, die für ein Porträt leicht einen Betrag hinlegen konnten, für den ein Knecht zwei Jahre und mehr zu arbeiten hatte. Da war vor allem der englische Adel. Fangen wir gleich ganz oben an, bei der Angelika so gewogenen Königin Charlotte, der sie einen etwas zu groß geratenen »Genius der schönen Künste« in Gestalt eines schlafenden lockigen Knaben zugesellte. Die Königin berührt diesen Genius sanft am Arm, das soll heißen, sie erweckt die schönen Künste zum Leben. Diese Anspielung verstand jeder, und solche naiv-allegorischen Bilder wurden außerordentlich geschätzt.
Ein schönes Gruppenbild schuf sie von dem zweiten Earl of Spencer mit seinen beiden Schwestern. Die Herren auf ihren Bildern wirken – mit wenigen Ausnahmen – immer etwas

dünnblütig. So etwa Lord Sheffield auf dem prachtvoll-repräsentativen Gemälde. Der junge Lord steht vor einer antiken Säule, seine Linke stützt sich auf ein Schwert, und sie tut es so zart, als sei dieses Schwert keine vertraute Waffe, sondern ein fremdes, zerbrechliches Instrument.

»In den femininen Formen der Statuen von Praxiteles, den schlichten Konturen und der weichen Anmut fand Angelika Kauffmann früh Vorbilder für ihre Vorstellungen des Idealschönen, und besonders seine Frauenköpfe mit dem schönen klassischen Profil und dem schweren Haarknoten im Nacken erkennt man in ihren Historienbildern wieder und wieder. Sie waren so bekannt, daß noch heute ein wunderschöner Aphrodite-Kopf, eine Kopie nach Praxiteles (2. Jahrhundert v. Chr., Marmor; Paris, Louvre), der ›Kauffmann-Kopf‹ genannt wird«, schreibt Waltraud Maierhofer. Und weiter: »Was war ihr Rezept für den in der Geschichte der Frau unerhörten Erfolg? Der Zeitgenosse Friedrich Leopold Stolberg führte ihn zurück auf die glückliche Verbindung der ›Einfalt eines großen Mannes mit weiblichem Liebreiz‹; ganz geheuer war ihm jedoch ihre Leistung trotz der gepflegten Weiblichkeit und Bescheidenheit nicht, denn er fuhr fort, ihr Charakter sei ›den geistreichsten und liebenswürdigsten Ideen ihres zaubernden Pinsels ähnlich‹.

Kehrt hier, wie immer schmeichelhaft formuliert, der alte Hexenglaube wieder? Eine englische Reisende jedoch, Miss Wilmot, schilderte im April 1803 anschaulich ihre inspirierende Natur, ihr künstlerisches Genie und nahm dafür Prometheus als Vergleich in Anspruch: Sie fühlte sich angesichts der Fülle von staunenswerten Kunstwerken in Stein verwandelt, allein Kauffmanns ›Promethischer Einfluß, der alles beseelt, das sie berührt, belebte meine Nerven und brachte mich noch einmal ins Sein.‹«

Angelikas Kunden kamen meist aus dem Adel; bürgerliche Namen tauchen selten auf. Doch das Porträtieren war nur die

eine Seite von Angelikas künstlerischer Tätigkeit. Mit der Darstellung von mythologischen, biblischen oder literarischen Themen begann sie erst in England, und diese Bilder haben damals nicht weniger zu ihrem Ruhm beigetragen als ihre Porträts. Geben wir dem englischen Kunsthistoriker P. S. Walch noch einmal das Wort: »Ihre erste Gelegenheit, diesen neuen Aspekt ihrer Kunst öffentlich zu zeigen, kam im Herbst 1768. König Christian VII. von Dänemark besuchte London, und die Society of Artists veranstaltete ihm zu Ehren eine besondere Ausstellung. Dazu sandte Angelika drei Bilder: Venus erscheint dem Äneas, Penelope mit dem Bogen des Ulysses und Hektors Abschied von Andromache. Diese Ausstellung war außerordentlich exklusiv, da sie nur zwei Tage geöffnet war, einen Tag für den König und einen Tag für die Mitglieder der Society ... Wenn man sich heute diese Bilder ansieht, kann man sich nur schwer vorstellen, wie außerordentlich fortgeschritten sie sowohl für das ausgewählte Publikum, das sie 1768 sah, als auch für die breitere Öffentlichkeit ... gewesen sein müssen. Sie wiesen Angelika zusammen mit Benjamin West als führende Malerin klassischer Geschichte aus ... Die Einmaligkeit von Angelika und West blieb nicht unbeachtet ... Solches Lob für ihre Bilder war wohlverdient. Sie gehören zu den eindrucksvollsten ihres Werkes: einfach, fast nüchtern komponiert, einige Figuren gegen einen zarten Architekturhintergrund gesetzt, die Gebärde etwas steif, aber von großem Reiz, die Farben reich und romantisch ...«
In seinem Artikel erwähnt Walch, daß Angelika diesen Stil nach London gebracht habe, zusammen mit Benjamin West, dem Malerfreund aus den italienischen Studienjahren. Er stammte aus einer amerikanischen Quäkerfamilie und stand vor einer großen Karriere in England. Schon Kardinal Albani, Mengs und Winckelmann hatten die enorme Begabung des jungen Künstlers erkannt und gefördert. Wir erinnern uns an die Zuneigung Angelikas für den gutaussehenden Kollegen, der aber – trotz jahrelanger Trennung – seiner amerikanischen Verlobten treu

blieb. Nun endlich, im Jahre 1765, konnte er mit ihr in London Hochzeit feiern. Angelika traf ihn bei ihrer Ankunft als frischgebackenen Ehemann, und er gehörte während des ganzen Londoner Aufenthalts zu ihrem engsten Freundeskreis. Ihm gelang später, was Reynolds nie erreichte oder wollte, er wurde »Royal Painter of History« und übrigens auch Reynolds' Nachfolger als Präsident der Akademie. Später führte West ein großes Atelier mit zahlreichen Schülern und Gehilfen, und man rechnet, daß etwa dreitausend Ölbilder aus dieser Werkstatt kamen, darunter damals so berühmte Werke wie der »Tod des Generals Wolfe«, ein Monumentalgemälde mit bewegten und sehr lebendigen Szenen. Benjamin West starb zweiundachtzigjährig als reicher und berühmter Maler in London, und es hat ihn wohl wenig gestört, daß Lord Byron ihn verächtlich als »Europas größten Kleckser« bezeichnete. In der Kunstgeschichte gilt er jedenfalls als der erste amerikanische Maler, der die europäische Kunst wesentlich beeinflußte.

Reynolds war nicht der Begründer dieser ersten englischen Kunstakademie, gehörte aber zu den Gründungsmitgliedern und war ihr erster Präsident. Sein Kollege William Chambers (1726–1786) reichte 1768 bei König Georg III. eine Petition ein, die zweiundzwanzig Unterschriften von führenden englischen Künstlern trug, darunter auch die von Angelika Kauffmann. Zu den ersten Mitgliedern zählte auch die neunzehnjährige Malerin Mary Moser (1749–1819). Sie und Angelika waren die einzigen weiblichen Mitglieder dieser Akademie, und sie blieben es. Erst 1922 – also gut einhundertfünfzig Jahre später – wurde eine weitere Frau aufgenommen. Angelika Kauffmanns Zeitgenossin Mary Moser war eine damals recht bekannte Blumenmalerin, die fast nur in Aquarell arbeitete und für Königin Charlotte ein Zimmer im Landschloß zu Frogmore ausmalte.

Dies war eine Sternstunde für die englischen Künstler, und viele ihrer Kollegen im übrigen Europa blickten neidvoll auf die königlich privilegierte Akademie. Georg III. galt zwar als nicht besonders kunstsinnig, doch die Idee einer festen Künstervereinigung imponierte ihm, was schon daraus zu ersehen ist, daß er Reynolds noch im Gründungsjahr adelte. Freilich existierten in Deutschland schon Vorläufer, wie die 1663 von Sandrart in Nürnberg gegründete Akademie, aber sie hatten bei der deutschen Kleinstaaterei weder Bedeutung noch Einfluß. Kunstakademien, die man mit der Londoner hätte vergleichen können, gab es seit 1770 in München, seit 1822 (gestiftet 1767) in Düsseldorf und seit 1786 (gestiftet 1694) in Berlin. Vorbilder für sie alle waren die alten italienischen Kunstakademien, und damals gab es kaum einen Maler von Rang, der sie nicht während seiner Italienreisen besucht und die Italiener darum beneidet hätte.

10. KAPITEL

Meine Correspondentinn heißt Angelica . . .

Die gescheiterte Ehe mit dem Abenteurer Frederik Horn hatte Angelika Kauffmann einen Schock versetzt, von dem sie sich lange nicht erholte. Sie tat, was Menschen in solchen Lagen heute manchmal auch tun, sie versuchte, die Erinnerung an das Fiasko mit hektischer Aktivität zu verdrängen. Vielleicht deshalb und wohl auch, weil sie die Verbindung zum deutschen Sprachraum nicht abreißen lassen wollte, begann sie eine rege Korrespondenz auch mit Friedrich Gottlieb Klopstock, dem Verfasser des »Messias«. Angelika war es, die den Briefwechsel mit dem berühmten Dichter aufnahm, was Klopstock in einem Brief etwas verschroben, doch nicht ohne Stolz mitteilt.

»Wenn ich Ihnen erzähle, daß ich seit kurzem eine Correspondentinn, die in London lebt, bekommen habe . . . Nun legen Sie das Blatt weg und suchen Sie, ob Sie raten können. Ich setze mich an Ihre Stelle und rate: Eine Engländerin liest den Messias und hat die Phantasie, dem Verfasser zu schreiben. Gehorsamer Diener! Meine Correspondentinn heißt Angelica, und so pflegen Engländerinnen nicht zu heißen. Eine Italienerinn also. Noch einmal gehorsamer Diener, sie heißt Angelica Kauffmann. Eine Deutsche also? Getroffen! Sie schreibt mir, daß sie meine Freundin ist, daß sie mir eine Geschichte aus dem Messias... den Kopf von Ossian und ihr eigenes Porträt malen will.«

Angelika Kauffmann war zu dieser Korrespondenz durch die Lektüre des »Messias« angeregt worden und darüber schreibt sie an den Dichter im Mai 1769: »Wie ist es möglich, daß ich ein so schätzbares Geschenk, wie Ihr Messias, empfangen kann, ohne Ihnen meinen schuldigsten Dank abzustatten? Aber mir fehlen Worte, die Freude auszudrücken, die Sie mir damit verursachen. Das unendlich Schöne, das Edle und Erhabene, das ich in Ihrem Messias finde, bewegt meine ganze Seele...«

Klopstock, an Beifall für sein Hauptwerk durchaus gewöhnt, war erfreut und geschmeichelt, um so mehr, als die gefeierte Künstlerin ihren Respekt vor einer Dichtung bezeugte, die ihr, der Malerin, als Anregung zu eigenen Werken diente. Angelikas Bewunderung entsprang keineswegs der Höflichkeit oder gar der Heuchelei, denn sie war stark religiös geprägt und fand daher zum »Messias« eine innere Beziehung. Außerdem entsprach es ihrer freundlich-verbindlichen Art, sich einem anderen zuzuwenden, sich für sein Schaffen, für seine Person zu interessieren. Dieser Wesensart hat sie es zu verdanken, daß sie sich zeitlebens keinen Feind machte, daß alle nur das Beste von ihr sprachen, und – was für uns weit wichtiger ist – auch schrieben.

In diesem Zusammenhang ist das Zeugnis eines neutralen Zeitgenossen, der weder Dichter noch Maler war, von besonderem Interesse. Im Sommer des ereignisreichen Jahres 1768 – Angelikas Scheidung und die Gründung der Akademie folgten kurz

Christian VII. von Dänemark, ein Gemälde von Angelika Kauffmann
(Bildarchiv Foto Marburg)

aufeinander – kam König Christian VII. von Dänemark, gerade frisch verheiratet, nach London. Der jetzt neunzehnjährige Monarch war vor zwei Jahren auf den Thron gelangt und hatte vor kurzem die englische Prinzessin Caroline Mathilde geheiratet. Der junge dänische König besuchte auch Angelikas Atelier und sie hat ihn gemalt – ein weiches, träumerisches Gesicht, dem man nicht ansah, daß dieser junge Mann schon bald ein wüstes, ausschweifendes Leben führen sollte, abgesetzt wurde und in geistiger Verwirrung starb. Sein Günstling Johann Friedrich von Struensee war der Geliebte seiner Frau und der eigentliche Regent Dänemarks. Als der König stürzte, verlor der allmächtige, aus Deutschland stammende Minister seinen Kopf unter dem Henkersbeil.

Nun, all das lag noch in einiger Ferne, und das junge Paar wurde in London gebührend gefeiert. Im Gefolge des dänischen Königs kam dessen Legationsrat Helferich Peter Sturz (1736 – 1779) nach London, ein geborener Darmstädter und hochgebildeter, vielseitig interessierter Mann. Auch er lernte Angelika kennen und hat später in seinen Erinnerungen über sie berichtet: »Unsere Landsmännin Angelika Kauffmann, fand ich heute, mit dem Messias in der Hand, und Pope's Homer lag in der Nähe. Sie liest beide mit Entzücken: aber der Deutsche ist näher mit ihrem Herzen vertraut; er veredelt ihr Gefühl, und erhebt sie bis zu seiner Schöpfung.

Sie ist, wenn ich mich recht erinnere, in Bregenz geboren und kam jung nach Italien. Hier ward ihr empfänglicher Geist unter Kunstwerken, und in der guten Gesellschaft ganz zum platonischen Wohlklang gestimmt. In ihrer Gestalt und ihren Gemälden, in ihrer Rede und ihrem Wandel, ist überall nur ein Ton herrschend, nämlich sanfte jungfräuliche Würde. Sie ist jetzt ungefähr 27 Jahre alt, keine vollendete Schönheit, aber dennoch einnehmend in ihrer Form und ihrem ganzen Anstand. Der Charakter ihres Gesichts gehört zur Gattung, welche Dominichin gemalt hat, der in seinen Köpfen den Raffael erreichte: edel, schüchtern und bedeutend, anziehend und mitteilend. Man wird sie nirgends flüchtig gewahr, sondern sie hält den Blick des Beobachters fest; ja, es gibt Augenblicke, wo sie tiefere Eindrücke macht. Wenn sie, vor ihrer Harmonika, Pergolesis Stabat singt, ihre großen schmachtenden Augen... gottesdienstlich aufschlägt, und dann mit hinströmendem Blicke dem Ausdruck des Gesangs folgt, so wird sie ein begeisterndes Urbild der heiligen Cäcilia.

Welcher Beruf, mein Freund, mit so vielen Talenten glücklich zu sein! – Aber Angelika ist es jetzt nicht. Ihre sichtbare Schwermut ist eine Frucht mißlungener Liebe, die sich mit einer unglücklichen, jetzt wieder getrennten Heirat endigte. Aller Genuß des Ruhms und des Lebens wird durch das Leiden des Herzens verbittert.

Als Malerin fehlen ihr gleichwohl wichtige Teile der Kunst: sie zeichnet nicht allerdings richtig, und muß daher reiche handlungsvolle Erfindungen meiden; selbst in der einzelnen Figur darf sie keine schwere Stellung und keine Verkürzungen wagen. Sie deutet die Anatomie des Nackten ungewiß und furchtsam an; wenn auch ihre Verhälnisse richtig sind, so sind doch ihre Umrisse, zumal an Händen und Füßen, nicht immer korrekt. Man findet ihr Kolorit kalt und fremd, ihre Schatten eintönig, und über ihrer Karnation schwebt ein violetter Duft, dahingegen dringt die Farbe der Gewänder allzu blendend vor, und ist nicht mit der Haltung des ganzen Stücks vereinigt. Auch versteht sie wenig Luftperspektive, kein Beiwerk, keine Landschaft, und überhaupt keine Gründe; aber all diese Fehler hat sie durch Schönheiten aufgewogen... ihre Formen sind voller Anmut, ganz in der griechischen stillen Würde hingestellt; und in ihren Frauengestalten ist eine eigene, unnachahmliche Weiblichkeit, so ein Ansichhalten und Hinschmachten, so ein rührendes Ergeben, so ein Bewußtsein der Geschlechtsabhängigkeit, die alle männlichen Kenner einnimmt. Freilich geht von diesem Charakter auch etwas an ihre Männer über; diese stehen so züchtig und blöde, wie verkleidete Mädchen da, und es wird ihr nie gelingen, Helden oder Verbrecher zu malen.

Man weilt nachdenklich bei ihren Werken...«

Es ist erstaunlich, wie scharfsichtig Sturz die Bilder Angelikas beurteilt und analysiert hat. Diese »unnachahmliche Weiblichkeit«, dieses »Ansichhalten und Hinschmachten« – fern jeder Geschlechtlichkeit! – lag in Angelikas Wesen, und sie hat es unbewußt in ihre Bilder hineingemalt.
Wenn Sturz noch anmerkt, daß es Angelika nie gelingen wird, Helden oder Verbrecher zu malen, hat er freilich recht; trotzdem hat sie in ihren mythologischen Bildern oft Helden dargestellt, Verbrecher freilich nie – das lag außerhalb ihrer Vorstellungskraft.
Die Korrespondenz mit Klopstock nahm rege Formen an und dauerte bis ins Jahr 1780. Es ist sehr schwer, aus heutiger Sicht Angelikas Begeisterung für Klopstocks Werk nachzuvollziehen. Der »Messias« – und nur um ihn ging es – ist heute ein verstaubtes Fossil, das durch die Literaturgeschichte geistert, obwohl er damals enorm geschätzt und bewundert wurde, auch weil die ersten drei (von zwanzig) Gesänge voll Poesie und Empfindungskraft sind. »Ein Strom übersteigerten Empfindens geht durch das ganze Epos«, lesen wir in einer neueren Literaturgeschichte, »in dem Erde, Himmel und Hölle ineinandergreifen. Doch verflüchtigt sich die sinnlich-irdische Wirklichkeit zugunsten des Übersinnlichen, wodurch das Epos unanschaulich und vielfach dichterisch kraftlos wirkt.«
Klopstock arbeitete am »Messias« fast dreißig Jahre, er hat sonst wenig veröffentlicht; am bekanntesten wurden noch seine 1771 erschienenen » Oden«. Es gab damals kaum einen literarischen Salon, wo nicht stundenlang aus dem »Messias« vorgelesen und eifrig darüber diskutiert wurde. Als Klopstocks Korrespondenz mit Angelika Kauffmann begann, hatte er von den zwanzig Gesängen etwa fünfzehn vollendet. Hören wir uns die ersten Strophen des »Heldengedichts« – so nannte Klopstock sein Werk – einmal an.
»Sing, unsterbliche Seele, der sündigen Menschen Erlösung, Die der Messias auf Erden in seiner Menschheit vollendet, Und

durch die er Adams Geschlechte die Liebe der Gottheit Mit dem Blute des heiligen Bundes von neuem geschenkt hat.
Also geschah des Ewigen Wille. Vergebens erhub sich Satan wider den göttlichen Sohn; umsonst stand Juda Wider ihn auf; er tat's, und vollbrachte die große Versöhnung.«
Dieses »Heldengedicht« berührte Angelika so sehr, daß sie sogleich begann, seine Thematik in einer Reihe von Zeichnungen festzuhalten, nach denen Kupferstiche gefertigt wurden. Sie schickte ihrem Brieffreund, den sie persönlich nie kennengelernt hat, auch einige Ölbilder nach Kopenhagen, wo sich Klopstock bis 1770 aufhielt; danach lebte er bis zu seinem Tod 1803 in Hamburg.
Es erübrigt sich, noch weitere Proben aus diesem wenig aufschlußreichen Briefwechsel zu zitieren, außer einem Beispiel von der höchst kuriosen Schreibweise des späten Klopstock, der die Theorie einer phonetischen Grammatik des Deutschen tapfer verfocht, und das sieht in einem Brief vom »Merz 1780« dann so aus: »Meinen wermsten besten Dank, libste Freundin, daß Si Zeichnungen zum Messias machen wollen. Ich mogte Inen das nur nicht sagen, weil ich glaubte, daß Si zu fil zu tun hätten, sonst hatte ich es lange for. Wenn ich jemals läbhaft gewünscht habe, Si zu sehen, so ist es jetzt. Was würden wir uns da in kurzer Zeit über di Sache sagen; und wi wenig wärd ich Inen dafon in einem langen Brife schreiben.
Di Engel also mit Flügeln? meinen Si? Können Si sex Flügel schön zeichnen? So sa der Profet di Engel ...«
Das sieht schauerlich aus, und es ist erstaunlich, daß ein Dichter, ein Virtuose des Wortes, so hartnäckig zu diesem Experiment stand und es verteidigte. Da es damals noch keine einheitliche Rechtschreibung gab und Briefe in der Art von Angelikas Schreiben an den Vater keine Seltenheit waren, mag Klopstocks Versuch vielleicht seine Berechtigung gehabt haben.
Auch Klopstock verstand zu schmeicheln, und Angelika wußte natürlich, was er wollte, wenn er über die Illustrationen zum

»Messias« schrieb: »Ich wil keine. Aber wenn si Angelica zeichnet, so wil ich si.« Offenbar hatte sie aber die Lust dazu verloren und antwortete: »Wie gerne werde ich Zeichnungen zum Messias machen, aber wann werden die Mußestunden kommen, dieses große Werk allein in meinen Sinn zu nehmen? Denn wahrhaftig, es braucht etwas mehr als nur menschlichen Sinn, ein und andere Stellen zu zeichnen, die Sie, mein Freund so göttlich beschrieben.«

Sie schreibt dann noch von einer schweren Krankheit des Vaters und ihrer eigenen Person und erwähnt die geplante Reise nach Italien für Anfang September. Dieser Brief stammt vom 4. Juli 1780, die Reise fand aber erst ein Jahr später statt.

Diese Korrespondenz mit Klopstock war Angelikas Einstieg in die Welt der deutschen Dichtung, und so bereitete sich in London vor, was später in Rom mit der Verbindung zu Goethe und Herder seinen Höhepunkt erreichen sollte.

Angelikas einzige längere Abwesenheit während des fünfzehnjährigen Londonaufenthalts war eine Reise nach Irland, zu der sie Vizekönig George Townshend eingeladen hatte. Irland, die grüne Insel, mit ihrer keltischstämmigen, streng katholischen Bevölkerung, war der Dorn im Fleisch Englands, der ständig schmerzte, den die Briten aber auch nicht herausziehen mochten. Seit Anfang des 17. Jahrhunderts war Irland unter der ständigen Kontrolle des mächtigen Nachbarn und von Zeit zu Zeit gab es fürchterliche Blutbäder, wenn die Iren gegen ihre protestantischen Zwingherren aufmuckten. Zwischen 1641 und 1649 kamen zirka eine halbe Million Iren – das war etwa die Hälfte der Einwohnerschaft – durch Krieg, Seuchen, Hunger und Hinrichtungen ums Leben.

Als Angelika im Sommer 1771 diese englische Kolonie – nichts anderes war Irland – bereiste, herrschte gerade ein gespannter Waffenstillstand und sie, die ohnehin politische Ereignisse nicht zur Kenntnis nahm, wird geglaubt haben, sie fahre durch ein etwas abgelegenes Stück von Großbritannien.

Der neue Vizekönig tat, was die meisten seiner Vorgänger wohlweislich vermieden hatten: er lebte in dem Land, das er verwaltete und versuchte einiges zu verbessern. Angelika machte er sofort mit den Spitzen der irischen Gesellschaft bekannt, wie etwa mit dem spleenigen Kunstsammler Frederick, Earl of Bristol, der auch noch Bischof von Derry war. Seine Agenten kauften in Italien für den fanatischen Sammler Kunstwerke aller Art zusammen, darunter auch viele Antiken.

In Dublin porträtierte Angelika einige Mitglieder der Familie Townshend, darunter die Frau des Vizekönigs, die sie im Freien mit einem reizenden Amorknaben darstellte.

Vom Jahr 1772 an finden wir Angelika wieder in London, das sie nun für neun Jahre nicht mehr verlassen sollte. In diesem Jahr kam der junge Maler Johann Hackert – Bruder des Goethe-Freundes Philipp – nach London. Da er ohnehin schon kränkelte, setzte ihm das englische Klima derart zu, daß er in Bath Genesung suchte, dort aber bald starb. Goethe versäumte nicht, in seiner Hackertbiographie zu erwähnen: »... die schon damals berühmte deutsche Künstlerin Angelika Kauffmann hatte die Güte, für die Übersendung seines nachgelassenen Besitzes und seiner unvollendeten Arbeiten an den Bruder Sorge zu tragen.«

11. KAPITEL

Skandal in London

Angelika Kauffmann hatte sich in der Londoner Kunstszene einen hervorragenden Platz erobert, den ihr niemand streitig machte. Sie arbeitete wie besessen an Porträts, Bildern mythologischen, biblischen und literarischen Inhalts, schuf Dekorationen für die Royal Academy und einige Privatvillen, auch etliche Miniaturen sind aus der Londoner Zeit bekannt. Ihre Motive wurden auf Porzellan übertragen, sogar eine Figurengruppe »Zwei Nymphen, die Herme Pans schmükkend« wurde aus Chelseaporzellan gefertigt.
Die führenden Architekten jener Zeit waren die Brüder Robert und James Adam, die sich allerdings nicht nur mit Bauten befaßten, sondern als eine Art von Universaldesigner Möbel, Keramik, Silber, Schmuck, Tapeten, Buchumschläge und vieles andere mehr entwarfen, wobei sie öfter auch mit Angelika zusammenarbeiteten.

An dieser Stelle muß bemerkt werden, daß der Name der Künstlerin Angelika Kauffmann in England einen ganz anderen Klang hat als hierzulande. Da außer einigen Bildern in deutschen und österreichischen Museen von der Kauffmann im deutschsprachigen Raum kaum etwas zu finden ist, konnte ihr Name auch nicht eine solche Popularität gewinnen wie in England, wo man – besonders in London – auf Schritt und Tritt ihren Werken auch außerhalb der Museen begegnet. Zu Lebzeiten war sie dort so populär, daß ihr in England wenig benützter Vorname nun häufiger auftauchte, wenn kunstbeflissene Eltern ihre Töchter »Angel« taufen ließen. Angelikas künstlerischer Ruhm brachte es mit sich, daß die Kupferstecher ein gutes Geschäft witterten und sich um die Reproduktionen ihrer Werke rissen. Der Farbdruck war noch nicht erfunden und so gab es für weniger Betuchte nur eine Möglichkeit, auch etwas von der Kauffmann ins Wohnzimmer zu hängen: man kaufte sich einen guten Stich.
Angelika hat in England auch einiges selber radiert, doch diese eigenhändigen Arbeiten waren relativ teuer und künstlerisch oft nicht besser als die von professionellen Stechern nach ihren Gemälden und Zeichnungen geschaffenen Blätter. Geht man den Katalog mit Zeichnungen und Graphik von und nach Angelika Kauffmann (Kunsthaus C. G. Boerner) durch, so fällt als der meistgenannte Radierer William Wynne Ryland (1729 – 1783) auf. Er gehörte zu den ersten Meistern seines Fachs und hatte in Paris als Schüler von Roubillac und Boucher wertvolle Erfahrungen gesammelt. Er gewann ein Preisausschreiben, bereiste Italien und kehrte nach England zurück, wo man bald auf ihn aufmerksam wurde.
Er war sprachgewandt, sah gut aus, doch seine schnellen Erfolge stiegen ihm offenbar zu Kopf. Nachdem er zum Hofkupferstecher ernannt wurde, gründete er eine Familie, doch die Rolle des Ehemanns und Vaters lag ihm nicht. Er mietete sich in London ein Junggesellenquartier, fing Liebschaften an, und nur wenige wußten, daß er eine Familie hatte.

Angelika schätzte seine Arbeit sehr und beauftragte ihn, eine Reihe von Gemälden und Skizzen in Stichen zu reproduzieren. Die Blätter hatten einen ungeheuren Erfolg und trugen nicht wenig zu »Miss Angels« Ruhm bei. Als Rylands Bruder Richard wegen eines Raubüberfalls zum Tode verurteilt wurde, gehörte auch Angelika zu denen, die mutig ein Gnadengesuch einreichten. So kamen sie einander nahe, der begabte Radierer und die gefeierte Malerin. Angelika schien nicht zu wissen, daß Ryland verheiratet war und hätte um ein Haar ihre Zuneigung wieder an einen Gauner verschwendet. Als sie von seiner auf dem Lande lebenden Familie erfuhr, brach sie die Verbindung zu ihm ab und ließ bei Francis Bartolozzi arbeiten, der seit 1764 in England lebte und keinen geringeren Ruf genoß als Ryland.
William Ryland jedoch verlor jeden Halt. Er arbeitete immer weniger, verpraßte sein Geld mit käuflichen Mädchen, machte Schulden und begann schließlich, Wechsel der East Indian Company zu fälschen. Unter den zweihundert todeswürdigen Verbrechen in England fiel auch das Delikt der Urkundenfälschung, Ryland wurde zum Tode verurteilt und am 29. August 1783 in London gehenkt. Angelika lebte zu dieser Zeit schon in Rom, und der Fall Ryland ist es auch nicht, der mit dem »Skandal« gemeint war.
Die Sache nahm bei der siebten Jahresausstellung der Royal Academy im Jahr 1775 ihren Anfang. An dieser Ausstellung beteiligte sich auch der Maler Nathaniel Hone (1718 – 1784) mit dem Gemälde »The Conjuror« (»Der Zaubermeister«). Das Bild hing schon etliche Tage in der Ausstellung, als einige Herren des Akademierates Hone zu Hause aufsuchten und ihn über das Gerücht informierten, er habe die Malerin Angelika Kauffmann als Akt darauf abgebildet.
Das ziemlich große Gemälde war im Grunde als Karikatur angelegt und verspottete einige Kollegen Hones auf eine uns heute harmlos erscheinende Weise. Da auch Hone hauptsächlich vom Porträtieren lebte, hatte sich eine gewisse Rivalität zu Reynolds

herausgebildet und so steckte sein Bild voll Anspielungen auf den Rivalen. Im Zentrum sitzt der Zauberer mit einem Stab in der Hand; sein Gesicht ist nahezu identisch mit Reynolds Lieblingsmodell George White. Um den Zauberer stapeln sich Bilder mit Reynolds Motiven, darunter eben jenes mit einigen stehenden männlichen Aktfiguren und einer im Vordergrund sitzenden weiblichen, die angeblich Angelika darstellen sollte.
Hone bestritt diese Behauptung entschieden und bestand darauf, daß auch diese Figur ein Mann sei. Das einzige weibliche Wesen auf dem ganzen Bild sei das kleine Mädchen, das sich auf die Knie des Zauberers stütze. Im übrigen erkläre er sich sofort bereit, die nackten Figuren zu übermalen und in bekleidete zu verwandeln.
Am nächsten Morgen erschienen zwei weitere Ratsmitglieder und versicherten ihm, nun auch die Überzeugung gewonnen zu haben, daß es sich durchwegs um nackte Männer handle. Hone ging darauf zu Angelikas Haus, um sich für alle Fälle zu entschuldigen, doch die prüde Malerin war zutiefst beleidigt und empfing ihn nicht. Darauf schrieb Hone einen Brief an sie: »Madame, vorgestern abends war ich nicht wenig erstaunt über eine Deputation (so fasse ich es auf) des Rates unserer Akademie, die mir kundtat, daß Sie äußerst ungehalten seien über meine Darstellung einer nackten Figur in meinem sich derzeit in der Royal Academy befindlichen Bild ›Der Zaubermeister‹, das Ihre Person darstellen soll; ich empfand sofort, daß Ihnen irgendein Wichtigtuer, um keinen schlimmeren Namen zu verwenden, diese außergewöhnliche Lüge (von der Gott weiß) erzählt hatte: um Sie, Madame, zu überzeugen, erkläre ich jetzt, daß es meinen Gedanken fern lag, Sie in dieser Komposition darzustellen. Ich habe Ihre Werke nie anders gesehen als mit dem größten Entzücken und mit dem Respekt, der einer Dame zukommt, die ich als Malerin für die beste ihres Geschlechts halte und als Person zu den anmutigsten der Frauen zähle. Neid und Verleumdung müssen seltsam gearbeitet haben: denn

gestern früh versicherten mir einige weitere Herren der Akademie, daß Ihre Unruhe groß sei; ich versichere ihnen, daß ich die Figur so ändern würde, daß es unmöglich sei, anzunehmen, es sei eine Frau – obwohl sie selbst mich von einem solchen Verdacht freisprachen, indem sie die Figur als männlich verstanden – und daß ich sie mit einem Bart versehen oder sogar bekleiden würde, um sie zufriedenzustellen. Ich gab mir die Ehre, gestern zweimal in Ihrem Haus vorzusprechen (hatte aber das Unglück, Sie nicht daheim anzutreffen) mit der Absicht, Sie zu überzeugen, wie sehr Sie getäuscht wurden, was Sie verstehen werden, wenn Sie das Bild selbst sehen, und um Sie gleichzeitig zu überzeugen, mit wieviel Respekt ich bin, Madame, Ihr gehorsamster und untertänigster Diener, Nathaniel Hone«.
Angelika antwortete tags darauf; sie war keineswegs von Hones Behauptung überzeugt: »Sir, ich hätte Ihren Brief sofort beantworten sollen, aber ich war von Geschäften in Anspruch genommen. Ich kann mir nicht denken, warum mehrere Herren, die mich nie zuvor getäuscht haben, sich verbinden sollten, um es diesmal zu tun, und wenn sie selbst getäuscht wurden, dürfen Sie sich nicht wundern, daß andere auch getäuscht werden können und als Satire annehmen, was Sie als nicht beabsichtigt bezeichnen – ich werde nicht durch meine besonderen Gefühle bewegt, sondern durch eine Achtung vor den Künsten und Künstlern und bilde mir ein, daß Sie es nicht als großes Opfer empfinden können, ein Bild zu entfernen, das auch nur einen Verdacht von Mißachtung einer Person erweckt hat, die niemals Sie zu verletzen wünschte. Ich bin, Herr, Ihre untertänige Dienerin, Angelica Kauffmann.«
Nicht weniger beleidigt klingt ein Brief, den sie an die Royal Academy sandte:
Meine Herren,
Ich hatte die Ehre eines Besuches von Sir Will Chambers, dessen Absicht es war, mir zuzureden, zur Ausstellung eines Bildes, das mich beleidigt hatte, meine Zustimmung zu geben; wie sehr

ich auch die Ehrenwertigkeit der Herren, die über der Böswilligkeit des Autors stehen, schätze, würde ich ihr Betragen viel mehr einer Bewunderung wert erachten, wenn sie den Respekt gegenüber dem Geschlecht, das zu beschützen ihre Ehre ist, in Betracht gezogen hätten.
Wenn Sie den Verlust eines Akademiemitgliedes, das diesem Geschlecht keinen Respekt zollt, fürchten, hoffe ich, die Freiheit zu genießen, Ihnen das Vergnügen an diesem Mitglied zu überlassen und jemandem, der es niemals verdiente, von ihm oder von Ihnen lächerlich gemacht zu werden, erlauben sich zurückzuziehen.
Ich bitte um Erlaubnis, meine Wertschätzung der Gesellschaft darzubringen, und hoffe, daß sie immer ihre eigene Ehre hochachten wird – ich habe nur eine Bitte – meine Bilder zurückzuziehen, wenn jenes ausgestellt werden soll. Ich bin, meine Herren, Ihre gehorsamste Dienerin. A. K.

Diesen Brief ergänzte sie am selben Tag mit einem weiteren:
Sir, der Bericht, der mir über das fragliche Bild zuging, kam von mehr als einer glaubwürdigen Person – mein Vater hat es auf meine Bitten inzwischen gesehen und bestätigt mich in dem, was ich früher gehört habe –; jedoch wegen eines Versprechens, das ihm von einigen Herren des Rates gegeben wurde, den Autor zu bewegen, die Figur der sitzenden Frau, die eine Trompete präsentiert, zu entfernen, werde ich mich zufrieden geben – aber diese betreffende Figur muß vollkommen getilgt und keine andere an ihre Stelle gesetzt werden – widrigenfalls ich auf meiner früheren Entscheidung bestehe, meine eigenen Bilder zurückzuziehen. Ich habe die Ehre, zu sein mit wahrer Hochachtung, Sir, Ihre gehorsamste Dienerin Angelica Kauffmann, Dienstag.

Die Royal Academy, hinter der die machtvolle Gestalt ihres Präsidenten Sir Joshua Reynolds stand, reagierte natürlich zugunsten der mit ihm eng befreundeten Angelika Kauffmann und

bat Hone, sein Bild aus der Ausstellung zu entfernen. Nun wurde auch Hone langsam wütend und zog alle Register. An die Royal Academy sandte er eine eidesstattliche Erklärung: »Ich, Nathaniel Hone von der Royal Academy, beeide, daß ich in dem Bild eines Zaubermeisters, das für die diesjährige Ausstellung der genannten Akademie bestimmt war, niemals eine Gestalt, die auf Mrs. Angelika Kauffmann oder irgendeine andere Dame hinweist, darstellte oder darzustellen beabsichtigte; und ich gab die ausdrücklichste Erklärung darüber an Sir William Chambers und drei andere Herren der Akademie ab, die bei mir vorsprachen, um diese Sache zu prüfen; und ich sagte ihnen gleichzeitig, daß die Gestalt, die sie für den Anlaß einer Beleidigung hielten, entfernt werden sollte. Nathaniel Hone.
Geschworen vor mir am 2. Mai 1775, W. Addington«
Nachbemerkung: Nicht nur die Gestalt, von der gesagt wurde, daß sie Mrs. A. K. hätte sein sollen, ist jetzt entfernt worden, sondern auch alle anderen nackten Gestalten, damit man nicht sagen kann, daß sie eine Ähnlichkeit mit irgendwelchen bestimmten Herren oder Damen hätten, was Mr. Hone nie beabsichtigte, da der Wert eines Bildes nicht von einigen geräucherten Akademiegestalten abhängt, noch von jenen wohlgekleideten Herren, die die Stelle der Gestalten einnehmen, von denen gesagt wurde, sie seien unanständig, obwohl Mr. Hone das Bild in seinem Haus Damen von äußerst feinem Geschmack und Empfinden gezeigt hatte.

Dann malte er das Bild um und stellte es mit sechzig seiner anderen in St. Martin's Lane aus. Auch Hone hatte schließlich einen Ruf zu verlieren und er nützte den Skandal geschickt aus, um einem interessierten Publikum seine Bilder vorzuführen. Das »anstößige« Gemälde tauchte erst 1785 in Hones Nachlaß wieder auf und seine Spur läßt sich bis 1821 verfolgen, bis es erneut 1944 auf einer Auktion bei Christie's erscheint. Seit einigen Jahren hängt es in der »National Gallery of Ireland« in Dublin und man hat sich die Mühe gemacht, die jetzt mit Kleidern übermalten Männergestalten zu röntgen. Die Figuren waren zweifellos alle nackt, doch es ist nicht mehr auszumachen, ob sich eine weibliche darunter befand. Nun ist die Tate Gallery seit Mitte der sechziger Jahre im Besitz einer Vorskizze zum »Zaubermeister«, die – wenn auch wesentlich kleiner – genau dem ausgeführten Gemälde entspricht. Die sieben Figuren sind hier wieder nackt und scheinen herumzutanzen, zwei davon halten riesige Pinsel, ein paar andere etwas wie Paletten. Von den langen, dunklen Haaren her zu schließen, scheint eine der Figuren weiblichen Geschlechts. Sie trägt halbhohe, schwarze Stiefel und deutet mit ihrem Pinsel auf die Umrisse der St. Paul's Kathedrale. Die Sache wird nun dadurch verwirrend, daß Angelika in ihrem zweiten Brief an die Royal Academy ausdrücklich die Figur einer »sitzenden Frau, die eine Trompete präsentiert« als ihr Abbild bezeichnet. Diese Figur aber ist auf der Skizze durch einen Bart unzweifelhaft als Mann gedacht. Freilich ist die Möglichkeit nicht auszuschließen, daß Hone die Figuren in der Endfassung des Bildes verändert dargestellt hat.

Der »Skandal« war ohne Zweifel von Angelika übermäßig aufgebauscht worden, denn eigentlich beleidigt war nicht sie, sondern ihr Freund Reynolds. Darauf weist ein zeitgenössischer Bericht eindeutig hin: »Es gibt keinen Zweifel, daß das obige Bild indirekt den größten Porträtmaler, den dieses Land vielleicht je hervorgebracht hat, des Plagiats bezichtigen sollte.«

Man weiß, daß Hone alle jene Künstler verächtlich machen wollte, die nichts anderes konnten, als die großen Italiener nachzuahmen. Er stellte Reynolds dabei ins Zentrum seiner Kritik und das mag eine gewisse Berechtigung haben, denn gerade er berief sich ja ausdrücklich immer wieder auf die italienischen Vorbilder. Daß allerdings auch Konkurrenzneid Hone den Pinsel führte, steht außer Zweifel. Es wird ihm gar nicht so unrecht gewesen sein, wenn sein Name nun in aller Munde war, und ein wenig genoß er auch diesen Skandal, was in seinem abschließenden Brief an die Royal Academy zum

Ausdruck kommt: »Sir, ob der Rat der Akademie einen Akt der Ungerechtigkeit gegen die Akademie gesetzt hat, indem er um die Zulassung oder Nichtzulassung eines meiner Bilder eine Abstimmung veranstaltet hat, eine Woche nachdem es vorgelegen und die Prüfung des Rates bestanden hatte, dies zu beurteilen ist nicht meine Sache. Ich dachte, daß, da das Parlamentsgesetz gegen Zauberer bereits vor langer Zeit vom großen Rat der Nation abgeschafft wurde, nicht ein Aftergesetz des kleinen Rates der Akademie gegen einen nur gemalten Zauberer angewendet werden könnte, bei dem der einzige Fehler darin liegt, daß ich eine Menge Widerwärtigkeiten auf mich genommen habe. Wäre er eine Kopie gewesen, hätte er wahrscheinlich mit den anderen Bildern am letzten Dienstag die Musterung bestanden, aber wie die Dinge liegen, bitte ich Sie, mir durch den Überbringer, meinen Diener, nicht nur den Zauberer, sondern alle meine anderen Bilder zuzusenden, ausgenommen den Spartanischen Knaben, den auszustellen ich gewillt bin aus dem großen Respekt, den ich dem König und seiner Akademie schulde. Ich bin, Sir, Ihr untertänigster Diener Nathaniel Hone.«

Man hat die neben der St. Paul's Kathedrale im Rauch stehenden Figuren so interpretiert, daß der Plan Reynolds', mit fünf anderen Malern, darunter Angelika Kauffmann, den Innenraum der Kirche zu dekorieren, am Widerstand des Bischofs von London gescheitert – also in Rauch aufgegangen sei.

Angelikas schroffer Protest, so unberechtigt er uns bei der unsicheren und verwirrenden Sachlage auch erscheint, hatte natürlich auch andere als nur persönliche Gründe. Die Künstlerin wollte im – zumindest nach außen – zutiefst puritanischen England nicht den Schatten eines Verdachts auf sich ruhen lassen. Das erwarteten ihre Kunden, ihre Freunde und Verehrer, um so mehr als schon einmal gemunkelt wurde, sie gestalte ihre antiken »Helden« nach nackten männlichen Modellen. Wenn man ihre durchwegs züchtig bekleideten Männer so betrachtet, erscheint dieser Verdacht allerdings absurd.

Der nach außen unnachgiebig und streng ausgeübte Puritanismus lag wie ein loser Mantel über einer lasziven und allen sexuellen Genüssen und Abarten keineswegs abgeneigten Gesellschaft. Die Prostitution blühte üppig, Tausende von Huren bevölkerten die Stadt, es gab Kinder- und Männerbordelle, und wer Spezialwünsche hatte, so abwegig sie auch sein mochten, konnte sie in London befriedigen, vor allem masochistische Praktiken, die sich hier einer alten Tradition erfreuten. Die Bordellbesitzerin Theresa Berkeley wurde damit steinreich und gilt als Erfinderin eines Geräts, das als »Berkeley-horse« sprichwörtlich wurde.

12. KAPITEL

Aufbruch und Neubeginn

Dem alten Johann Kauffmann, inzwischen Anfang der Siebzig, war das englische Klima nicht bekommen. Was ihm eigentlich fehlte, wissen wir nicht, doch hatte Angelikas Vater inzwischen ein Alter erreicht, das weit über dem Durchschnitt seiner Zeit lag, und nun fühlte er sein Ende nahen. Die endgültige Abreise war schon 1779 und 1780 geplant worden, doch der kränkliche Vater und vermutlich auch anderes hielten Angelika immer wieder in London fest.

Einer ihrer treuesten Verehrer dieser letzten Londoner Jahre war der dänische Legationsrat Gottlob Friedrich Ernst Schönborn (1737–1817). Er war 1777 nach London gekommen und befaßte sich viel mit zeitgenössischer Dichtung, hatte Goethe besucht und war mit Klopstock eng befreundet. Goethe war 1774 in Frankfurt von Schönborn offenbar so beeindruckt, daß er ihm wenig später einen ausführlichen Brief nach Algier

schrieb – dort war Schönborn dänischer Gesandter – der interessante Aufschlüsse über Goethes damaliges Leben enthält. So erzählt Goethe von einem Brand in Frankfurt, findet, daß »... das gemeine Volk... doch die besten Menschen sind«, berichtet von »Werther« und »Clavigo« und schildert kurz den Inhalt eines Buchs von Herder in einem etwas ironischen Ton, während er Klopstock überschwenglich lobt: »Die einzige Poetik aller Zeiten und Völker...«
An Klopstock richtete Schönborn im Oktober 1781 einen Brief, der uns Aufschluß über Angelikas letzte Zeit in London gibt und wer zwischen den Zeilen liest, spürt die tiefe, nun auch resignierende Verehrung, die Schönborn für sie hegte.

London den 19. October 1781
Verzeihen Sie, Liebster, Bester. Daß ich den Auftrag, den ich an Sie habe, so lange bey mir behalten, ehe ich ihn abgegeben. Die Ursache davon ist meine Schreibefaulheit. Schon vor mehr denn 7 Wochen hätte ich deßhalb an Sie schreiben sollen. Dieser Auftrag ist von Angelica, die Ihnen viel Zärtliches durch mich sagen läßt und wie sehr sie gewünscht hätte Sie einmahl zu sehen. Wie offen hat sie mir das wiederholt! Hab ich je Verlangen gehabt einen Mann zu sehen, Ihm selbst zu sagen wie sehr ich ihn hochachte, so ist es Klopstock! So sprach sie offen mit mir. Sehr hat sie es bedauert, daß ihr alter gebrechlicher Vater – Sie ist ein Muster von kindlicher Zärtlichkeit – dessen Schwächlichkeit sie 2 Jahre länger in England aufgehalten als sie zur Absicht hatte, sie auf ihrer Reise hindere, einen Abweg zu Ihnen zu nehmen. Diese Reise ist angetreten und allem Vermuthen nach wird sie nun schon in Venedig angekommen seyn. Ich soll Ihnen sagen daß sie in Italien ernstlich an das Bewußte denken und von daaus Ihnen schreiben werde, daß überhäufte Arbeiten Zeit ihres letzten Daseyns in England sie gehindert hätten, einen vernünftigen Gedanken zu fassen um sich gehörig mit Ihnen über die Zeichnungen zu Messias zu unterhalten, daß es aber ihr voller

Ernst sey in ihrer Ruhezeit in Italien sich damit zu beschäftigen. Sie hoffe, daß ihr Geist da neue Nahrung und auch neue Munterkeit bekommen werde, der sich hier – wie sie sagte – ziemlich erschöpft habe. Diese Erschöpfung ist ihr wohl nur so vorgekommen nach ihrer großen Bescheidenheit. Denn man merkt sie nicht in ihren letzten Stükken. Sie ist von ungemeiner Fruchtbarkeit. Welche Menge ihrer Gemählde ist allein hier in England. Alles wird weggerissen, was von ihr kommt. Ein Kupferstecher hier, der fast nichts als ihre Gemählde sticht, sagte mir einmahl the whole World is angelicamad. – Sie befürchtete, als sie von hier abreisete, daß sie genöthigt seyn würde diesen Winter in Lothringen oder in der Schweiz zu bleiben, wegen der Schwächlichkeit ihres Vaters, allein nach dem Briefe so sie unterwegs hiehergeschrieben, hat dieser sich wieder alles Vermuthen so guth befunden, so daß sie nun schon kann in Venedig angekommen seyn, wo sie glaubte erst künftiges Frühjahr anlangen zu können. Sie wird sich an diesem Orte etwas aufhalten, weil er der Gebuhrtsort ihres nunmehrigen Mannes Herrn Zucchi ist, nach welchem sie sich inskünftige Angelica Kauffmann Zucchi nennen wird. Dieser Zucchi ist auch ein ganz guther Mahler, sonderlich hat seine Ruinenmahlerey was vorzügliches. Er ist lange in England gewesen, und hat sich lange um Angelicas Neigung bemüht, er ist, so weit ich ihn kenne, ein ganz guther Mann von Gesinnung. Der Satan soll ihn holen, wenn er sich nun anders, da er Ehemann worden, gegen sie bezeigen sollte, als da er ehrfuchtsvoller und flehender Freyer war. Nichts wünsch ich so sehr als daß es dem lieben, herzlichen Weibe wohlgehen möge. Wie freue ich mich, daß ich sie habe kennen lernen! Auch Ihnen dank ich dieses, lieber Klopstock. Denn es fielen einige Strahlen von Ihnen auf mich, die mich ihr mehr sichtbar machten. Eine der edelsten herrlichsten Seelen ist sie! Milde und sanft und unbewußt des hohen Genius, der sie emporhebt, ist ihr Herz, schmilzt es eben der Himmelstrahl, der ihren Geist anleuchtet und Kraft gibt; es ströhmt eben so schöne

Thaten aus wie jene Gebilde. Sterbliche und unsterbliche Grazie schmückte sie, jene in ihrer Jugend, diese auf immer. O viel Himmelsblühte wurde in die Bluhmen der Erde miteingebunden! Sie hat eben so entschiedene Gabe zur Musik als zur Mahlerey. Ich habe sie dann und wann singen gehört, welche treffliche Stimme! – und die alle Farben und Gestalten ihres empfindenden Herzens annimmt. Eben so entschiedene Gabe zur Philosophie wie zu jenen beyden Schwesterkünsten! Aus dem Umgang habe ich gemerkt, daß sie dem tief nachgespührt, woran sie die Wirkungen auf Leinwand zeigen wolte. Sie hat überdieß viel Kenntniß und Belesenheit. Im Umgange zeigt sie davon aber nichts. Eine Bescheidenheit, die wenig ihres gleichen hat! – Sehen Sie lieber Klopstock, schreib ich nicht als ein Verliebter? Das bin ich auch, und möchte Sie auch so machen. Daher bin ich so redeseelig; und wie solt ichs nicht sagen? Sprach ich das nicht von einem herrlichen Weibe zu einem herrlichen Mann? Solte einem, der zwischen zwey solchen Feuern steht, nicht warm werden, ihm nicht die Zunge an zu tanzen fangen?

Ich muß schließen, Liebster. ich danke Ihnen für den Messias, welchen Sie mir durch Mumsen haben ankündigen lassen. Ich werde hier, wenn ich vom Lande in die Stadt komme, wieder an meine Bekannten anfragen lassen, es Ihnen alsdann melden, wieviel Exemplare ich werde absetzen können. Leben Sie wohl, Bester. In Eile.

Schönborn

Dieser Brief ist eine biographische Fundgrube. Allein der Ausspruch eines Kupferstechers, »the whole world is angelicamad«, umreißt in schöner Kürze die Situation. Ja, sie waren alle verrückt nach Angelika und ihren Werken – sie war als Künstlerin gefeiert und verehrt.

Die wichtigste Information dieses Briefes ist die Nachricht von Angelikas Heirat. Ihr seit 1778 laufendes Ungültigkeitsverfah-

ren wegen der Ehe mit Frederik Horn erledigte sich 1780 durch die Nachricht von seinem Tod.
Wir haben im Laufe von Angelikas Leben einige Männer kennengelernt, von denen man sicher weiß, daß sie die Künstlerin heiraten wollten, und etliche, von denen man es vermutet. Nun werden wir plötzlich mit der Nachricht überrascht, sie habe einen um fünfzehn Jahre älteren venezianischen Maler namens Antonio Zucchi geehelicht. Man fragt sich natürlich, warum dann nicht gleich den fast ebenso alten Reynolds, der doch um einiges mehr zu bieten hatte als der künstlerisch unbedeutende und gewiß nicht so wohlhabende Zucchi.
Der Entschluß zu dieser Ehe scheint ziemlich überraschend gekommen zu sein. Weder in Briefen Angelikas noch in denen ihrer Freunde war jemals die Rede davon, außer daß Schönborn schreibt, Zucchi habe sich lange um Angelikas Neigung bemüht. Wenn dem so war, dann muß es im Geheimen geschehen sein. Da die Gebrüder Antonio und Giuseppe Zucchi als alte Kollegen von Johann Kauffmann bezeichnet werden, dürfen wir annehmen, daß Angelika ihren späteren Mann schon als junges Mädchen gelegentlich gesehen hat.
Antonio Zucchi, als Maler etwas bedeutender als sein Schwiegervater, war 1726 in Venedig als Sproß einer weitverzweigten Künstlerfamilie zur Welt gekommen. Vater, Onkel, Brüder und Verwandte arbeiteten als Maler, Kupferstecher und Bildschnitzer in ganz Europa. Zucchi hatte die Brüder James und Robert Adam auf ihrer »Grand Tour« in Italien kennengelernt, ging mit ihnen nach England und kam hier, wie schon erwähnt, zunächst beruflich mit Angelika in Berührung. Daß er sich um die hübsche, junge Künstlerin bemüht hat, ist sicher glaubhaft, doch er wußte auch, daß seine berühmteren Kollegen Reynolds und West dasselbe Ziel verfolgten und hat damals die Werbung um Angelika vorläufig aufgegeben.
Antonio Zucchi war in London ein vielbeschäftigter Mann. Er hatte sich auf eine bestimmte Art von Architekturmalerei spe-

zialisiert; ihm gelangen besonders die romantischen Ruinen, die seinerzeit sehr geschätzt wurden, und zwar als Schmuck von Decken, Wänden, Supraporten, Wandschirmen und ähnlichem. Auch er war Mitglied der Royal Academy und beschickte sie gelegentlich mit Arbeiten. Diese Vorliebe für dekorative Ruinen hatten ihre Auftraggeber natürlich aus Italien mitgebracht und Künstler wie Zucchi hatten eine rege Nachfrage zu decken.

Die Dekorationen im »Adamstyle« sind ohne Ruinenmalerei gar nicht zu denken. Man ging ja mancherorts so weit, daß man sich in den weitläufigen Parkanlagen künstliche Ruinen erbauen ließ, und wer keinen Park zur Verfügung hatte, ließ sich dergleichen eben malen.

Warum also Antonio Zucchi und kein anderer? Aus materiellen Erwägungen kann sie ihn nicht genommen haben, da hätte es ja bekanntlich bessere Gelegenheiten gegeben, außerdem war sie selber reich und berühmt. Bei Angelikas Biographen Rossi finden wir die folgende Erklärung: »Als Freund der Angelika kam er oft in ihre Gesellschaft; obschon selbst ungebunden, sah er sich wohl kaum als möglichen Ehemann Angelikas. Dagegen richtete ihr Vater sein Augenmerk auf ihn. Da er seinen rechtschaffenen Charakter kannte, so sah er in ihm den Mann, der zu seiner Tochter am besten paßte.«

Diese Vermutung ist gar nicht so abwegig, wenngleich sie so klingt, als habe eine brave Tochter gehorsam den Willen ihres Vaters erfüllt. Sie war mittlerweile fast vierzig und in diesem Alter waren viele ihrer Geschlechtsgenossinnen schon wieder Witwe.

Auch wenn Angelika es verdrängt hat, so steckte ihr doch die gescheiterte Ehe wie ein Dorn im Fleisch, und sie wird es sich nie verziehen haben, sich so getäuscht zu haben.

Kurz nach der Heirat, aber vermutlich schon in Rom, hat sie Antonio porträtiert. Zucchi trägt einen breitkrempigen Künstlerhut und weist mit der linken Hand – das Bild ist leider unvollendet – auf etwas, das er gerade mit der Rechten abzeichnet. Wir sehen auf dem Blatt, daß es sich natürlich um eine Ruinenlandschaft handelt. Große dunkle Augen über einer markanten Nase blicken auf den Beschauer, das eher weiche Gesicht verrät Solidität und Gutmütigkeit. Um wieder einmal Freud zu bemühen: Antonio Zucchi war Angelikas Vater im Wesen sehr ähnlich. Auch er wird – wie bisher der Vater – mehr im Hintergrund stehen, wird Leinwände grundieren, Rahmen besorgen, Honorare eintreiben und sich überhaupt um die wirtschaftliche Seite dieser Ehe bemühen. Zudem war er katholisch und entstammte dem Kulturkreis, mit dem Angelika am meisten vertraut war, dem romanischen. Den größten Teil ihrer Kindheit hatte sie im Veltlin verbracht, weitere entscheidende Jahre in Italien – eine Zeit, die insgesamt länger war und sie auch stärker prägte als die Londoner Jahre.

Die Ehe wurde am 17. Juli 1781 in der katholischen Kapelle der kaiserlich-österreichischen Botschaft in London geschlossen. Jetzt also hieß es Abschied nehmen von London, von den zahlreichen Freunden, von Reynolds, West und Füssli, von der Royal Academy, von ihrem prachtvollen Haus, Abschied von einem wichtigen Lebensabschnitt, der Freud und Leid und höchsten künstlerischen Ruhm gebracht hatte.

Einige Tage nach der Hochzeit reisten sie ab, überquerten den Kanal, landeten in Ostende, durchquerten Flandern, nicht ohne die Gelegenheit zu nutzen, die niederländischen Maler zu studieren. Giovanni Rossi, in seiner etwas biederen Art, schilderte die unterschiedliche Reaktion des Künstlerpaares beim Betrachten von Bildern:

»Es war artig, das kunstgeweihte Paar vor einem Gemälde zu sehen. Während Zucchi sich wortreich erklärte, schwieg Angelika und heftete ihre Augen, die sich belebten, auf die wichtigsten Teile des Gemäldes. Ihre Miene sprach Wohlgefallen aus, und mit sehr wenigen Worten drückte sie ihre Beobachtungen aus, sehr selten, um zu tadeln, fast immer, um zu loben; denn von Natur aus haftete ihre Aufmerksamkeit nur am Schönen. Sie hatte sozusagen die Gabe der Biene, die nur das Süße aus den Blumen saugt.«

Im Spätsommer trafen sie in Schwarzenberg ein, Angelikas geliebtem Heimatort, den sie nun zum zweiten und letzten Mal besuchte. Als ihre Heimat im eigentlichen Sinn läßt sich der Bregenzerwald wohl nicht bezeichnen, auch wenn sie diese etwas sentimentale Vorstellung ihr Leben lang pflegte. Die Menschen, die zu ihrer Begrüßung herbeieilten und meist den Namen Kauffmann trugen, waren ihr ebenso fremd wie sie ihnen. Angelika war längst in die oberen Regionen der europäischen Gesellschaft hinaufgestiegen, kannte Herzöge, Grafen und sogar Könige und am Ende war sie es, die diesen Reichen und Mächtigen einen Gefallen erwies, wenn ihr Pinsel sie verewigte.

Die Verwandten wußten nur, daß die Base in der Welt inzwischen bekannt und auch sehr wohlhabend war, sie lernten nun ihren Mann kennen, der damals und zeit seines Lebens kaum Deutsch sprach, aber ruhig und freundlich wirkte und offenbar auf seine Frau sehr stolz war.

Freilich wurden damals Verbindungen geknüpft, die Angelika bis zu ihrem Tode brieflich fortsetzte und die schließlich so manchem Vetter und mancher Base zugute kamen, wenn es darum ging, eine Ausbildung oder eine Aussteuer zu bezahlen.

In dieser Zeit entstand eines ihres besten Selbstbildnisse in Bregenzer Landestracht mit Zöpfen und dem eleganten Trachtenhut. Dieses Selbstporträt weicht von den zahlreichen anderen in erstaunlicher und vorteilhafter Weise ab. Angelika malte sich sonst gern als zartes Elfchen, das scheu und reizend aus dem Bild hervorguckt und, wie etwa auf dem allegorischen Bild »Malerei«, Pinsel und Palette so vorsichtig hält, als seien es ihr fremde Gegenstände.

Das Bild in Landestracht vom Spätsommer 1781 hat alles Liebliche und Süße abgestreift. Die dunklen, weit auseinanderliegenden Augen schauen scharf und etwas kritisch in die Welt, der schöne Mund, die kräftige Nase – das ist kein zartes Elfchen mehr, wir schauen einer erfahrenen, selbstbewußten Künstlerin ins Gesicht, einer erfolgreichen Frau, die weiß, was sie will. Bei diesem Bild hat sie sich, wie es scheint, zum ersten Mal ganz anders gezeigt, als müsse sie die Maske, die sie draußen – und gewiß nicht ohne Vergnügen – trug, hier, in ihrem Heimatort, ablegen, als wolle sie ihren Verwandten, ihren Landsleuten, diesen klarsichtigen, selbstbewußten Bauern, nicht das gefeierte Luxusgeschöpf vorführen, sondern eine gestandene Frau, die aus ihren Reihen kam und sich in der Heimat nicht zu verstellen brauchte.

Der Aufenthalt im Bregenzer Wald dauerte nur einige Wochen, dann ging es weiter in Richtung Brenner. Warum war der jetzt vierundsiebzigjährige, schon sterbenskranke Johann Kauffmann nicht in seiner Heimat geblieben, um hier, im Kreise seiner Verwandten, sein Leben friedlich zu beschließen? Er wußte die Tochter in guter Hut, er, der ewige Wanderer, hätte sich nun wirklich zur Ruhe setzen können. Die Antwort ist im Grunde einfach: weil es für ihn den Begriff »Heimat« im Sinne eines festen vertrauten Ortes nicht gab. Heimat, das war an der Seite Angelikas und ihres Mannes, des langjährigen vertrauten Freundes. So schleppte er sich also mit, der alte, kranke Johann Kauffmann, um die von seiner Tochter angeheirateten Verwandten in Venedig kennenzulernen.

Bis Padua waren ihnen Antonios Brüder entgegengereist, und hier bestiegen sie gemeinsam das Flußschiff nach Venedig, wo zahlreiche andere Familienmitglieder der Zucchi sie erwarteten. Natürlich war Angelikas Name auch in Venedig ein Begriff, und alle zeigten sich stolz, die berühmte Künstlerin nun in ihrer Familie zu wissen.

Inzwischen war es Spätherbst geworden, die Novemberstürme wühlten die sonst so sanfte Lagune auf, die Gondeln tanzten wie verrückt auf dem Wasser und die festliche Stadt wirkte grau wie eine verblichene Theaterkulisse. Das Lebenslicht des alten Johann Joseph Kauffmann begann zu flackern. Er saß viel zu Hause, mochte nicht hinausgehen in Regen und Kälte und sprach die Hoffnung aus, daß mit dem Frühjahr alles wieder besser werden würde. Der alte Mann fror, da er schon die Kälte des Todes spürte, und setzte seine ganze Hoffnung auf den Süden, auf Rom, wohin er – war der Winter einmal überstanden – mit Tochter und Schwiegersohn gehen wollte.

Zum Jahresende tagte in Venedig die Kunstakademie, deren Präsident damals Giovanni Domenico Tiepolo war. Sein weltberühmter Vater wie auch sein Bruder Lorenzo waren in Madrid gestorben, wo sie gemeinsam zehn Jahre an den Fresken im königlichen Schloß gearbeitet hatten. Giandomenicos Malerei unterschied sich nicht wesentlich von der seines berühmten Vaters, dessen künstlerisches Erbe er mit Talent und Fleiß fortführte und bewahrte.

An der »Accademia di Venezia« wirkten traditionsgemäß sechsunddreißig Professoren, doch der berühmten Angelika Kauffmann zuliebe wollte man eine Ausnahme machen und beschloß ihre Aufnahme. Johann Kauffmann freute sich mit seiner Tochter, doch war sein Zustand so kritisch geworden, daß man seine Schwester Anna Maria in Morbegno benachrichtigte. Die alte Dame nahm die Beschwernisse einer winterlichen Reise auf sich und traf in der Lagunenstadt ein, als der Karneval durch die Straßen tobte. Für Venedig war es schon ein Totentanz, denn die Serenissima hatte ihre Glanzzeiten längst hinter sich. Obwohl sie am spanischen Erbfolgekrieg nicht teilgenommen hatte, durchzogen Österreicher und Franzosen plündernd und verwüstend das Gebiet der geschwächten Republik, die außerdem noch ständig mit den Türken im Streit lag. Ein schwacher Senat und ein machtloser Doge regierten eine Stadt, die schon bald dem großen korsischen Länderfresser wie ein reifer Apfel in den Schoß fallen sollte.

Ein wenig lebte der alte Kauffmann noch auf, als seine Schwester eintraf. Sie hatten sich lange nicht mehr gesehen und es gab viel zu bereden, viel zu erzählen. Angelika wird sich über die Entlastung gefreut haben; denn der inkognito in Venedig weilende russische Thronfolger Paul mit seiner jungen Frau hatte sich zu einem Besuch bei ihr angesagt. Venedig hatte allen Grund, seiner Mutter, der Zarin Katharina II., dankbar zu sein, denn sie beabsichtigte, das türkische Reich zu zerschlagen und hatte mit der Eroberung der Krim schon den Anfang dazu gemacht. Der damals siebenundzwanzigjährige Kronprinz war in zweiter Ehe mit Sophie Dorothea von Württemberg verheiratet, die eigentlich schon dem Prinzen von Hessen-Darmstadt versprochen gewesen war, doch dieser verzichtete gegen eine Pension von zehntausend Rubeln jährlich auf seine Braut.
Prinz Paul, der schwer unter seiner despotischen Mutter litt, hatte 1781 seine »Grand Tour« durch Europa begonnen, die ihn nun im Januar 1782 nach Venedig führte. Er reiste zwar unter dem Namen eines »Grafen von Norden«, doch in den europäischen Metropolen wußte jeder, wer er war, und empfing ihn dementsprechend. Während man Angelika seinen Besuch ankündigte, starb am 11. Januar 1782 ihr geliebter Vater mit fünfundsiebzig Jahren. Der morgendliche Trauerzug zur Kirche San Giuliano wird noch den letzten maskierten Ballbesuchern begegnet sein, die müde und übernächtigt nach Hause wankten.
Die tieftrauernde Tochter empfing zwei Wochen später das russische Kronprinzenpaar in ihrem provisorisch eingerichteten Atelier. Der Kronprinz erwarb das große Gemälde » Leonardo da Vinci stirbt in den Armen Franz I. von Frankreich«. Im übrigen wollte man sich in Rom wiedertreffen, wo Angelika die Porträts des Prinzenpaares malen sollte. Nicht zum ersten und nicht zum letzten Mal wird sie erlebt haben, daß der Ruhm seinen Preis hat und das Spiel – ob auf der Bühne oder auf der Leinwand – weitergehen muß; denn das Publi-

Friedrich Gottlieb Klopstock, Stich von John Chapman, nach einem Gemälde von Johann Elias Haid (AKG, Berlin)

kum ist ungeduldig und kümmert sich wenig um die Gemütslage des Künstlers.
»Meine Betrübnis ist unbeschreiblich«, lesen wir in einem Brief

Angelikas nach Schwarzenberg, doch fehlte ihr die Zeit, sich lange der Trauer hinzugeben – das Publikum wartete.
Angelika war der Aufenthalt in der Lagunenstadt verleidet. Auch Antonio Zucchi, der sich in fast allen Dingen des Lebens nach seiner Frau richtete, nahm von seiner Familie Abschied.

13. KAPITEL

Zwischenspiel in Weimar

Ehe wir uns Angelika Kauffmanns zweiter und wichtigster Lebensphase zuwenden, wollen wir einen Abstecher nach Weimar machen, wo Johann Wolfgang von Goethe eben sein Adelsdiplom erhalten hatte. Es war kaiserlicher Adel, den der Herzog Karl August von Sachsen-Weimar in Wien für seinen Herzensfreund beantragt hatte, da er selber nicht nobilitieren konnte. Übrigens ergibt sich hier eine kuriose Parallele: Angelika und ihrem Mann wurden am 8. April 1782 in Venedig feierlich die Akademiediplome überreicht und auf den 10. April desselben Jahres ist Goethes Adelsdiplom datiert.

Zum »Geheimen Legationsrat« war Goethe schon vor sechs Jahren ernannt worden, und nun durfte er auch noch das »von« vor seinen Namen setzen. Goethe wußte recht wohl, daß sein Landesherr damit nicht den Dichter ehrte, sondern den Amtsträger, den Freund und Vertrauten, mit dem er vieles gemein-

sam erlebt und genossen hatte, auf den er sich unbedingt verlassen konnte.
Goethe aber fühlte sich in Weimar beengt, war dankbar für jede Gelegenheit, ausbrechen, ausscheren zu können. Sein Biograph Richard Friedenthal bemerkt dazu:
»Auch dies ist aber als Hintergrund für Goethes ständige Wünsche nach einem Ausbrechen aus der Enge wichtig: Nur sehr wenige Menschen fühlen sich in Alt-Weimar wohl. Wer irgend kann, sucht anderswo unterzukommen; es bleiben nur solche, die gar keine Möglichkeit dazu sehen.«
Der rasche Aufstieg des jungen Frankfurter Juristen hatte am Weimarer Hof nicht gerade Begeisterung erweckt und es bildete sich unter Führung des Ministers v. Fritsch – der sogar mit Rücktritt drohte – eine Opposition gegen Goethe. Aber der acht Jahre jüngere Herzog Karl August hatte einen Narren an ihm gefressen und schlug alle Ratschläge und Drohungen in den Wind. Und Goethe konnte, wie immer in seinem Leben, auf die Gunst der Frauen jeden Alters bauen; in Weimar war es die musische Herzoginmutter Anna Amalia, die ihn protegierte, während Karl Augusts sittenstrenge Gemahlin Luise von dem tollen Treiben des Freundespaares wenig erbaut war. Goethe spürte das wohl und versuchte, den jüngeren Freund zu bessern, ihn »sittlich zu erheben«, doch die Erfolge waren bescheiden.
Goethe, der sich in diesen wilden Jahren die Hörner schon abgestoßen hatte, begann sich mehr und mehr zurückzuziehen von der Gruppe um Karl August, von den immer lästigeren Amtsgeschäften. Er wollte sich intensiver der Literatur zuwenden. Von seinem »Werther« hielt er nicht mehr allzu viel, er hatte viele Pläne, beschäftigte sich mit Naturwissenschaften, entwarf Dramen und erledigte so nebenher seine Staatsgeschäfte. Die Lebensführung des Herzogs stieß ihn jetzt ab, er schlug sich auf die Seite der Herzogin Luise und versuchte, den Freund positiv zu beeinflussen. Er brachte ihn sogar dazu, wieder ein-

mal das Bett seiner Gemahlin aufzusuchen, und prompt wurde im Februar 1783 der Kronprinz geboren.
Den trotz seines Lotterlebens für Dichtung sehr empfänglichen Herzog ermahnte Goethe mit erhobenem Zeigefinger:

So mög, o Fürst, der Winkel deines Landes
Ein Vorbild deiner Tage sein!
Du kennest lang die Pflichten deines Standes
Und schränkest nach und nach die freie Seele ein.
Der kann sich manchen Wunsch gewähren,
Der kalt sich selbst und seinem Willen lebt;
Allein wer andre wohl zu leiten strebt,
Muß fähig sein, viel zu entbehren.

So wandle du – der Lohn ist nicht gering –
Nicht schwankend hin, wie jener Sämann ging,
Daß bald ein Korn, des Zufalls leichtes Spiel,
Hier auf den Weg, dort zwischen Dornen fiel;
Nein! streue klug wie reich, mit männlich steter Hand,
Dann laß es ruhn: die Ernte wird erscheinen
Und dich beglücken und die Deinen.

Es war gewiß nicht leicht, einen Goethe als Freund und Minister zu haben, doch zur Ehre des Herzogs Karl August sei gesagt, daß er immer Geduld und Verständnis bewies und seinem Dichter nicht leicht etwas abschlug.
Ganz offensichtlich befand Goethe sich in jener Zeit in einer Art Midlifecrisis, die sein literarisches Schaffen wie auch ganz persönliche Probleme betraf. Er ging auf die vierzig zu und hatte wohl das Gefühl, er müsse sein Leben von Grund auf ändern. Alte Freunde wandten sich enttäuscht oder gekränkt von ihm ab, wie etwa Merck oder Lavater, und mit anderen, wie Herder, versöhnte er sich wieder. Auch die Trennung von Charlotte von Stein bereitete sich vor, wozu R. Friedenthal schreibt: »Sie

klagt, daß mit ihm nicht zu reden sei, im Beisammensein sei er unerträglich. Das ist nicht nur weibliche Empfindsamkeit. Auch sie hat ihre Rolle ausgepielt. Nur in der Korrespondenz lebt sie noch fort...

›Da es scheint, als ob unsere mündliche Unterhaltung sich nicht wieder bilden wolle, so nehme ich schriftlich Abschied, um Dir nicht völlig fremd zu werden.‹«

In diesem Brief lesen wir auch die Worte:

»Ich gehe und mein Herz bleibt hier...«, wovon mit Sicherheit nur das Erstere zutraf; denn in Rom werden wir den ganzen Goethe finden, mit Leib und Seele, Haut und Haar, Herz und Verstand.

Kurz vor seiner Abreise gelang ihm noch der Beweis für die Existenz des »os intermaxillare« (»Zwischenkieferknochen«), doch die Freude über diesen Erfolg wurde ihm ziemlich vergällt. Goethe erfuhr nämlich, daß der französische Anatom Vicq-d'Azur schon 1780 genau die gleiche Entdeckung gemacht und 1784 publiziert hatte. Goethe konnte seine Erkenntnisse erst 1788 in einem anatomischen Handbuch veröffentlichen. Und wie hatte er sich damals über seinen Fund gefreut! Sofort teilte er ihn seinen Freunden mit; Herder bekam einen triumphierenden Brief, und an Frau von Stein schrieb er: »Ich habe eine solche Freude, daß sich mir alle Eingeweide bewegen...«

Die Reaktion der Berufsgelehrten war sehr zurückhaltend; der holländische Anatom Camper sprach von »ansprechenden Beobachtungen«, und in Weimar interessierte sich ohnehin niemand dafür.

In den Jahren vor seiner Italienreise hatte Goethe wenig gedichtet, und zu dem wenigen zählte sein berühmtes Gedicht: »Kennst du das Land, wo die Zitronen blühn?«

Die Zeit war reif für Italien.

14. KAPITEL

Die Versuchung von Neapel

Rom war das Ziel des Ehepaares Angelika und Antonio Zucchi gewesen, doch zuvor hatte man einen längeren Neapelaufenthalt eingeplant.

Dieser Mai 1782 in Rom barg so manche wehmütige Erinnerung. Winckelmann, der gute Geist der Villa Albani, begehrtester Cicerone aller hochgeborenen Rombesucher, war ermordet worden. Anton Raphael Mengs, den Angelika so gerne kennengelernt hätte, war ihm vor drei Jahren ins Grab gefolgt – im selben Jahr wie der Freund und Gönner dieser beiden Männer, Kardinal Albani, der im siebenundachtzigsten Lebensjahr seine geliebte Sammlung verlassen mußte. Der Wiener Maler Anton Maron, mit Mengs', Schwester verheiratet, war der einzige aus dem alten Freundeskreis, der sie begrüßte, und natürlich war da noch der allgegenwärtige Tausendsassa Johann Friedrich Reiffenstein, der als Cicerone in den Spuren Winckelmanns wanderte und an dem kein Deutscher vorbeikam, der sich in Rom umsehen und Altertümer erwerben wollte. Es ist schade, daß Reiffenstein keine Erinnerungen hinterlassen hat. Er hätte über das Leben vor allem der Deutschen in Rom mehr berichten können als jeder andere und leider sind es nur diese anderen, in deren Reisenotizen der Hofrat – stets gelobt und gepriesen – wie ein Irrwisch erscheint, um dann in den Kanälen seiner vielfältigen Geschäfte und Tätigkeiten wieder unterzutauchen.

Er und Angelika verstanden sich und dieser Nachbar im Palazzo Zuccari sollte schon bald zu ihrer »rechten Hand« werden. Nun aber wurde im Juni erst einmal die Neapelreise unternommen, die, auch wenn sie in einem Brief davon sprach, daß sie zwar in Rom wohnen, aber »dann und wann kleine Lustreisen unternehmen« wolle, am Ende doch wieder zu einer Arbeitsreise wurde.

Neapel war damals als Sommerfrische hauptsächlich bei Ausländern und reichen Römern beliebt, und man traf sich in den heißen Monaten dort. Doch Angelika Kauffmann lief die Arbeit nach, wohin sie auch reisen mochte, und vermutlich erwartete sie gar nichts anderes. Aus diesem Sommer ist eine ganze Anzahl von Gemälden bekannt, wie etwa das Bildnis des Fürsten von Belvedere, das zwar von anderen später datiert wird und über dessen Person nur bekannt ist, daß er der Adelsfamilie Saluzzo di Coregliano angehörte, früher Kardinal war, doch vom Papst wieder in den Laienstand versetzt wurde und eine Familie gründete. Des weiteren wurden der Marchese Venuti, Direktor der Porzellanmanufaktur von Neapel, wie auch das Prinzeßchen Czartoryska und viele andere mehr porträtiert.

Der Hauptauftrag aber kam von der königlichen Familie in Neapel und bezog sich auf den König, dessen Frau und die sieben Kinder, und zwar, wie Angelika nach Hause schrieb: »... alle auf ein gemählde.«

Angelika trat mit der königlichen Familie in nähere Verbindung, sollte sogar die Hofmalerin werden.

Ein Blick von der Certosa di San Martino auf Neapel, Aquatinza von Wilhelm Witthöft (AKG, Berlin)

König Ferdinand I. von Neapel kam 1759 als Achtjähriger auf den Thron. Das »Königreich beider Sizilien«, wie es offiziell und etwas irritierend hieß, war seit jeher ein Streitobjekt der verschiedenen Dynastien gewesen, und immer waren es Ausländer, die diesen Thron innehatten: Sarazenen, Normannen, Franzosen, Spanier, Österreicher und schließlich die spanischen Bourbonen, die mit König Karl IV. auf den Thron kamen. Dieser recht moderne Fürst hob die Steuerfreiheit der Kirchengüter auf, schaffte das umstrittene kirchliche Asylrecht ab, unterwarf den Klerus der weltlichen Gerichtsbarkeit und löste – ein halbes Jahrhundert vor der eigentlichen Säkularisation! – zahlreiche Klöster auf. 1759 erbte er den spanischen Königsthron und überließ Neapel seinem achtjährigen Sohn Ferdinand. Solange dieser minderjährig war, führte Marchese Tanucci die Regentschaft und er war es, der 1767 die Jesuiten aus dem Land jagte.
Als er dann volljährig war, erwies sich dieser Ferdinand als Ver-

sager. Nur mangelhaft gebildet, führte er ein lustiges Leben, das vornehmlich aus Jagd und Saufereien bestand, was ihm natürlich gleich die Sympathien der Lazzaroni (neapolitanisch: Tagediebe und Nichtstuer) einbrachte. Er sprach den Neapolitaner Dialekt und fing manchmal im Golf von Neapel Fische, die er unter dem lebhaften Anteil der Bevölkerung selber auf dem Markt feilbot. Das Volk hatte ihm den Namen »Nasone« (Großnase) verliehen, und es gelang weder seiner Frau noch seinem Vater, der aus Madrid ermahnende Briefe schrieb, den gekrönten Lazzarone grundlegend zu ändern. Wie das Leben an seinem Hof aussah, schildert der britische Marineattaché Sir William Hamilton:

»Am Morgen nach seiner Hochzeit im sehr warmen Mai 1768, erhob er sich zu früher Stunde und ging, seine junge Gemahlin im Bett zurücklassend, auf die Jagd. Den Höflingen, die ihn begleiteten und fragten, wie sie ihm gefallen habe, gab er zur Antwort: ›dorme con un' ammazata e suda come un porco‹ (›Sie schläft wie abgemurkst und schwitzt wie eine Sau‹). In jedem anderen Ort als Neapel würde eine solche Bemerkung als höchst unziemlich aufgefaßt werden, hier aber sind wir an weit schlimmere Verstöße gegen Anstand und guten Ton gewöhnt... Wenn der König nach einer reichlichen Mahlzeit ein Bedürfnis verspürt, dann teilt er dies den Kammerjunkern mit und wählt sich die Favoriten, die ihm als Zeichen besonderer Gunst aufwarten dürfen. Dann pflegt er zu sagen: ›Sono ben pranzato, adesso bisogna una buona panciata‹ (›Ich habe gut gegessen, jetzt brauche ich einen guten Stuhlgang‹). Die derart ausgezeichneten Herren leisten Seiner Majestät dann Gesellschaft, indem sie um ihn herumstehen und ihn während seiner Verrichtung durch Gespräche unterhalten.«

Doch ein gnädiges Schicksal bescherte diesem Nichtsnutz von König eine fähige und energische Frau. Königin Karoline, eine Tochter Maria Theresias, lenkte zusammen mit ihrem rigorosen Premierminister Sir John Francis Acton (1736–1811) die Geschicke des Landes und sie war es natürlich auch, die sich für Angelikas Arbeit interessierte und bei ihr das Gruppenbild bestellte.

Die 1752 in Wien geborene Karoline Maria von Habsburg heiratete im Mai 1768 – also mit sechzehn Jahren – den um ein Jahr älteren Ferdinand von Neapel. Sie war es, wie man so sagt, die in dieser Ehe die Hosen anhatte und mit ihrem Favoriten Sir Acton die eigentliche Herrschaft ausübte. Der König unterschrieb brav alle Verfügungen – die meisten wird er nicht einmal gelesen haben – und ging dann erleichtert auf die Jagd.

Karoline führte keinen sehr aufwendigen Hof. Von ihren sechsunddreißig Hofdamen waren immer nur zwei in Dienst, alle mußten sich einfach kleiden und durften sich nicht oder nur ganz dezent schminken. Sie war ganz die Tochter der etwas spießigen, aber sehr tüchtigen Maria Theresia und auch in der Zahl ihrer Kinder schien sie der Mutter nacheifern zu wollen.

Sie führte eine so umfangreiche diplomatische Korrespondenz, daß ihr kaiserlicher Bruder einmal süffisant bemerkte: »Meine liebe Schwester schreibt mehr als mein ganzes Kabinett.«

Um so mehr muß man es der vielbeschäftigten Königin zugute halten, daß sie Zeit und Muße fand, sich für die Kunst einzusetzen. Angelika Kauffmann wurde schnell ihr erklärter Liebling, und im Laufe der nächsten Jahre begann diese Beziehung eine Entwicklung zu nehmen, die der ihre Freiheit sehr schätzende Malerin nicht mehr recht behagte. Es fing damit an, daß sie gebeten wurde, den kleinen Prinzessinnen Zeichenstunden zu erteilen. Einer Königin schlägt man nichts ab, also begann Angelika mit dem Unterricht. Doch ihren Briefen läßt sich entnehmen, daß ihr das eine Ehre, aber keine besondere Freude war. Dabei ging es vor allem um die beiden neun und zehn Jahre alten Prinzessinnen Marie Luise und Marie Therese; gelegentlich nahm auch die Königin am Unterricht teil. Karolines Interesse an der Malerei war nicht gekünstelt, denn sie hatte schon als junges Mädchen Radierversuche gemacht, und seit

Angelikas Name bekannt geworden war, hatte sie deren Zeichnungen und Gemälde erworben, wann immer sich eine Gelegenheit bot. Sie nannte sich »Angelikas dankbare Schülerin« und suchte ihr immer wieder einen Daueraufenthalt in Neapel schmackhaft zu machen. Für Angelika wäre es gewiß verlokkend gewesen, die Schwester des regierenden Kaisers – dessen Untertanin sie nach wie vor war – also ihre Landsmännin, als königliche Freundin und Gönnerin zu besitzen. Doch eine andere Lockung, die Freiheit versprach, erwies sich als viel stärker: das alte, liebenswerte, etwas heruntergekommene, noch immer faszinierende Rom, Herz der katholischen Welt, Hort der Künstler, wo hoch über der Stadt, bei der Kirche S. Trinità dei Monti, auf den luftigen Höhen des Monte Pincio ein geräumiges Atelier wartete.

Mit höflichen Worten schlug sie das Angebot der Königin ab, versprach aber, nach Möglichkeit jedes Jahr einige Wochen in Neapel zu verbringen. Auch Antonio Zucchi wird aufgeatmet haben. Er, der gesetzte, ruhige und vornehme Venezianer, hatte sich in dieser quirligen, lärmerfüllten Stadt nie wohl gefühlt, für ihn war das eine fremde Welt, hier fühlte er sich – wie fast alle Norditaliener – mehr im Ausland als in England oder Österreich.

So mußte Karoline die berühmte Malerin ziehen lassen, nicht ohne ihr kostbaren Schmuck als Abschiedsgeschenk verehrt zu haben. Den von Grund auf amusischen König wird das nicht sehr berührt haben, doch wenig später geriet auch er in den Bann der Kunst, als er in Philipp Hackert einen Mann und Maler nach seinem Geschmack entdeckte und ihn lange Zeit an seinen Hof fesseln konnte.

15. KAPITEL

Zu Hause in Rom

Das Malerehepaar Zucchi kam in ein Rom, das sich seit Angelikas letztem Aufenthalt vor fast zwanzig Jahren nicht wesentlich verändert hatte. Auf dem Stuhl Petri saß inzwischen der fünfundsechzigjährige Pius VI., ein Jurist aus der gräflichen Familie Braschi. Als Kardinal hatte Gianangelo Braschi mit Nachdruck gegen die Günstlingswirtschaft Clemens XIV. opponiert. Als er selbst die Schlüssel Petri in Händen hielt, verfiel auch er dem altgewohnten Nepotismus, wie die meisten seiner Vorgänger. Seinen Neffen Romoaldo erhob er zum Kardinal, doch er hatte damit einen guten Griff getan: der junge Mann erwarb sich durch Pflichteifer und Güte in kurzer Zeit die Achtung des Heiligen Kollegiums. Weniger Glück hatte der Papst mit der Ernennung seines Bruders zum Herzog von Nemi. Arrogant und prachtliebend, erbaute er in Rom einen mächtigen Palast, und das in einer Zeit, da die Kasse des Papstes leer und seine weltliche Macht gefährdet war. Mit »weltlicher Macht« ist seine vom obersten Hirtenamt unabhängige Funktion als Fürst des damals noch weite Teile Italiens umfassenden Kirchenstaates gemeint.

»Graf« Cagliostro, der durch Europa abenteuernde sizilianische Hochstapler, prophezeite den Sturz des Papstes, wurde dafür von der immer noch tätigen Inquisition zum Tode verurteilt, von Pius jedoch zu lebenslanger Haft begnadigt.

Cagliostro aber behielt mit seiner Prophezeiung recht: Am 15. Februar 1798 wurde Rom von den Franzosen erobert und der Papst für abgesetzt erklärt. Als der inzwischen Achtzigjährige den General Berthier bat, in Rom bleiben und hier sterben zu dürfen, meinte dieser trocken: »Sterben können Sie überall!«

Ein Jahr lang schleppte Napoleon den hinfälligen Greis als Gefangenen durch Europa, bis Pius VI. am 29. August 1799 in Valence starb.

Damit sind wir den Ereignissen natürlich vorausgeeilt. Wie also sah dieses Rom in den achtziger Jahren des 18. Jahrhunderts aus, als Angelika und ihr Mann sich dort für immer niederließen? Zwar umfaßte der Kirchenstaat noch gut ein Drittel des italienischen Stiefels, doch die Hauptstadt Rom war völlig verarmt und mit einer Zahl von etwa hundertsechzigtausend Einwohnern weit hinter ihrer einstigen Größe und auch anderen italienischen Städten zurückgeblieben. Die römischen Ruinen waren in dem Zustand, wie sie uns Piranesi auf seinen Radierungen zeigt. Die meisten Ruinenstätten dienten als Schafweiden; da und dort hatten sich Menschen eingenistet, die Millionenstadt der Antike war morsch und hinfällig geworden, wenn sie auch aus ihrer zweiten Glanzzeit, der Renaissance, noch prächtige Relikte bewahrt hatte. Das waren vor allem die reich ausgestatteten Kirchen und Paläste der großen römischen Adelsgeschlechter. Diese bildeten keineswegs ein bestimmtes Nobelviertel, sondern erhoben sich – über die ganze Stadt verstreut – inmitten der armseligen Hütten der Handwerker, Taglöhner und kleinen Händler. Religion hatte bei dem nicht eigentlich frommen oder gar bigotten Stadtvolk einen ganz selbstverständlichen Stellenwert, gehörte einfach dazu. Das Jahrhundert der Aufklärung hatte in Italien bisher wenig Spuren hinterlassen und im Kirchenstaat eigentlich gar keine.

Papst Pius VI. war, verglichen mit manchen seiner Vorgänger, kein unfähiger oder gar sittlich verkommener Papst. Wenn es auch im Gebälk der Kirche hörbar knisterte, so hat er als weltlicher Herr des Kirchenstaates manches versucht, um die desolaten Verhältnisse zu bessern. Er war es, der das unter seinem Vorgänger mit Hilfe Winckelmanns begonnene Antikenmuseum vollendete, das als »Museo Pio-Clementino« beider Namen trägt. Was schon einige Male vergeblich versucht worden war, gelang ihm zu einem beträchtlichen Teil – die Austrocknung der Pontinischen Sümpfe, eines gefürchteten Malariaherdes. Doch den Geist der Zeit konnte er weder ausmerzen noch aufhalten; die Ideen der Aufklärung waren andernorts nicht nur hinunter ins machtlose Volk gedrungen, sie wirkten auch nach oben und fanden in der Person Kaiser Joseph II. einen begeisterten Befürworter. Gerade an ihm, dem Kaiser des Heiligen Römischen Reiches Deutscher Nation, hätte es ja gelegen, sein Schwert für die Rechte der Kirche zu erheben, doch wir werden sehen, daß er genau das Gegenteil tat.

Kaum hatte Angelika auf dem Monte Pincio ihr Atelier eingerichtet, erhielt sie den Besuch eines Grafen von Falkenstein. Grafen und Herzöge waren für die gesuchte Porträtistin nichts Neues, doch hinter diesem Inkognito verbarg sich der höchste Fürst des Abendlandes, Kaiser Joseph II.

Ein Wort zu Angelikas römischer Residenz. Das Haus war von 1752–1757 Wohnsitz und Atelier des berühmten Anton Raphael Mengs gewesen und hatte inzwischen offenbar keinen festen Mieter gehabt, bis es Angelika im Herbst 1782 übernahm. Sie ließ es nach ihren Bedürfnissen umbauen, doch leider sind alle Spuren ihrer Haushaltung getilgt, da aus dem Palazzo inzwischen ein Hotel geworden ist. Der kleine Garten grenzte an den Park der Villa Malta und als diese im Februar 1789 von Herzogin Anna Amalia von Sachsen-Weimar übernommen wurde, entspann sich eine enge Freundschaft zwischen ihr und Angelika, und man verband beide Gärten durch ein Tor. Der gegenüberliegende Palazzo Zuccari – hier lebte Hofrat Reiffenstein bis zu seinem Tod – hat sich dagegen kaum verändert. Zu Angelikas Zeiten war er mit ihrem Haus durch einen Bogen, den »Arco della Regina«, verbunden.

Der eigene Hausstand war also begründet, und wie es sich für wohlhabende Leute gehört, wurden Diener, Mägde und ein Kutscher eingestellt. Kaum war alles fertig und eingerichtet, da sagte sich der illustre Gast an, von dem in Rom nur wenige wußten, wer er wirklich war, und zu diesen wenigen zählte Angelika Kauffmann. In einem Brief nach Schwarzenberg berichtete sie stolz: »Ich hatte die unverhoffte Ehre, Ihre kaiserliche Majestät in meinem Hause zu sehen. Ihre Majestät hielten sich mehr als eine Stunde in meinem Malzimmer auf. Selbe besahen meine Arbeit auf das Genaueste und bezeigten das größte Vergnügen, sprachen mit mir von den Gegenden des Mutterlandes so freundschaftlich und so gütig, als es nur möglich ist, zu sprechen; Ihre Majestät beehrten mich mit der Commiserie, zwei Gemälde für Hochselbe zu malen. Sie können sich nicht vorstellen, und ich kann es nicht genugsam beschreiben, wie gnädig und gütig sich dieser große Monarch gegen mich erzeigt. Geben Sie doch diese Nachricht meinen Verwandten und Bekannten, die nach mir fragen.«

Andernorts pflegten Seine Majestät nicht ganz so gütig zu sein, wie die tief beeindruckte Angelika ihn erlebte. Vielleicht war es auch die unbeschwerte Inkognitoreise, die den Kaiser in gute Laune versetzte und das lockere Gespräch mit seiner Untertanin aus dem Bregenzerwald prägte – ein Gebiet, das er kaum kannte. So wird sich sein glattes, etwas arrogantes Juristengesicht bei Angelika entspannt haben, und er, dessen geheimer Wunsch es war, von seinem Volk geachtet und geliebt zu werden – was ihm freilich oft mißlingen mußte –, spürte hier wirklich die spontane Zuneigung der berühmten Künstlerin.

Warum aber war Kaiser Joseph II. inkognito nach Rom gekommen, und war es ein Zufall, daß zur gleichen Zeit König Gustav Adolf III. von Schweden und der bayerische Kurfürst Karl Theodor dort eintrafen? Es war natürlich kein Zufall, und der Besuch der drei Monarchen dürfte dem Heiligen Vater wenig Freude gemacht haben.

Der 1741 geborene Joseph von Habsburg-Lothringen war der älteste Sohn von Maria Theresia und Kaiser Franz I. Zwar wurde Joseph schon 1764 zum Mitregenten gekrönt, doch seine verwitwete Mutter war nicht die Frau, ihren Thron mit jemandem zu teilen, auch nicht mit dem eigenen Sohn. Joseph hatte eine glänzende Erziehung genossen, war umfassend gebildet und hatte ein Faible für die Juristerei. Als die Kaiserin 1780 starb, kam seine Stunde, und er wußte sie zu nutzen. Er hatte längst eine Liste von Reformprojekten auf Lager, von denen seine Mutter nichts wissen wollte und die nun in kürzester Zeit verwirklicht werden sollten. Ihm schwebte ein zentralistisch verwalteter Staat vor, mit einheitlicher Gesetzgebung ohne Rücksicht auf die historisch gewachsene Struktur eines Vielvölkerstaates. An der Spitze standen einschneidende kirchenpolitische Reformen, die besser zu Napoleon als zu einer »Apostolischen Majestät« gepaßt hätten.

Im Grunde nahm Joseph alles vorweg, was anderswo erst nach 1800 Schritt für Schritt verwirklicht wurde. So ergingen wenige Monate nach dem Tod seiner Mutter folgende Verfügungen: Aufhebung »aller Klöster und Stifte, die weder Schule halten noch den Beichtstuhl versehen, noch predigen ...« Ihr Vermögen wurde eingezogen und an weltliche Schulen übergeben. Päpstliche Titel und Ämter durften nicht mehr angenommen, theologische Schulen in Rom nicht mehr besucht werden.

Außerdem erließ Joseph Gesetze gegen den – wie er es verächtlich nannte – »kirchlichen Flitterstaat«.
Alles, was dem treukatholischen Volk lieb und teuer war, wurde untersagt oder weitgehend eingeschränkt: Wallfahrten, Prozessionen, Umzüge, religiöse Bruderschaften, Ablässe, kirchliche Feiertage, etc. Ein Toleranzpatent stellte die nichtkatholischen Konfessionen fast gleich. Die ganze k. u. k. Monarchie stand kopf. Niemand hatte auch nur im Traum daran gedacht, daß solche Maßnahmen überhaupt möglich seien, geschweige denn, daß sie von »oben« verfügt wurden. So hatte dieser aufklärerische Kaiser alle gegen sich: Volk, Kirche und auch den Adel, dessen Standesvorrechte er weitgehend aufhob. Das alles kam zu schnell, war zu radikal, übersprang eine Entwicklung, die anderswo erst Jahrzehnte später einsetzte. Kaiser Joseph II. kümmerte das wenig und es beeindruckte ihn auch nicht, daß sich Papst Pius VI. 1782 in eigener Person nach Wien verfügte. Diese Reise erregte ziemliches Aufsehen, denn die Päpste jener Zeit pflegten – außer auf ihren Sommersitz in den Albaner Bergen – nicht zu reisen. Wer etwas wollte, kam nach Rom. Nun, diesmal war es umgekehrt, doch der mit allen Ehren in Wien empfangene Papst erreichte so gut wie nichts – Joseph setzte sein Reformwerk ungerührt fort, übrigens zur geheimen Freude Friedrichs des Großen, der den Sohn seiner verstorbenen Erzfeindin respektierte und bei Josephs Regierungsübernahme bemerkte: »Voilà un nouvel ordre des choses!« (»Da werden die Dinge sich neu ordnen«).
Mit einem Wort: Das Josephinische Zeitalter war angebrochen. Von der einfachen Betschwester, die ihre Ablässe liebte und gern wallfahrten ging, bis hinauf zum Papst stieß Joseph mit seinen Reformen auf Ablehnung. Das Volk mußte sich fügen, darin unterschied dieser Kaiser sich nicht von anderen Barockfürsten, doch er sah schnell ein, daß ein ungnädiger Papst ihm auf die Dauer schaden konnte. So entschloß sich Kaiser Joseph zu dieser Reise nach Rom, wo er an Weihnachten 1783 uner-

wartet und inkognito auftauchte. Wie schnell und formlos diese Reise geplant war, zeigt uns ein Brief des Kaisers an seinen römischen Gesandten, den Grafen Xaver Hrzan:
»Ich gedenke bei Ihnen grad abzusteigen, mich umzukleiden, ohne Anfrage grad zum Pabsten zu fahren und durch eine Hinterstiege gleich zu ihm ins Zimmer einzutreten ...«
So schlimm wird es zwar nicht gewesen sein und mehr Zeit als die eine Stunde in Angelikas »Mahlzimmer« wird er für den Heiligen Vater schon erübrigt haben. Es wird ihm und Angelika an Gesprächsstoff nicht gefehlt haben, da sie ja in enger Verbindung mit der Schwester des Kaisers, Königin Karoline von Neapel, stand. Das fast fertige Gruppenbild der königlichen Familie war noch in Angelikas Atelier, so daß der Kaiser auf ihm seine zahlreichen Neffen und Nichten kennenlernen konnte.
Auch der bayerische Kurfürst Karl Theodor besuchte Angelikas Atelier auf dem Pincio, doch scheint er kein Bild bestellt oder gekauft zu haben. Den erbenlosen Pfälzer drückten andere Sorgen. Ursprünglich nur im Besitz der Kurpfalz, war ihm 1777 das Herzogtum Bayern in den Schoß gefallen, da auch Max III. ohne Sohn gestorben war. Der prachtliebende Pfälzer war nun auf einmal nach dem Kaiser und dem König von Preußen zum drittmächtigsten Fürsten des Reiches geworden. Für seine wenig glückliche Ehe entschädigte er sich mit einer bildhübschen Mätresse, einer ehemaligen Schauspielerin, die er zur Gräfin von Heydeck erhob und die ihm einen reichen Kindersegen bescherte. Für diese Geliebte wollte er ein Fürstentum Bretzenheim schaffen, was den bayerischen Erbfolgekrieg auslöste. Später kam er noch auf die vom Kaiser unterstützte Idee, Bayern gegen Belgien zu tauschen, was aber der 1785 gegründete Fürstenbund vereitelte.
Besucher solch hohen Ranges waren in Rom an der Tagesordnung, man regte sich nicht weiter darüber auf und in Künstlerkreisen kümmerte man sich damals ohnehin nicht viel um Politik. Weit mehr Interesse erregte ein junger französischer Maler,

der seit kurzem im Palazzo Zuccari wohnte und sich in seiner Heimat schon hohen Ruhm erworben hatte. Es war dies der fünfunddreißigjährige Jacques-Louis David (1748–1825), der vor einigen Monaten mit seinem Bild »Andromache an Hektors Leiche« in die Académie Française aufgenommen worden war. In Rom malte er im Staatsauftrag den »Schwur der Horatier« und stellte das fertige Bild im Palazzo Zuccari aus. Angelika hatte es dort gesehen, und sie bekam nun einen Begriff davon, was es heißt, »klassisch« – also im Sinne Winckelmanns – zu malen. In diesem streng komponierten Riesengemälde (3,30 mal 4,25 Meter) findet sich keine Spur mehr von barocker Theatralik, und Angelika nahm es sich zum Vorbild. Trotzdem hat sich an ihrer Malerei nicht viel geändert – sie war und blieb »die Kauffmann«, sich selbst also treu, und die Verehrer ihrer Kunst mochten sie so, wie sie war.
Werfen wir noch einen Blick auf Antonio Zucchi, den Ehemann. In seiner Art war er ein tüchtiger Maler, der in England nie ohne Arbeit war, doch wie ging es ihm in Rom, als Gatte einer weithin berühmten Künstlerin, wie kam er mit seiner Rolle zurecht? Rossi umschreibt seine Aufgaben mit den Worten:
»... er überhob sie daher jeder häuslichen Sorge, damit ihre Augenblicke nicht der Kunst geraubt wurden; in der Ausübung derselben ging er ihr mit Rat und Tat zur Hand.«
Sie wird seines Rates kaum bedurft haben, die vielbeschäftigte Angelika, doch wir wissen aus verschiedenen Quellen, daß er auch selber nicht untätig blieb. Er malte nach wie vor seine Ruinenlandschaften und soll in Rom viel aquarelliert haben – eine Technik, die er virtuos beherrschte. Goethe hat Zucchi nach einigem Widerstreben recht gerne gemocht. Anderen erschien er als eine fast lächerlich wirkende Figur, wie etwa Herder, der aus Rom seiner Frau schrieb: »Ihr alter Zucchi ist ein braver Mann in seiner Art ; er kommt mir aber immer wie ein venetianischer Alter in der Comödie vor, im Grunde wird hier alles ein Schauspiel.«

Zucchi jedenfalls spielte die Rolle, die ihm nun einmal zugefallen war, mit Würde und Anstand. Er ging seiner Frau zur Hand, wo er konnte, und wenn es darauf ankam, dann unterhielt er die zahlreichen Besucher, bis Angelika sich von ihrer Arbeit losreißen konnte. Für sie war er der ideale Mann und auf ihre Weise wird sie ihn geschätzt, geachtet, vielleicht sogar ein wenig geliebt haben.

16. KAPITEL

Der Maler Jean Philippe Möller reist nach Rom

So stand es in seinem Paß: Jean Philippe Möller aus Frankfurt, Beruf: Maler. Beim Grenzübertritt nach Österreich und später in Italien wird er ihn selten gebraucht haben, denn damals waren die europäischen Grenzen noch durchlässiger. Er führte ein Reisetagebuch und an seiner Diktion spürt der Leser, daß er mit den Augen eines Malers sah. Landschaft, Bauten, Vegetation wurden genau und liebevoll beschrieben und auch die Arbeit wird häufig erwähnt, so etwa in Malcesine am Gardasee: »Diesen Aufenthalt will ich so gut als möglich nutzen, besonders das Schloß zu zeichnen, das am Wasser liegt und ein schöner Gegenstand ist. Heute im Vorbeifahren nahm ich eine Skizze davon.«

Damals, Ende des 18. Jahrhunderts, herrschte ein sehr gespanntes Verhältnis zwischen Österreich und der Republik Venedig – dazu gehörte Malcesine in jener Zeit – so daß es auf-

Johann Wolfgang von Goethe in Italien, Zeichnung von Philipp Hackert
(AKG, Berlin)

fallen mußte, mit welchem Eifer der Maler das Schloß abzeichnete. Daraus entwickelte sich ein Abenteuer, das uns Möller geschildert hat: »Der Gegenwind, der mich gestern in den Hafen von Malcesine trieb, bereitete mir ein gefährliches Abenteuer, welches ich mit gutem Humor überstand und in der Erinnerung lustig finde. Wie ich mir vorgenommen hatte, ging ich morgens beizeiten in das alte Schloß, welches ohne Tore, ohne Verwahrung und Bewachung jedermann zugänglich ist. Im Schloßhofe setzte ich mich dem alten, auf und in den Felsen gebauten Turm gegenüber; hier hatte ich zum Zeichnen ein sehr bequemes Plätzchen gefunden … Ich saß nicht lange, so kamen verschiedene Menschen in den Hof herein, betrachteten mich und gingen hin und wieder. Die Menge vermehrte sich, blieb endlich stehen, so daß sie mich zuletzt umgab. Ich bemerkte wohl, daß mein Zeichnen Aufsehen erregt hatte; ich ließ mich aber nicht stören und fuhr ganz gelassen fort. Endlich drängte sich ein Mann zu mir, nicht von dem besten Ansehen, und fragte, was ich da mache? Ich erwiderte ihm, daß ich den alten Turm abzeichne, um mir ein Andenken von Malcesine zu erhalten. Er sagte darauf, es sei dies nicht erlaubt, und ich sollte es unterlassen. Da er dieses in gemeiner venezianischer Sprache sagte, so daß ich ihn wirklich kaum verstand, so erwiderte ich ihm, daß ich ihn nicht verstehe. Er ergriff darauf mit wahrer italienischer Gelassenheit mein Blatt, zerriß es, ließ es aber auf der Pappe liegen. Hierauf konnt' ich einen Ton der Unzufriedenheit unter den Umstehenden bemerken, besonders sagte eine ältliche Frau, es sei nicht recht! man solle den Podestà rufen ...«

Das wurde dann auch getan, aber der Bürgermeister – nicht eben der hellste Kopf – vermochte nicht einzusehen, was an diesen Ruinen bemerkenswert sei, und nach langem Hin und Her konnte Möller eine drohende Verhaftung gerade noch abwenden, nicht ohne die Hilfe eines Einheimischen, der lange in Frankfurt gearbeitet hatte und bestätigte, daß ein Bürger dieser Stadt gewiß kein Spion des österreichischen Kaisers sei – dies nämlich wurde vermutet.

Ein heiteres Abenteuer, das so manchem Maler in Italien zugestoßen sein mochte. Was aber hat dieser Möller mit Angelika Kauffmann zu tun? Möller ist natürlich Johann Wolfgang von Goethe, der im September 1786 seine Reise nach Italien antrat und in mancher schwachen Stunde tatsächlich lieber das gewesen wäre, was in seinem Paß stand – ein Maler. Das von Goethe gewählte Pseudonym war die letzte Konsequenz dieser »Flucht« – eine Flucht auch aus dem Namen, aus dem Beruf.

Tatsächlich aber hat Goethe auf dieser Reise rastlos gezeichnet und am Ende fast tausend Blätter mit nach Hause gebracht. Er nahm bei Tischbein, Angelika Kauffmann und Hackert Unterricht, hat Versuche mit der Radierkunst gemacht und mußte am Ende doch einsehen, daß er auf diesem Gebiet nicht das zu leisten vermochte, was er selber erwartete. Im Reisebuch offenbart sich Goethe nicht völlig, aber wir lernen doch einen Teil seiner Neigungen, Interessen, Vorlieben und Vorbehalte kennen. Und man spürt, er ist in Eile! Nirgendwo bleibt er sehr lange und wenn er einmal, wie in Venedig, zwei Wochen verweilt, dann interessieren ihn Dinge, die uns heute weniger oder gar nicht mehr berühren, und er übersieht geflissentlich, was für andere wichtig war. So überlegt er z. B., wie man die an sich schon saubere Stadt noch sauberer machen könnte. »So hat man immer Trieb und Lust, vor fremden Türen zu kehren.«

Soweit er die Kirchen überhaupt bemerkt, sind es natürlich die von Palladio entworfenen, dem größten Architekten der Renaissance, dem genialen Wiedererwecker antiker Bauformen, die er nicht nachbildete, sondern in ein Eigenes verwandelte. Diesen Kirchen widmet Goethe einige Seiten, dem Markusdom eine Zeile: »Die Kuppeln und Gewölbe der Markuskirche... alles ist bilderreich, alles bunte Figuren auf goldenem Grunde, alles musivische Arbeit; einige sind recht gut, andere gering...« Es interessierte ihn einfach nicht, im Gegensatz zu den Abgüssen nach antiken Skulpturen, die er im Palazzo Farsetti fand.

»Es sind Werke, an denen sich die Welt Jahrtausende freuen und bilden kann...« Ja, da geht ihm das Herz auf und die Feder läuft ihm über. Was Goethe in Italien sucht, wird an dem Motto deutlich, das er über die »Italienische Reise« schrieb: »Auch ich in Arkadien!«

Dabei hat er einen offenen Blick für Geologisches oder Botanisches. Keine Steinschichtung, keine seltsame Pflanze entgeht der Aufmerksamkeit des umfassend gebildeten Amateurwissenschaftlers: Alles wird liebevoll geschildert.

Einen Tag verbringt Goethe in Ferrara: »... hier wohnte Ariost unzufrieden, Tasso unglücklich, und wir glauben uns zu erbauen, wenn wir diese Stätte besuchen.« Goethe hatte in Weimar schon zwei Akte eines »Tasso« in Versen als Fragment zurückgelassen. In Rom schuf er später die Prosafassung, und wir können annehmen, daß diese Erfahrung an Ort und Stelle auch auf das ungeschriebene Werk einigen Einfluß hatte. Ohne es zu wissen, war sogar Angelika daran beteiligt.

Über Ferrara geht es weiter nach Bologna, »wo ich nicht lange zu verweilen gedachte« und wo ihn vor allem die Werke der Renaissancemaler anziehen. Daß er nicht viel von Malerei versteht, hat er selber einige Male zugegeben; er betrachtet die Bilder gerne subjektiv, und ihn berührt mehr das Sujet als Stil und Technik. Später wird er mit Angelika zusammen unermüdlich in Rom die Gemäldesammlungen besuchen und wird sehr viel dazulernen. Bologna ist reich an Kunstwerken, daß Goethe resignierend bemerkt:

»... aber es geht mit der Kunst wie mit dem Leben: je weiter man hineinkommt, je breiter wird sie.«

Er bleibt kaum zwei Tage in Bologna und muß schon gestehen: »Ich fühle mich unwiderstehlich vorwärts gezogen; nur mir Mühe sammle ich mich an dem Gegenwärtigen. Und es scheint, der Himmel erhört mich. Es meldet sich ein Vetturin gerade nach Rom und so werde ich übermorgen unaufhaltsam dorthin abgehen.«

Weiter geht es nach Perugia und Assisi, wo er anmerkt: »Die ungeheuren Substruktionen der babylonisch übereinander getürmten Kirchen, wo der heilige Franziskus ruht, ließ ich links, mit Abneigung ...«

So geht es auf dieser ganzen Reise: Alles Mittelalterliche oder gar Barocke stößt ihn ab, während jeder Stein aus der römischen Antike ihn magisch anzieht.

Und dann – endlich, endlich! Ende Oktober ist es soweit: »Morgen abend also in Rom. Ich glaube es noch jetzt kaum, und wenn dieser Wunsch erfüllt ist, was soll ich mir nachher wünschen?«

Am Tag des Allerheiligenfestes ist er dann am Ziel, und nun kommt es ihm erst zum Bewußtsein, wie hastig er diese Reise hinter sich gebracht hat.

»Über das Tiroler Gebirg bin ich gleichsam weggeflogen. Verona, Vicenz, Padua, Venedig habe ich gut, Ferrara, Cento, Bologna flüchtig und Florenz kaum gesehen. Die Begierde, nach Rom zu kommen, war so groß, wuchs so sehr mit jedem Augenblick, daß kein Bleibens mehr war und ich mich nur drei Stunden in Florenz aufhielt. Nun bin ich hier und ruhig und, wie es scheint, auf mein ganzes Leben beruhigt. Denn es geht, man darf wohl sagen, ein neues Leben an, wenn man das Ganze mit Augen sieht, das man teilweise in- und auswendig kennt. Alle Träume meiner Jugend seh' ich nun lebendig ... seh' ich nun in Wahrheit, und alles, was ich in Gemälden und Zeichnungen, Kupfern und Holzschnitten, in Gips und Kork schon lange gekannt, steht nun beisammen vor mir ... es ist alles, wie ich mir's dachte und alles neu.«

Eine Huldigung an Rom und Italien ohnegleichen, und ganz gewiß nicht nur so hingesagt, sondern aus voller Überzeugung.

Die ersten Tage wohnt Goethe noch in einem Gasthof, wo ihn gleich der Maler Johann Heinrich Tischbein besucht, dem er von Weimar aus ein mehrjähriges Stipendium verschafft hat. Tischbein schlägt vor, Goethe möge in dem Haus, das er und einige andere deutsche Künstler bewohnen, Quartier nehmen, und dieser willigt zu Tischbeins Überraschung ein. Für einen adligen Geheimrat war das Zimmer mehr als bescheiden, doch er behielt es während seines ganzen römischen Aufenthalts bei. Auch dies ein Programm, ein Herausschlüpfen aus den bisherigen Lebensumständen. So wird in den Wohnlisten des Bezirks, der sich »am Corso bei Rondanini« nennt, eingetragen:

»Filippo Miller, tedesco, pittore, 32.«

Wie man sieht, stimmen nicht nur Name und Beruf nicht, er hat sich auch um fünf Jahre jünger gemacht. Der Ausstieg ist also komplett, das Inkognito vollkommen, doch wir werden sehen, daß Goethe dennoch schnell wieder er selber wurde. In diesem Zusammenhang sei aus einem Brief zitiert, den der Bildhauer Alexander Trippel – von ihm wird noch öfter die Rede sein – an einen unbekannten Adressaten richtete: »Der Herr Göde ist vor ungefähr vier Wochen hierher gekommen unter dem Namen Müller eines teutschen Gelehrten, er logiert beim Tischbein, er geht bei niemand als beim Reiffenstein und bei der Angelika Kauffmann, denn sie haben einen Komplott gemacht, daß der nirgends darf hingehen, als wo sie ihn hinführen, also dieser große Löwe läßt sich durch die Gasse an der Nase herumführen. Es heißt, er bleibt den ganzen Winter hier, und er schreibt Tragödi die Iphgenia. Er ist einmal bei mir gewesen, sonsten bei keinem anderen.«

Stil und Grammatik lassen zwar sehr zu wünschen übrig, doch ist dieser Brief insofern recht aufschlußreich, denn er verrät uns, wie man Goethe in Intellektuellenkreisen damals einschätzte. Wenn der »große Löwe« von Trippel auch ironisch gemeint war, so spürt man doch den Respekt, der zwischen den Zeilen durchschimmert. Daß Goethe ganz von Angelika und Reiffenstein mit Beschlag belegt war, erfahren wir auch; das mag zwar Trippels eigene Version sein, doch etwas Wahres war sicher dran. Ehe wir uns mit Goethes Verhältnis zu Angelika befassen, sehen wir uns an, wie er sich in Rom einrichtete. Wie es scheint, legte er sich bald ein Liebchen zu, denn auf einer Skizze von Tischbein sehen wir sein bescheidenes Zimmer mit Reisekiste, Büchern, Gipsabgüssen und einem »letto matrimoniale« (zweischläfriges Bett, Ehebett). Goethe ist dargestellt, wie er auf das Bett zustürzt und eilig nach dem zweiten Kissen greift, um es zu entfernen. Nach Art unserer heutigen Comicstrips hat Tischbein seinem Freund die Worte: »Das verfluchte zweite Kissen!« vor den Mund geschrieben. Natürlich ist auch dieses Liebchen kein Geheimnis geblieben. Man hat sie als eine junge Frau namens Faustina Antonini identifiziert, die zwar niemals in der »Italienischen Reise«, dafür aber später in den »Römischen Elegien« auftaucht.

Laß dich, Geliebte, nicht reun, daß du mir so schnell
dich ergeben!
Glaub es, ich denke nicht frech, denke nicht niedrig von dir.
Vielfach wirken die Pfeile des Amor: einige ritzen,
Und vom schleichenden Gift kranket auf Jahre das Herz.
Aber mächtig befiedert, mit frisch geschliffener Schärfe
Dringen die andern ins Mark, zünden behende das Blut.

Faustina wird wohl nie erfahren haben, daß ihre Liebschaft mit dem netten deutschen Maler sie zu einer Gestalt der Weltliteratur gemacht hat. Richard Friedenthal ist der Meinung, die »Italienische Reise« sei ohnehin nur eine Art Torso, mit anderen Worten: Goethe nahm nur auf, was ihm geeignet schien, und hat etliches unterschlagen oder nicht notiert. Das war sein gutes Recht, in Rom spielte er mit Genuß seine Rolle als »Maler Möller« unter anderen Künstlern – eine Rolle, von der er wußte, daß die meisten sie durchschauten oder nicht ernst nahmen.
Er aber genoß sein »Künstlerleben« und das wird nahezu aus jeder Seite seines Reisebuchs deutlich. Er läßt sich treiben, schließt Freundschaften mit Künstlern und Schriftstellern wie Angelika Kauffmann, Hackert, Trippel und Karl Philipp Moritz (1756–1793), den er sehr schätzte und von dem er sagte: »Es ist ein reiner trefflicher Mann, an dem wir viel Freude haben.«
Das Schicksal hatte es bisher weniger gut mit dem Sturm-und-Drang-Dichter gemeint, der sich nach einer elenden Jugend als Schauspieler versuchte, studierte, als Prediger und Lehrer wirkte, schließlich Professor in Berlin und danach Redakteur an der »Vossischen Zeitung« wurde. Er stürzte sich in eine Leidenschaft für eine verheiratete Frau und floh vor diesen Herzensnöten nach Italien, wo er Goethes Freundschaft gewann. Arno

Schmidt prägte für Dichter seiner Art das Wort »Schreckensmänner« und sagte von ihnen:
»... im Leben versagt man ihnen das Brot; im Tode sogar den Stein!«
Eine solch schlimme Wendung nahm es mit Moritz nun doch nicht, denn Goethe setzte sich später in Weimar für ihn ein, und er wurde Professor für Altertumskunde an der Berliner Kunstakademie.
Sein bedeutendstes Werk ist der Entwicklungsroman »Anton Reiser«, ein heute noch lesbares, großartiges Buch, in dem er seine harte Jugend autobiographisch verarbeitete. Vielleicht ist es Goethe in Rom gelungen, dem depressiven Wirrkopf etwas von der eigenen Gelassenheit zu vermitteln. Goethe empfand Rom als eine Wiedergeburt und bringt einen recht aufschlußreichen Vergleich: »Wie mir's in der Naturgeschichte erging, geht es auch hier; denn an diesen Ort knüpft sich die ganze Geschichte der Welt an, und ich zähle einen zweiten Geburtstag, eine wahre Wiedergeburt, von dem Tage, da ich Rom betrat.«

17. KAPITEL

Die zarte Seele Angelika ...

Goethes Tagebuch in seiner bewußt fragmentarischen Art läßt nicht eindeutig erkennen, wann sie einander zum ersten Mal begegnet sind, die berühmte Malerin und der auf den ersten Sprossen der Ruhmesleiter stehende Goethe. Doch aus den Briefen nach Weimar erfahren wir mehr. Goethe war eine Woche in Rom, als er nach Hause schrieb:

»Bei Angelika Kauffmann bin ich zweimal gewesen, sie ist gar angenehm, und man bleibt gerne bei ihr. Hofrat Reiffenstein erzeigt mir viel Gefälligkeit. An Trippeln habe ich einen sehr braven Künstler kennen lernen. Und nicht genug kann ich sagen, was Tischbein ein guter und natürlich verständiger Mensch ist... Ein saures und trauriges Geschäft ist es, das alte Rom aus dem neuen heraus zu suchen, und doch muß man es, und es gibt die beste Freude. Man trifft Spuren einer Herrlichkeit und einer Zerstörung, die beide über unsre Begriffe gehn.

Was die Barbaren stehen ließen, haben die Baumeister des neuen Roms verwüstet.«
Die hier genannten Personen werden auch künftig Goethes Hauptumgang in Rom sein; mit den »Baumeistern des neuen Rom« ist natürlich alles gemeint, was nach der Antike zu bauen wagte – also Mittelalter, Renaissance und Barock. Auch in einem Brief vom 17./20. Januar 1787 an Frau von Stein nennt Goethe Angelikas Namen: »Gestern Abend verlangte Angelika, daß ich ihr etwas aus der Iphigenie läse, ich sagte ihr, daß ich verlegen sei wegen der Seltsamkeit des Versuchs, den ich mit diesem Stück gewagt. Dagegen erzählte ich ihr und ihrem alten italienischen Gemahl den Plan und Gang des Stückes, sie hatten viel Freude daran. Du hättest sehen sollen, wie der Alte alles so gut sentierte, von ihr versteht sichs von selbst.«
In der »Italienischen Reise« taucht Angelika erstmals am 22. Januar 1787 auf: »Schon früher, aber besonders bei der Aufführung des Aristodem, erwachte der Patriotismus unserer deutschen Künstler. Sie unterließen nicht, Gutes von meiner Iphigenia zu reden; einzelne Stellen wurden wieder verlangt, und ich fand mich zuletzt zu einer Wiederholung des Ganzen genötigt. Auch da entdeckte ich manche Stelle, die mir gelenker aus dem Munde ging, als sie auf dem Papier stand. Freilich ist die Poesie nicht fürs Auge gemacht.
Dieser gute Ruf erscholl nun bis zu Reiffenstein und Angelika, und da sollte ich denn meine Arbeit abermals produzieren. Ich erbat mir einige Frist, trug aber sogleich die Fabel und den Gang des Stücks mit einiger Umständlichkeit vor. Mehr als ich glaubte, gewann sich diese Darstellung die Gunst gedachter Personen; auch Herr Zucchi, von dem ich es am wenigsten erwartet, nahm recht freien und wohlempfundenen Anteil. Dieses klärt sich aber dadurch sehr gut auf, daß das Stück sich der Form nähert, die man im Griechischen, Italienischen, Französischen längst gewohnt ist und welche demjenigen noch immer

am besten zusagt, welcher sich an die englischen Kühnheiten noch nicht gewöhnt hat.«
Ob Herr Zucchi, von dem er es »am wenigsten erwartet«, nun wirklich »recht freien und wohlempfundenen Anteil« an seiner »Iphigenie« nahm, muß fraglich bleiben und wird wohl eine cortesia des noblen alten Venezianers gewesen sein, der nicht oder nur wenig Deutsch sprach. Es ist natürlich denkbar, daß Angelika ihm Goethes Vortrag synchron oder zusammenfassend übersetzte. Daß sie selbst beeindruckt war, ist wohl anzunehmen, denn dieses Schauspiel bewegte sich in einer Welt, die sie kannte und malerisch nachvollzog.

Denn ach! mich trennt das Meer von den Geliebten,
Und an dem Ufer steh ich lange Tage,
Das Land der Griechen mit der Seele suchend;
Und gegen meine Seufzer bringt die Welle
Nur dumpfe Töne brausend mir herüber.

So sehr dies allen Jüngern Winckelmanns, ob Maler oder Dichter, ins Gemüt drang, so enttäuschte es jene, die sich etwas im Stile des »Werther« erhofft hatten. Doch der Beifall überwog, und er kam vorwiegend aus dem Kreis um Angelika Kauffmann, der nachdrücklich von Winckelmanns Thesen geprägt war.
Auch seinem Freund und Gönner, dem Herzog Karl August, berichtet Goethe in einem kurzen Brief von seinen ersten römischen Eindrücken. Von den neuen Bekannten nennt er nur einen einzigen Namen:
»Von interessanten Männern hab' ich manchen, von Weibern außer Angelika nur eine kennengelernt. Mit dem schönen Geschlecht kann man sich hier, wie überall, nicht ohne Zeitverlust einlassen.«

Amor und Psyche, ein Gemälde von Angelika Kauffmann
(Bildarchiv Foto Marburg)

Wer aber war nun die eine, außer Angelika? Ihr Kopf zierte vermutlich das »verfluchte zweite Kissen«...

Inzwischen wußte natürlich die ganze deutsche Kolonie, wer dieser »Maler Möller« in Wirklichkeit war, und wer sonst nichts von Goethe kannte, dem war gewiß sein einziger Bestseller, das in viele Sprachen übersetzte Kultbuch »Die Leiden des jungen Werthers« vertraut, das 1774, also vor nunmehr dreizehn Jahren, erschienen war und Goethes Namen durch Europa trug. Sogar der vielbeschäftigte Napoleon las das Buch siebenmal und nahm es auf allen Feldzügen mit. Er war davon so angeregt, daß er selbst einen kleinen Roman im Wertherstil schrieb, doch es wurde nur eine klägliche Schnulze daraus.

Goethes Sturm-und-Drang-Roman hatte eine sehr starke, nicht nur geistige Wirkung auf die Jugend jener Epoche. Junge Herren trugen die Werthertracht mit blauem Frack, gelber Weste und Hose, dazu Stulpenstiefel. In dieser Kleidung erschoß sich so mancher Jüngling im Überschwang der Gefühle. Von einer ähnlichen Wirkung auf die in der Regel nüchterner denkenden Frauen ist übrigens nichts bekannt. Es gab anonyme Fortsetzungen des »Werther«, es wurden Parodien auf ihn verfaßt – er war der erste deutsche Roman, der in ganz Europa Geltung und Beachtung fand.

Diesen Goethe kannte nun jeder, war neugierig auf den berühmten Dichter und wollte wissen, woran er jetzt arbeitete. Natürlich erwartete man von ihm wieder etwas im Stil des Sturm-und-Drang und nicht wenige waren enttäuscht, als er in Rom aus seiner Iphigenie vorlas. Doch auch er war fortgeschritten, auch er wollte etwas im »klassischen« Geist schaffen, etwas von »edler Einfalt und stiller Größe« Inspiriertes. Da lag es auf der Hand, daß er sich ein Thema aus der griechischen Sagenwelt erkor, und er machte es sich nicht leicht. Die erste Prosafassung hatte er dreimal umgearbeitet und was er Angelika vortrug, war die endgültige Fassung in Versen.

Goethes spontane Zuneigung galt nicht Angelika als Frau, sondern dem gütigen, bescheidenen Menschen, der tüchtigen und fleißigen Künstlerin. Außer an seiner »Iphigenie« arbeitete Goethe in Italien am »Egmont« und »Tasso«, daneben entstand seine »Italienische Reise« und noch manches andere, ganz abgesehen von einer regen Korrespondenz. Daß nun Angelika eine nicht weniger fleißige, ja besessene Arbeiterin war, imponierte ihm: »Sie arbeitet so viel und so gut, daß man gar keinen Begriff hat, wie's möglich ist, und glaubt doch immer, sie mache nichts.« Genau diesen Eindruck konnte man auch von ihm gewinnen. Er streift in Rom umher, wir treffen ihn bei seinen Künstlerfreunden, die mit ihm in dem Haus am Corso wohnen, wir sehen ihn an der Seite Angelikas – er ist hungrig nach Menschen, nach Kunst, er besucht Theater und Konzerte, stöbert in Buchhandlungen, und schließlich war da auch noch das zweite Kissen ... Wer die »Italienische Reise« aufmerksam liest, wird bemerken, daß Goethe sich in Rom innerhalb von drei Kreisen bewegte. Da war einmal sein ganz privater Bereich: die Arbeit an seinen Werken, die einsamen Wanderungen durch Rom und Umgebung. Der zweite Kreis waren seine Künstlerfreunde, von denen einige im selben Haus wohnten – also sein Nachbar Tischbein, sein Dichterfreund Moritz, der Bildhauer Trippel und noch etliche, die wiederum keine Verbindung oder keinen Zugang hatten zu den Menschen um Angelika Kauffmann, wo der europäische Adel verkehrte und sogar der Kaiser zu Besuch gewesen war. Aus einem Brief von Alexander Trippel wissen wir, daß die jungen, idealistisch gesonnenen Künstler den Kreis um Angelika und Reiffenstein mieden, obwohl es schon vorkam, daß sich der eine oder andere in Angelikas Atelier verirrte. Es paßte zu Goethe und vermutlich genoß er es auch, überall beliebt und geachtet zu sein, doch ein wenig stand er über all dem – er, der dabei war, den Olymp zu erklimmen. Wenn einige seiner römischen Freunde heute noch bekannt und genannt sind, dann haben sie es ihm und seinem späteren Weltruhm zu verdanken.

Nun aber zog es ihn machtvoll weiter nach Süden, er wollte Neapel sehen und spielte mit dem Gedanken, Sizilien zu besuchen – Sizilien, das ja eigentlich ein Stück des alten Hellas war und wo es mehr intakte griechische Tempel gab als im Mutterland, das damals fast nur Trümmerhaufen zu bieten hatte; denn vieles wurde erst lange nach Goethe wieder aufgebaut.
Ehe Goethe die Reise antrat, hielt er noch eine Dichterlesung auf dem »Olymp« – in diesem Falle war es Angelikas Haus auf dem Pincio.
»Vor meiner Abreise nach Neapel konnte ich einer nochmaligen Vorlesung meiner Iphigenia nicht entgehen. Madam Angelika und Hofrat Reiffenstein waren die Zuhörer, und selbst Herr Zucchi hatte darauf gedrungen, weil es der Wunsch seiner Gattin war; er arbeitete indes an einer großen architektonischen Zeichnung, die er in Dekorationsart vortrefflich zu machen versteht. Er war mit Clérisseau in Dalmatien, hatte sich überhaupt mit ihm assoziiert, zeichnete die Figuren zu den Gebäuden und Ruinen, die jener herausgab, und lernte dabei so viel Perspektive und Effekt, daß er sich in seinen alten Tagen auf eine würdige Weise auf dem Papier damit vergnügen kann.
Die zarte Seele Angelika nahm das Stück mit unglaublicher Innigkeit auf; sie versprach mir eine Zeichnung daraus aufzustellen, die ich zum Andenken besitzen sollte. Und nun gerade, als ich mich von Rom zu scheiden bereite, werde ich auf eine zarte Weise mit diesen wohlwollenden Personen verbunden. Es ist mir zugleich ein angenehmes und schmerzliches Gefühl, wenn ich mich überzeuge, daß man mich ungern wegläßt.«
Ja, Angelikas Gesellschaft behagte Goethe über alle Maßen, hier fühlte er sich verstanden und anerkannt für ein Werk, das eben keine Fortsetzung des »Werther« war, und er schrieb begeistert nach Weimar an Charlotte von Stein: »Wenn ich nur erst erfahre wie ihr Iphigenien aufgenommen. Ich habe sie gestern der Angelika vorgelesen und freute mich sehr über die

gute Art wie sie das Gedicht empfand. Sie ist eine treffliche zarte, kluge, gute Frau, meine beste Bekanntschaft hier in Rom.«

Am 22. Februar 1787 bricht Goethe nach Neapel auf, doch selbst dort, in der quirligen, lauten und volkreichen Stadt reißen die Bande nach Rom noch nicht ab, seine Gedanken kehren immer wieder dorthin zurück. Am 13. März notiert er: »Noch weiß ich nicht, wie es weiter mit mir werden wird: alles will mich auf Ostern nach Rom zurück haben. Ich will es ganz gehen lassen. Angelika hat aus meiner Iphigenie ein Bild zu malen unternommen; der Gedanke ist sehr glücklich, und sie wird ihn trefflich ausführen. Den Moment, da sich Orest in der Nähe der Schwester und des Freundes wiederfindet. Das, was die drei Personen hintereinander sprechen, hat sie in eine gleichzeitige Gruppe gebracht und jene Worte in Gebärden verwandelt. Man sieht auch hieran, wie zart sie fühlt und wie sie sich zuzueignen weiß, was in ihr Fach gehört.«

Lassen wir Goethe also ziehen und kehren auf den Pincio zurück.

18. KAPITEL

Die Muse von Rom

In diesen Jahren stand Angelika Kauffmann auf dem Höhepunkt ihres Ruhms – den Höhepunkt ihrer Kunst hatte sie wahrscheinlich schon überschritten. Sie hatte ihren Platz gewählt und nützte mit Fleiß und Umsicht ihr Talent. Giovanni Rossi hat ein anschauliches Bild ihres Lebens und Wirkens in jener Zeit gezeichnet.

»Nachdem sich Angelika nunmehr in Rom förmlich niedergelassen hatte, wählte sie eine Lebensweise, die jedem anderen übertrieben arbeitsam, ja mühsam erschienen wäre, die aber für sie, von Jugend auf an strenge Arbeitsamkeit gewöhnt und in ihre Kunst verliebt, wahrhaft angenehm war. Mit dem frühen Morgen begann sie zu zeichnen oder zu malen und nachdem sie gegen Mittag eine geringe Erquickung genossen hatte, nahm sie die Reißfeder oder den Pinsel wieder zur Hand und arbeitete ununterbrochen, wenigstens im Winter, bis zum Sonnenuntergang fort. Erst dann speiste sie zu Mittag und brachte den Abend in Gesellschaft gebildeter Männer, meistens von Kunstverständigen, zu. Der Rat Reiffenstein, der berühmte Landschaftsmaler Hackert, der rühmlichst bekannte Kupferstecher Volpato, der damalige Abt und spätere Kardinal Spina und andere verdienstvolle Männer, welche im Laufe ihres Lebens durch ebenso achtungswürdige Personen ersetzt wurden, bildeten hauptsächlich ihre Gesellschaft. Jeder gebildete Reisende, der sich in Rom aufhielt, konnte sich dem anschließen und jedermann, der ihre herrlichen Werke bewundert hatte, wünschte auch, deren vortreffliche Schöpferin kennen zu lernen.

Ihre Art, sich in Gesellschaft zu benehmen, war überaus angenehm. Sie nahm an jedem Gespräch gerne teil und interessierte sich für alles; denn ihre Bildung war vielseitig und gründlich. Sie tat dies jedoch in aller Bescheidenheit und ließ nie eine entschieden vorgetragene Behauptung über ihre Lippen kommen. Sogar von Kunstsachen sprach sie sehr zurückhaltend, so daß es schien, als wolle sie das, was sie meisterhaft lehren konnte, von anderen lernen. Immer ferne von aller Eifersucht lobte sie die Werke anderer Künstler und suchte an den weniger gelungenen etwas Gutes zu finden und zu loben. Jedoch vermied sie dabei jede Schmeichelei, und wenn jemand über seine eigenen Arbeiten ihren Rat verlangte, dann erteilte sie ihn ebenso bescheiden wie aufrichtig.«

Ein rechtes Loblied, das uns Rossi da singt, doch er kannte die Künstlerin noch persönlich, und was er berichtet, haben andere bestätigt. Im übrigen muß man sich schon fragen, warum Rossi Goethe nicht erwähnt hat. Sollte er unter den »gebildeten Reisenden« sein, die Rossi als Angelikas Besucher nennt? Die Erklärung ist einfach: Für Rossi als Italiener bedeutete der als Philippe Möller in Rom lebende Goethe nichts. Er war einer unter den vielen deutschen Besuchern und Goethes Werk war damals in Italien, vom »Werther« abgesehen, kaum bekannt.

Hero und Leander, ein Gemälde von Angelika Kauffmann
(Bildarchiv Foto Marburg)

Für Rossi lag es näher, den Abbé Spina zu erwähnen, denn der war durch die Jahre ein ständiger Gast bei den Zucchis und wurde später immerhin Kardinal. Den Kupferstecher Giovanni Volpato (1733–1803) erwähnt auch Goethe mehrmals; sein Bildnis ist nach Angelikas Zeichnung in einer Radierung überliefert.
Und immer wieder waren es Engländer, die ihre »Miss Angel« in Rom besuchten. Meist waren es Adlige, die Angelika oft schon aus London kannte und für die ein Besuch bei ihr obligatorisch war. Zu den reizendsten Bildnissen aus jenen Tagen gehört das Doppelporträt des Prinzen William von Gloucester und seiner Schwester Sophia Mathilda, das Angelika 1787 von den elf- und vierzehnjährigen Kindern malte. Ihre weiche und empfind-

same Malweise eignete sich besonders für Kinderdarstellungen und dieses hier mit seinem romantischen Landschaftshintergrund läßt uns ganz spontan an Gainsborough denken, den sie übrigens in London nicht näher kennengelernt hat – zumindest ist nichts darüber bekannt. Er war einer der bedeutendsten Bildnis- und Landschaftsmaler seiner Epoche und lebte seit 1774 in London. Er wurde vom Hof geschätzt und gefördert, sah in Reynolds seinen einzigen ernsthaften Konkurrenten und war – obwohl selber Mitglied – auf die Künstler der Royal Academy nicht gut zu sprechen. So hat er wohl Angelikas Kreise nicht berührt, doch sie kannte wie jedermann seine Bilder und geriet manchmal – bewußt oder unbewußt–unter seinen Einfluß. Warum aber malte Angelika nicht endlich ein Bild ihres so hochgeschätzten Gastes? Sie wird es wohl erwogen, vielleicht Goethe auch angetragen haben, doch in seiner ersten römischen Zeit fehlte ihm vielleicht noch die Geduld zu längeren Sitzungen. Goethe war bis Ende März in Neapel geblieben und landete am 2. April 1787 mit einem Schnellsegler in Palermo. Er war während der Überfahrt ständig seekrank gewesen, doch mit Kraft und Selbstdisziplin bekam er das Übel in den Griff: »Ich begab mich in meine Kammer, wählte die horizontale Lage, enthielt mich, außer weißem Brot und rotem Wein, allen Speisen und Getränken und fühlte mich ganz behaglich ...«

Er arbeitete am zweiten Akt des »Tasso«; die einzige Arbeit, wie er betont, die er mit auf See genommen hatte.

Auf Sizilien konnte Goethe in antiken Tempelruinen nach Herzenslust schwelgen; die berühmten Mosaiken im Kloster Monreale übersah er geflissentlich. Sein Begleiter, der liebenswürdige und diensteifrige Zeichner Christoph Heinrich Kniep (1748 –1825) diente ihm quasi als Reisephotograph und mußte alles Sehenswerte aufnehmen.

Am 8. Juni ist Goethe wieder in Rom. In Neapel hatte ihm Hackert klargemacht, daß es mit seiner Zeichenkunst nicht zum besten bestellt sei, aber er könne ihn innerhalb von achtzehn

Monaten alles Nötige lehren. Doch die Lockung Roms ist größer. Hat er nicht hier auch Malerfreunde, die ihm das Zeichnen beibringen können? In einem Brief nach Weimar heißt es: »Jetzt fangen erst die Bäume, die Felsen, ja Rom selbst an, mir lieb zu werden; bisher hab' ich sie immer nur als fremd gefühlt; dagegen freuten mich geringe Gegenstände, die mit denen Ähnlichkeit hatten, die ich in der Jugend sah. Nun muß ich auch erst hier zu Hause werden, und doch kann ich's nie so innig sein als mit jenen ersten Gegenständen des Lebens... Während meiner Abwesenheit hatte Tischbein ein Gemälde von Daniel von Volterra im Kloster an der Porta del Popolo entdeckt; die Geistlichen wollten es für tausend Scudi hergeben, welche Tischbein als Künstler nicht aufzutreiben wußte. Er machte daher an Madame Angelika durch Meyer den Vorschlag, in den sie willigte, gedachte Summe auszahlte, das Bild zu sich nahm und später Tischbein die ihm kontraktmäßige Hälfte um ein Namhaftes abkaufte. Es war ein vortreffliches Bild, die Grablegung vorstellend, mit vielen Figuren.«
Tischbein scheint auch als Kaufmann recht geschickt gewesen zu sein, denn der ganze Handel lief doch darauf hinaus, daß Angelika ihm für seine Entdeckung eine fette Provision auszahlte. Nun jedenfalls hatten seine Freunde ihn wieder, ihren »Maler Möller« und einer seiner ersten Besuche führte ihn hinauf zum Pincio; denn nun sollte endlich sein Porträt in Angriff genommen werden. Dieses Bild führt uns tiefer in das Verhältnis von Angelika zu Goethe und am Anfang unserer Überlegungen soll seine eigene Meinung dazu stehen: »Tischbein ist sehr brav, doch fürchte ich, er wird nie in einen solchen Zustand kommen, in welchem er mit Freude und Freiheit arbeiten kann... Mein Porträt wird glücklich; es gleicht sehr, und der Gedanke gefällt jedermann. Angelika malt mich auch, daraus wird aber nichts; es verdrießt sie sehr, daß es nicht gleichen und werden will. Es ist immer ein hübscher Bursche, aber keine Spur von mir.«

Warum aber wurde nichts daraus? Schließlich hielt Goethe sich noch bis Ostern nächsten Jahres in Rom auf und Angelika sah ihn noch viele Male.
Goethe war in allen Lebensphasen – auch im hohen Alter – ein sehr viriler Mann. Mit seiner kraftvollen Gestalt fiel er unter seinen vielen Freunden in Rom deutlich auf. Friedrich Müller (1749 – 1825), Maler und Dichter, schildert das so: »In der Tat sah Bury wie ein junges Mädchen mit vollen Wangen aus, Tischbein hatte etwas Subalternes und Gedrücktes in seinem Wesen und Moritz ähnelte mit seinem stumpfnasigen und verstörten Gesicht dem unglücklichen Lenz.«
Gegen diese Jünglinge muß Goethe also wie ein Adonis gewirkt haben und Angelika, das zarte Wesen, fühlte sich von diesem Mannsbild bedroht. Sie wurde sich dessen nicht bewußt; Goethe war schließlich einer ihrer besten Freunde und auch nur Andeutungen eines sexuellen Begehrens hat es von ihm gewiß nicht gegeben – das zweite Kissen in seinem Zimmer war einer anderen zugedacht.
Aus psychologischer Sicht war das für die arme Angelika eine fatale Lage. Sie mochte diesen schönen, gescheiten und berühmten Mann, er gehörte zu ihrem engsten Kreis, war ihr vertraut wie kaum ein anderer. Doch unterbewußt fürchtete sie den Mann Goethe und verlor so ihre künstlerische Unbefangenheit. Nennen wir die Dinge ruhig beim Namen. Mit an Sicherheit grenzender Wahrscheinlichkeit war Angelika noch Jungfrau, hatte nie einen Orgasmus erlebt, hatte also im Sinne des Wortes keinen Mann »erkannt« und darum mit ihren Männerbildnissen wenig Glück. Dieser jungfräuliche Schutzmechanismus blieb außer Kraft, wenn hinter dem Dargestellten keine »Bedrohung« stand, also bei Knaben, Greisen, Homosexuellen oder wenn eine gesellschaftliche Barriere bestand, wie etwa beim König von Neapel.
Das Porträt also wollte, ja, es konnte nichts werden.
Versuchen wir es mit einem Vergleich. Etwa drei Jahre nach

Angelikas gescheiterten Malversuchen zeichnete Johann Heinrich Lips (1758 – 1817) in Weimar ein Bildnis von Goethe, das dieser selbst als außerordentlich ähnlich und gelungen fand. In diesen drei Jahren wird sich Goethe äußerlich kaum verändert haben. Das Lipsporträt zeigt einen eher schmalen, etwas kantigen Kopf, ein eckiges Kinn, einen festen, männlichen, etwas vollen Mund, eine kräftige dominierende Nase, eine hohe Stirn und die auf fast allen Porträts erscheinenden großen, ausdrucksvollen Augen.

Nun zu Angelikas Bildnis, das Goethe im leichten Halbprofil darstellt. Hier ist der Mund breiter und weicher geworden, das Kinn, ja der ganze Kopf geht mehr ins Rundliche, wie überhaupt das Schädelgerüst wenig durchmodelliert, sondern weich und verschwommen erscheint. Die sonst weit geöffneten Augen mit ihrem Abstand gebietenden, etwas harten Forscherblick, sind schmal und seelenvoll geworden und stehen auch zu weit auseinander. Es ist auch kaum zu übersehen, daß Goethe auf diesem Bild wie Angelikas Bruder wirkt. Die Ähnlichkeit mit ihren Selbstbildnissen aus jener Zeit ist unverkennbar, vor allem, was die Augen und den Mund betrifft. Angelika versuchte also, das Mannsbild zu entschärfen, indem sie es kurzerhand zu dem ihres Bruders machte.

Goethe aber nimmt den – wie er denkt – mißlungenen Versuch mit Humor, weder bringt ihn das aus seiner Ruhe, noch macht es ihm Angelikas Gesellschaft weniger lieb und wertvoll. Ganz im Gegenteil. Gerade in jener Zeit wird das Verhältnis noch enger, wenn auch bei ihm ein Rest von Zurückhaltung bleibt, was der Schilderung seiner Lebensumstände vom 6. Juli 1787 zu entnehmen ist.

»Am Anfang der Woche konnt' ich's nicht absagen, hie und da zu essen. Nun wollen sie mich hier- und dahin haben; ich lasse es vorübergehen und bleibe in meiner Stille. Moritz, einige Landsleute im Hause, ein wackerer Schweizer, sind mein gewöhnlicher Umgang. Zu Angelika und Rat Reiffenstein geh' ich auch; überall mit meiner nachdenklichen Art, und niemand ist, dem ich mich eröffnete.«

Trotz der immer wieder erwähnten großen Hitze setzte das Freundespaar seine Kunstexkursionen fort. Am 15. Juli finden wir die beiden in der »Farnesina « , einer in Trastevere gelegenen Villa, deren Erbauung Raffael zugeschrieben wird.

Angelika zeigt dem Freund die herrlichen Fresken von Raffael, Sodoma, del Piombo und Peruzzi. Goethe schreibt am nächsten Tag in einem Brief:

»Gestern war ich mit Angelika in der Farnesina, wo die Fabel der Psyche gemalt ist. Wie oft und unter wie manchen Situationen hab' ich die bunten Kopien dieser Bilder in meinem Zimmer mit euch angesehn!«

Tags darauf finden wir ihn bei dem Grafen Frieß, einem reichen Kunstsammler, der gerade eine Madonna von Andrea del Sarto erworben hatte.

»Im vergangenen März hatte Angelika schon 450 drauf geboten, hätte auch das Ganze dafür gegeben, wenn ihr attenter Gemahl nicht etwas einzuwenden gehabt hätte. Nun reut sie's beide.«

Die römische Hitze hinderte Goethe nicht daran, intensiv an seinem Werk zu arbeiten; diesmal war es der »Egmont«, bei dem er schon bis zum vierten Akt gekommen war. Ansonsten bemerkte er:

»Und so befinde ich mich an Leib und Seele wohler als jemals!«

Am darauffolgenden Sonntag huldigt er einer schon zum Brauch gewordenen Gewohnheit:

»... aß ich bei Angelika, es ist nun schon hergebracht, daß ich ihr Sonntagsgast bin. Vorher fuhren wir nach dem Palast Barberini, den trefflichen Leonardo da Vinci und die Geliebte des Raffael, von ihm selbst gemalt, zu sehen. Mit Angelika ist es gar angenehm, Gemälde zu betrachten, da ihr Auge so gebildet und ihre mechanische Kunstkenntnis so groß ist. Dabei ist sie sehr

Maria Carolina, Königin von Neapel-Sizilien, ein Gemälde von Angelika Kauffmann (AKG, Berlin)

für alles Schöne, Wahre, Zarte empfindlich und unglaublich bescheiden.

Nachmittags war ich beim Chevalier d'Agincourt, einem reichen Franzosen, der seine Zeit und sein Geld anwendet, eine Geschichte der Kunst von ihrem Verfall bis zur Auflebung zu schreiben.

(...) Jetzt habe ich etwas vor, daran ich viel lerne: ich habe eine Landschaft erfunden und gezeichnet, die ein geschickter Künstler, Dies, in meiner Gegenwart koloriert; dadurch gewöhnt sich Auge und Geist immer mehr an Farbe und Harmonie. Überhaupt geht es gut fort...«
Bei dem genannten Kunsthistoriker handelte es sich um Jean Baptiste Seroux d'Agincourt (1730–1814), einen in Italien vernarrten, reichen französischen Adligen, der das erwähnte Werk auch vollendete und in Paris ab 1812 in sechs Bänden herausgab.
Seiner Leidenschaft, der Malerei, bleibt Goethe treu. Die von ihm gezeichnete Landschaft muß Christoph Albert Dies (1755–1822) für ihn kolorieren. Er will möglichst viel lernen und studieren, ehe er nach Weimar zurückkehrt, wo es weder Anschauungsmaterial noch hilfreiche Künstler gibt. Dankbar notiert er am 27. Juli:
»Übrigens helfen mir alle Künstler, alt und jung, um mein Talentchen zuzustutzen und zu erweitern. In der Perspektiv und Baukunst bin ich vorgerückt, auch in der Komposition der Landschaft. An den lebendigen Kreaturen hängt's noch, da ist ein Abgrund...«
Wenigstens sah er, was ihm noch fehlte.
Nicht selten war Angelika an seinen Malversuchen beteiligt. Um die Gesetze der Farbgebung zu studieren, bat er sie, eine Landschaft ohne Blautöne zu malen. Hier kündigt sich bereits an, womit Goethe sich später so ausführlich befassen sollte: die Erforschung der Farben. Diese Erkenntnisse veröffentlichte er 1810 in seinem Buch »Zur Farbenlehre«.
Am Sonntag ist er wieder bei den Zucchis und vor dem Mittagsmahl »war ich mit Angelika in dem Palast Rondanini. Ihr werdet euch aus meinen ersten römischen Briefen einer Meduse erinnern, die mir damals schon so sehr einleuchtete, jetzt nun aber mir die größte Freude gibt. Nur einen Begriff zu haben, daß so etwas in der Welt ist, daß so etwas zu machen möglich war, macht einen zum doppelten Menschen. Wie gerne sagt ich

etwas darüber, wenn nicht alles, was man über so ein Werk sagen kann, leerer Windhauch wäre.«

Inzwischen hatte Goethe wohl das Gefühl, die Gefälligkeiten zwischen Freunden müßten sich die Waage halten, und da Angelika schon so viel mit ihm unternommen hatte, wollte er sich erkenntlich zeigen.

»Angelika kam nie ins Theater; wir untersuchten nicht, aus welcher Ursache, aber da wir als leidenschaftliche Bühnenfreunde in ihrer Gegenwart die Anmut und Gewandtheit der Sänger, sowie die Wirksamkeit der Musik unseres Cimarosa nicht genugsam zu rühmen wußten und nichts sehnlicher wünschten, als sie solcher Genüsse teilhaftig zu machen, so ergab sich eins aus dem anderen, daß nämlich unsere jungen Leute, besonders Bury, der mit Sängern und Musikverwandten in dem besten Vernehmen stand, es dahin brachte, daß diese sich in heiterer Gesinnung erboten, auch vor uns, ihren leidenschaftlichen Freunden und entschieden Beifall Gebenden, gelegentlich einmal in unserem Saale Musik machen und singen zu wollen. Dergleichen Vorhaben, öfters besprochen, vorgeschlagen und verzögert, gelangte doch endlich nach dem Wunsche der jüngeren Teilnehmer zur fröhlichen Wirklichkeit... und wir sahen uns in den Fall versetzt, Madam Angelika, ihren Gemahl, Hofrat Reiffenstein, die Herren Jenkins, Volpato, und wem wir sonst eine Artigkeit schuldig waren, zu einem anständigen Feste einladen zu können. Juden und Tapezierer hatten den Saal geschmückt, der nächste Kaffeewirt die Erfrischungen übernommen, und so ward ein glänzendes Konzert aufgeführt in der schönsten Sommernacht, wo sich große Massen von Menschen unter den offenen Fenstern versammelten und, als wären sie im Theater gegenwärtig, die Gesänge gehörig beklatschten.

Ja, was das Auffallendste war, ein großer, mit einem Orchester von Musikfreunden besetzter Gesellschaftswagen... hielt unter unseren Fenstern stille, und nachdem er den obern Bemühungen lebhaften Beifall geschenkt hatte, ließ sich eine wackere Baßstimme vernehmen, die eine der beliebtesten Arien eben der Oper, welche wir stückweise vortrugen... hinzugesellte. Wir erwiderten den vollsten Beifall, das Volk klatschte mit drein, und jedermann versicherte, an so mancher Nachtlust, niemals aber an einer so vollkommenen, zufällig gelungenen teilgenommen zu haben.«

Ja, das römische »Nachtleben« hatte schon seine Reize, und Angelika wird sich über diese Aufmerksamkeit gefreut haben. Der von Goethe erwähnte Friedrich Bury (1763–1823) war ein Maler aus Hanau, der fast zwanzig Jahre in Rom lebte und damals als Schüler Tischbeins galt. Die nicht immer unproblematische Freundschaft zwischen Goethe und Tischbein brachte – als des Künstlers unbestrittenes Hauptwerk – das durch zahlreiche Reproduktionen wohlbekannte Gemälde »Goethe in der Campagna« hervor. Die Arbeit am »Egmont« ging so gut voran, daß Goethe im August nach Hause schrieb, der vierte Akt sei fertig und mit dem nächsten Brief könne er den Schluß ankündigen. Auch seine Zukunftspläne teilt er seinen Freunden in Weimar jetzt mit: »Ich bleibe noch bis künftige Ostern in Italien. Ich kann jetzt nicht aus der Lehre laufen. Wenn ich aushalte, komme ich gewiß soweit, daß ich meinen Freunden mit mir Freude machen kann. Ihr sollt immer Briefe von mir haben; meine Schriften kommen nach und nach...«

Der Mutter seines Freundes und Landesherrn, Herzogin Anna Amalia, schreibt Goethe in diesen Tagen einen langen Brief und rät ihr, die geplante Italienreise noch um ein Jahr zu verschieben. Natürlich tut Goethe dies nicht ohne Grund: Wäre die Herzogin zusammen mit ihm in Rom gewesen, so hätte dies für ihn, den Freiheitsdurstigen, ständige Kavaliersdienste erfordert und die letzten Monate seines römischen Aufenthalts wären ihm vergällt gewesen. Vielleicht hat die kluge alte Dame die Absichten des Herrn von Goethe erraten – jedenfalls verstand sie den Wink und kam erst im nächsten Jahr, als Goethe schon längst wieder zu Hause war.

19. KAPITEL

Angelika wohnt in der Nähe…

Warum Angelika Kauffmann und auch Goethe – obwohl sie sich eine Sommerfrische leisten konnten – den unerträglich heißen August in der Stadt verbrachten, ist unersichtlich. Es ist in Rom eine alte Tradition, im August ans Meer oder in die Berge zu fahren. Wer es sich in der römischen Kaiserzeit nicht leisten konnte, die heißen Monate in Baia oder Cumae zu verbringen, der zählte nicht zur Gesellschaft. Dies galt später auch für das Rom der Renaissance, wo sich die großen Familien während dieser Zeit auf ihren luftigen Landsitzen in den Albaner oder Sabiner Bergen aufhielten.
Etwas ähnliches hatten, wie wir sehen werden, die Zucchis auch vor, doch im August blieben sie, wie ihr Hausfreund Goethe, noch in Rom.
Um diese Zeit war Goethe kaum noch imstande, seinen gewohnten Beschäftigungen nachzugehen, und notiert am 18. August 1787:

Maddalena Riggi (1765–1835), die Mailänder Schauspielerin
(Bildarchiv Foto Marburg)

»Diese Woche hab' ich einigermaßen von meiner nordischen Geschäftigkeit nachlassen müssen; die ersten Tage waren gar zu heiß. Ich habe also nicht so viel getan, als ich wünschte... Mit der guten Angelika war ich Sonntags, die Gemälde des Prinzen Aldobrandini, besonders einen trefflichen Leonardo da Vinci, zu sehen. Sie ist nicht glücklich, wie sie es zu sein verdiente, bei dem wirklich großen Talent und bei dem Vermögen, das sich täglich mehrt. Sie ist müde, auf den Kauf zu malen, und doch findet ihr alter Gatte es gar zu schön, daß so schweres Geld für oft leichte Arbeit einkommt. Sie möchte nun, sich selbst zur Freude, mit mehr Muße, Sorgfalt und Studium arbeiten und könnte es. Sie haben keine Kinder, können ihre Interessen nicht verzehren, und sie verdient täglich, auch mit mäßiger Arbeit, noch genug hinzu. Das ist nun aber nicht und wird nicht. Sie spricht sehr aufrichtig mit mir; ich hab' ihr meine Meinung gesagt, hab' ihr meinen Rat gegeben und muntere sie auf, wenn ich bei ihr bin. Man rede von Mangel und Unglück, wenn die, welche genug besitzen, es nicht brauchen und genießen können! Sie hat ein unglaubliches und als Weib wirklich ungeheures Talent. Man muß sehen und schätzen, was sie macht, nicht das, was sie zurückläßt. Wie vieler Künstler Arbeiten halten Stich, wenn man rechnen will, was fehlt.«

Dieser Bericht über Angelika Kauffmann ist sehr aufschlußreich. Sie hatte Goethe vermutlich unter dem lähmenden Eindruck der Augusthitze ihr Leid geklagt und ihm zu verstehen gegeben, sie habe nun genug von dieser täglichen Tretmühle und würde am liebsten alles hinschmeißen. Geld habe sie nun mehr, als sie und Zucchi jemals verbrauchen könnten, sie wolle nun in ihrer Kunst weiterkommen, studieren und nur zum eigenen Vergnügen malen und zeichnen. Goethe war Realist und Menschenkenner genug, um zu verstehen, daß sie sich einmal Luft machen mußte, doch nicht das geringste würde sich ändern. Er drückt dies in genialer Kürze aus: »Das ist nun aber nicht und wird nicht.«

Knapper könnte man die Situation nicht umreißen. Daß sie sich

mit ihren Sorgen an ihn, den vertrauten Freund, gewandt hat, vergilt er sogleich mit warmem Lob von ihrem »ungeheuren Talent«, das er, der Klarsichtige und Unbestechliche, dann sofort relativiert: »Man muß sehen und schätzen, was sie macht, nicht das, was sie zurückläßt.«
Zeitgemäß ausgedrückt, soll das heißen: Angelika ist an dem zu messen, was sie kann, nicht an dem, was sie meidet, weil sie ihre Stärken genau kennt. So wäre sie vermutlich nie auf die Idee gekommen, eine Landschaft zu malen, wie ja überhaupt ihr Verhältnis zur Natur ein mittelbares war. Sie hat nie die Natur studiert, nicht Akt gezeichnet, ehe sie sich daran wagte, Menschen darzustellen. Sie hat aber immer bei anderen Malern abgeschaut, von anderen gelernt. Daher auch ihre lange Reise durch die italienischen Städte und deren Galerien, ihr ständiger Hunger nach Bildern, die sonntäglichen Besuche, zusammen mit Goethe in den reichen römischen Gemäldesammlungen.
Auch der Bildhauer Alexander Trippel scheint in Rom geblieben zu sein, um auf Bestellung an Goethes Büste zu arbeiten. »Der Fürst von Waldeck hat sie bei ihm bestellt. Er ist schon meist fertig und es macht ein gutes Ganze. Sie ist in einem sehr soliden Stil gearbeitet...
Angelika malt jetzt ein Bild, das sehr glücken wird: die Mutter der Gracchen, wie sie einer Freundin, welche ihre Juwelen auskramte, ihre Kinder als die besten Schätze zeigt. Es ist eine natürliche und sehr glückliche Komposition.«
Am Ende des heißen Monats August verfaßt Goethe einen Bericht, in dem er erwägt, auch noch den nächsten Winter in Rom zu verbringen. Er besucht häufig die Sixtinische Kapelle, wo zwei seiner Malerfreunde im Auftrag des Grafen Frieß Kopien anfertigen und gesteht dabei, »auf dem päpstlichen Stuhle einem Mittagsschlaf nachgegeben zu haben.«
Angelika hat in diesen Tagen den Grafen Frieß als Kniestück gemalt – einen flotten jungen Mann mit langen Künstlerhaaren, keckem Federhut und noch vom Geist des Rokoko ange-

hauchtem Spitzenkragen; staffiert – und ihn damit als Antikensammler ausweisend – mit einer kannelierten Säule und einer antiken Herkulesfigur.
Daß Goethe mit Angelika vor dem Mittagessen eine Galerie besucht, wird zur festen Einrichtung: »Ebnermaßen ward denn auch, indem man sich nach dem Ältern hinwendete, Leonardo da Vinci berühmt, dessen hochgeschätztes Bild, Christus unter den Pharisäern, in der Galerie Aldobrandini ich mit Angelika besuchte. Es war herkömmlich geworden, daß sie Sonntag um Mittag mit ihrem Gemahl und Rat Reiffenstein bei mir vorfuhr und wir sodann mit möglichster Gemütsruhe uns durch eine Backofenhitze in irgend eine Sammlung begaben, dort einige Stunden verweilten und sodann zu einer wohlbesetzten Mittagstafel bei ihr einkehrten. Es war vorzüglich belehrend, mit diesen drei Personen, deren eine jede in ihrer Art theoretisch, praktisch, ästhetisch und technisch gebildet war, sich in Gegenwart so bedeutender Kunstwerke zu besprechen.«
Da Goethe öfters Werke von Leonardo erwähnt, muß dazu gesagt werden, daß man damals mit Zuschreibungen sehr sorglos umging und in ganz Italien einige hundert Bilder dem genialen Künstler zugewiesen wurden. Heute ist man da sehr vorsichtig geworden und gesteht Leonardo nur noch ein rundes Dutzend eigenhändiger Werke zu. Nicht anders verfuhr man damals mit anderen gesuchten Meistern, besonders der Renaissance. Jede noch so obskure Sammlung rühmte sich des Besitzes von Werken Raffaels, Tizians, Giorgiones, del Sartos und anderer berühmter Maler, die viele Schüler und Nachahmer besaßen, von denen nicht wenige im Stil der Meister arbeiteten. Diese oft gar nicht so schlechten Bilder schrieb man später den großen Meistern zu und da es an technischen Mitteln der Überprüfung fehlte und stilkritische Erwägungen recht großzügig angestellt wurden, hatten es Fälscher und betrügerische Händler wesentlich leichter als heute.
Die Zucchis und Reiffenstein scheinen in jenen Tagen Goethes

ausschließlichen Verkehr auszumachen; übrigens war ja »toute Rome« in die Sommerfrische gefahren, und so spielt er die Rolle des Einsiedlers und scheint sie zu genießen.

»Aus dieser kontemplativ tätigen, geschäftigen Ruhe hätte man mich gerne herausgerissen. Das unglückliche Konzert war in Rom, wo das Hin- und Widerreden des Tags, wie an kleinen Orten, herkömmlich ist, vielfach besprochen; man war auf mich und meine schriftstellerischen Arbeiten aufmerksam geworden; ich hatte die Iphigenie und sonstiges unter Freunden vorgelesen, worüber man sich gleichfalls besprach. Kardinal Buoncompagni verlangte, mich zu sehen, ich aber hielt fest in meiner wohlbekannten Einsiedelei, und ich konnte dies um so eher, als Rat Reiffenstein fest und eigensinnig behauptete, da ich mich durch ihn nicht habe präsentieren lassen, so könne es kein anderer tun.«

Wie nachdrücklich Reiffenstein an gesellschaftlichen Angelegenheiten beteiligt war, wird aus diesen Äußerungen deutlich. Am 1. September notiert Goethe: »Heute kann ich sagen, ist Egmont fertig geworden...«

Mitte September fährt er für einige Tage nach Frascati, wo es ihm außerordentlich gefällt: »Einige Tage war ich in Frascati mit Rat Reiffenstein; Angelika kam Sonntags, uns abzuholen. Es ist ein Paradies.«

Ende des Monats fährt er nochmals hin: »Ich bin hier sehr glücklich: es wird den ganzen Tag bis in die Nacht gezeichnet, gemalt, getuscht, geklebt, Handwerk und Kunst recht ex professo getrieben. Rat Reiffenstein, mein Wirt, leistet Gesellschaft, und wir sind munter und lustig. Abends werden die Villen im Mondschein besucht und sogar im Dunkeln die frappantesten Motive nachgezeichnet.«

Es schien nun auch den Zucchis an der Zeit, für ein paar Wochen die Stadt zu verlassen und sich in den Bergen zu erholen. Die Zeiten, da Angelika ihre Sommer in Neapel verbrachte, waren vorbei; der königliche Hof tröstete sich inzwischen mit

Philipp Hackert, der vor einem Jahr zum Hofmaler ernannt worden war.
In seinem abschließenden Bericht über den Monat September schreibt Goethe, daß er die vier ersten Bände seiner soeben bei Göschen erschienenen Werke sogleich Angelika überreichte. Hofrat Reiffenstein klage über sein Cicerone-Amt, da es mehr und mehr Fremde gebe, die sich hier bald langweilen würden und denen er für die müßigen Stunden anrate, sich in Wachsmalerei zu üben. Diese Technik der sogenannten Enkaustik wurde damals wiederbelebt, und auch Goethe scheint sich damit befaßt zu haben. Mit Tischbein hatte es offenbar Differenzen gegeben, und Goethe, der ihm sein Romstipendium verschafft hatte, fühlte sich anscheinend für ihn verantwortlich, doch Genaueres erfahren wir nicht.
»Ihr glaubt nicht, wie nützlich, aber auch wie schwer es mir war, dieses ganze Jahr absolut unter fremden Menschen zu leben, besonders da Tischbein – dies sei unter uns gesagt – nicht so einschlug, wie ich hoffte. Es ist ein wirklich guter Mensch, aber er ist nicht so rein, so natürlich, so offen wie seine Briefe. Seinen Charakter kann ich nur mündlich schildern ...«
Weiterhin spricht Goethe davon, wie sehr ihn noch immer das Zeichnen beschäftigt und daß er es doch »bis zu einem gewissen Grade« bringen möchte.
Wenn man seinem Brief an Herzog Karl August trauen kann, war Angelika in Frascati sein einziger weiblicher Umgang.
»Noch halte ich mich immer in der Stille und sogar (ich weiß nicht, ob es lobens- oder scheltenswert ist) die Frauen haben keinen Teil an mir. Mit der einzigen Angelika gehe ich um, die der Achtung jedes wohlgesinnten Menschen wert ist.« Anfang Oktober fährt Goethe an den Albaner See, vermutlich auf Anregung der Zucchis, die nun hier, in Castel Gandolfo, einen mehrwöchigen Erholungsaufenthalt verbringen. Am 8. Oktober notiert Goethe: »Wir leben hier, wie man in Bädern lebt, nur mache ich mich des Morgens beiseite, um zu zeichnen; dann

muß man den ganzen Tag der Gesellschaft sein, welches mir denn auch ganz recht ist für diese kurze Zeit; ich sehe doch auch einmal Menschen ohne großen Zeitverlust und viele auf einmal.

Angelika ist auch hier und wohnt in der Nähe; dann sind einige muntere Mädchen, einige Frauen, Herr von Maron, Schwager von Mengs, mit der seinigen, teils im Hause, teils in der Nachbarschaft; die Gesellschaft ist lustig, und es gibt immer was zu lachen ...«

Hier spinnt sich nun auch eine Liebesgeschichte an, die aber so harmlos verläuft, daß Goethe sie unbesorgt in seine »Italienische Reise« aufnehmen konnte. In einem Brief vom 23. Oktober 1787 erwähnt er sie zuerst einmal ganz kurz und bei dieser Gelegenheit singt er wieder Angelikas Lob:

»Eine Mailänderin interessierte mich die acht Tage ihres Bleibens; sie zeichnete sich durch ihre Natürlichkeit, ihren Gemeinsinn, ihre gute Art sehr vorteilhaft vor den Römerinnen aus. Angelika war, wie sie immer ist, verständig, gut, gefällig, zuvorkommend. Man muß ihr Freund sein: man kann viel von ihr lernen, besonders arbeiten; denn es ist unglaublich, was sie alles endigt.«

Erst in seinem Schlußbericht vom Oktober 1787 erfahren wir mehr, und er soll in Auszügen hier wiedergegeben werden, da er viel über Goethes damalige Empfindungen aussagt.

»Zu Anfang dieses Monats, bei mildem, durchaus heiterem, herrlichem Wetter genossen wir eine förmliche Villeggiatur in Castel Gandolfo, wodurch wir uns denn in die Mitte dieser unvergleichlichen Gegend eingeweiht und eingebürgert sahen. Herr Jenkins, der wohlhabende englische Kunsthändler, bewohnte daselbst ein sehr stattliches Gebäude ... wo es einer Anzahl von Freunden weder an Zimmern zu bequemer Wohnung, noch an Sälen zu heiterem Beisammensein, noch an Bogengängen zu munterem Lustwandeln fehlte.

Man kann sich von einem solchen Herbstaufenthalte den

besten Begriff machen, wenn man sich ihn wie den Aufenthalt in einem Badeorte gedenkt. Personen ohne den mindesten Bezug aufeinander werden durch Zufall augenblicklich in die unmittelbarste Nähe versetzt. Frühstück und Mittagessen, Spaziergänge, Lustpartien, ernst- und scherzhafte Unterhaltung bewirken schnell Bekanntschaft und Vertraulichkeit... Hofrat Reiffenstein hatte für gut befunden, und zwar mit Recht, daß wir zeitig hinausgehen sollten, um zu unseren Spaziergängen... die nötige Zeit zu finden, ehe noch der Schwall der Gesellschaft sich herandrängte... Nach einiger Zeit sah ich eine gar hübsche römische Nachbarin, nicht weit von uns im Corso wohnend, mit ihrer Mutter heraufkommen. Sie hatten beide... meine Begrüßungen freundlicher als sonst erwidert, doch hatte ich sie nicht angesprochen... denn ich war dem Gelübde, mich durch dergleichen Verhältnisse von meinem Hauptzwecke nicht abhalten zu lassen, vollkommen treu geblieben. Nun aber fanden wir uns auf einmal wie völlig alte Bekannte... Zu gleicher Zeit stellten sie mich einer jungen Mailänderin vor, die sie mitgebracht hatten, der Schwester eines Commis von Herrn Jenkins... Sie schienen genau miteinander verbunden und Freundinnen zu sein.

Diese beiden Schönen – denn schön durfte man sie wirklich nennen – standen in einem nicht schroffen, aber doch entschiedenen Gegensatz: dunkelbraune Haare die Römerin, hellbraune die Mailänderin; jene braun von Gesichtsfarbe, diese klar, von zarter Haut; diese zugleich mit fast blauen Augen, jene mit braunen; die Römerin einigermaßen ernst, zurückhaltend, die Mailänderin von einem offnen, nicht sowohl ansprechenden als gleichsam anfragenden Wesen. Ich saß bei einer Art Lottospiel zwischen beiden Frauenzimmern und hatte mit der Römerin Kasse zusammen gemacht; im Laufe des Spiels fügte es sich nun, daß ich auch mit der Mailänderin mein Glück versuchte, durch Wetten oder sonst. Genug, es entstand auch auf dieser Seite eine Art von Partnerschaft, wobei ich in meiner Unschuld nicht gleich bemerkte, daß ein solches geteiltes Interesse nicht gefiel, bis endlich, nach aufgehobener Partie die Mutter, mich abseits findend, zwar höflich, aber mit wahrhaftem Matronenernst dem werten Fremden versicherte, daß, da er einmal mit ihrer Tochter in solche Teilnahme gekommen sei, es sich nicht wohl zieme, mit einer andern gleiche Verbindlichkeiten einzugehen… Ich entschuldigte mich aufs beste, jedoch mit der Wendung, daß es einem Fremden nicht wohl möglich sei, dergleichen Verpflichtungen anzuerkennen, indem es in unsern Landen herkömmlich sei, daß man den sämtlichen Damen der Gesellschaft, einer wie den andern, mit und nach der andern, sich dienstlich und höflich erweise, und daß dieses hier um desto mehr gelten werde, da von zwei so eng verbundenen Freundinnen die Rede sei.

Aber leider! indessen ich mich so auszureden suchte, empfand ich auf die wundersamste Weise, daß meine Neigung für die Mailänderin sich schon entschieden hatte, blitzschnell und eindringlich genug, wie es mit einem müßigen Herzen zu gehen pflegt… Den nächsten Morgen fanden wir uns drei allein, und da vermehrte sich denn das Übergewicht auf die Seite der Mailänderin… Sie beklagte sich nicht über vernachlässigte, aber allzu ängstliche Erziehung. Man lehrt uns nicht schreiben, sagte sie, weil man fürchtet, wir würden die Feder zu Liebesbriefen benutzen; man würde uns nicht lesen lassen, wenn wir uns nicht mit dem Gebetbuch beschäftigen müßten; uns in fremden Sprachen zu unterrichten, daran wird niemand denken; ich gäbe alles darum, Englisch zu können. Herrn Jenkins mit meinem Bruder, Madame Angelika, Herr Zucchi, die Herren Volpato und Camuccini hör' ich oft sich untereinander Englisch unterhalten…

Es ist desto mehr schade, versetzte ich, da das Englische sich so leicht lernen läßt… Machen wir gleich einen Versuch, fuhr ich fort, indem ich eines der… englischen Blätter aufhob, die häufig umherlagen…

Die Gesellschaft hatte sich vermehrt, auch Angelika war angekommen: an einer großen gedeckten Tafel hatte man ihr mich rechter Hand gesetzt; meine Schülerin stand an der entgegengesetzten Seite des Tisches und besann sich keinen Augenblick... um den Tisch herumzugehen und sich neben mir niederzulassen. Meine ernste Nachbarin schien dies mit einiger Verwunderung zu bemerken...«

Am selben Abend hatte dann Goethe allen Grund, verwundert zu sein. Er erfuhr, daß die schöne Mailänderin, seine »Schülerin«, in die er sich spontan verliebt hatte, längst verlobt war.

Goethe war schmerzlich getroffen und bemerkt:

»Ich hatte Jahre und Erfahrungen hinreichend, um mich, obwohl schmerzhaft, doch auf der Stelle zusammenzunehmen.«

Er kam darüber hinweg, ziemlich schnell, und fand auch noch eine elegante Lösung, wie er der Braut künftig begegnen solle: »... indem ich sie als Braut, als künftige Gattin ansah, erhob sie sich vor meinen Augen aus dem trivialen Mädchenzustande und indem ich ihr nun ebendieselbe Neigung, aber in einem höhern, uneigennützigen Begriff zuwendete, so war... ich gar bald gegen sie in dem freundlichsten Behagen.« Die hübsche Mailänderin hat man später als die Schauspielerin Maddalena Riggi (1765–1835) identifiziert. Acht Jahre später hat Angelika sie als etwas dicklich gewordene, doch immer noch hübsche Ehefrau gemalt.

Ende Oktober ist die ganze Gesellschaft wieder in Rom versammelt, was Goethe seinem Freund Herder in einem Brief mitteilt: »Ich bin in diesem Zauberkreise wieder angelangt... Diese ersten Tage hab' ich mit Briefschreiben zugebracht, habe die Zeichnungen, die ich auf dem Lande gemacht, ein wenig gemustert, die nächste Woche soll es an neue Arbeit gehen. Es ist zu schmeichelhaft, als daß ich es sagen dürfte, was mir Angelika für Hoffnungen über mein Landschaftszeichnen, unter gewissen Bedingungen, gibt.«

20. KAPITEL

Angelika ist gar lieb und gut...

Inzwischen erwartete Goethe in Rom den Komponisten Christoph Kayser, der ihm einige Dichtungen vertonen sollte, sogar der Plan einer gemeinsamen Oper schwebte ihm vage vor. Um es gleich vorwegzunehmen, Kayser erwies sich als Versager und hat auch sonst der Musikwelt nichts Aufregendes beschert.
Im übrigen nimmt sich Goethe jetzt fest vor:
»Leider muß ich jetzt die bildende Kunst ganz zurücksetzen, denn sonst werde ich mit meinen dramatischen Sachen nicht fertig...«
Seine gewohnten Besuche bei Angelika setzt er natürlich trotzdem fort, und wie immer trifft er dort die interessantesten Leute. Besonders wird ihn der Geologe und Mineraloge Deodat de Dolomien (1750–1801) interessiert haben. Der berühmte Gelehrte war gerade von Sizilien zurückgekommen, und Goethe

führte mit ihm lange Fachgespräche, während Angelika ihn porträtierte. Er hinterließ ein vielbändiges Werk, und die Dolomiten tragen bis heute seinen Namen. Auch alte Freunde meldeten sich am Monte Pincio, so der Schweizer Dichter und Maler Salomon Geßner (1730–1788), mit dem Angelika von London aus Briefe gewechselt hatte und den sie in Zürich besuchen wollte, woraus aber nichts wurde. Geßner kam allerdings nicht selber, es war sein Sohn Konrad, der an der S. Trinità dei Monti auftauchte und von Angelika und ihrem Kreis sehr angetan war. Begeistert schrieb er an die Eltern: »Ich besuchte schon zweimal die vortreffliche Angelika Kauffmann, die mich sehr freundschaftlich empfing; sie ist wirklich groß und dabei bescheiden, ich sah Porträts bei ihr, die sehr schön sind. Ihren Köpfen weiß sie eine ganz eigene Grazie zu geben; ihre Manier ist außerordentlich gefällig, und in dieser Hinsicht verdient sie gewiß allen Beifall, den man ihr zollt. Aber meiner Hochachtung für sie unbeschadet, glaub' ich, darf sie doch wenigstens mit ihren Mannsköpfen nicht neben Graf gestellt werden. Was dieser mit einem kühnen Pinselstrich, mit aller Sicherheit der Zeichnung ausdrückt…, das läßt sie gewöhnlich etwas unbestimmt und sucht es mit sanften verblassenden Tinten zu verhehlen…«

Wirklich sehr scharfsichtig, der junge Mann, auch wenn er den berühmten Anton Graff (1736–1813) mit einem »f« schreibt, doch Konrad Geßner hat genau erkannt, woran es der Kauffmann fehlte. Diese Kenntnisse kamen nicht von ungefähr. Sein Vater, Salomon Geßner, als »Idyllendichter« in die Literaturgeschichte eingegangen, war ein begabter Maler und Radierer, und so hat der Sohn von Kindheit an sein Auge schärfen können. Auch Konrad Geßner (1764–1826) erwählte die Künstlerlaufbahn und wurde ein bekannter Pferde- und Schlachtenmaler. Der 1801 in Bern erschienene »Briefwechsel mit seinem Sohn« von Salomon Geßner ist eine interessante und lebendige Darstellung der damaligen Zeit.

Nach den erholsamen Stunden bei den Zucchis mußte sich Goethe mit dem Komponisten Christoph Kayser auseinandersetzen und seine Berichte schwanken zwischen kaum verhohlenem Ärger und Begeisterung.

»Dieser, von Natur mit eigentümlichem musikalischem Talente begabt, hatte schon vor Jahren, indem er Scherz, List und Rache zu komponieren unternahm, auch eine zu Egmont passenden Musik zu liefern begonnen. Ich hatte ihm von Rom aus gemeldet, das Stück sei abgegangen und eine Kopie in meinen Händen geblieben. Statt weitläufiger Korrespondenz darüber ward rätlich gefunden, er solle selbst unverzüglich herankommen ...

Hier aber zeigte sich gar bald, statt des so nötigen Sammelns und Einens, neue Zerstreuung und Zeitsplitterung.«

Das von Goethe verfaßte Singspiel »Scherz, List und Rache«, das Kayser zu »redlich angriff und zu ausführlich behandelte«, sollte in Rom vereinfachend umgearbeitet werden, doch dann: »Alles unser Bemühen ... ging verloren, als Mozart auftrat. Die Entführung aus dem Serail schlug alles nieder, und es ist auf dem Theater von unserm ... Stück niemals die Rede gewesen.«

Für diese Bemerkung verdient Goethe ein großes Lob. Damit huldigte er dem Genie Mozart auf schöne Weise und man wünschte sich, alle hätten damals so gedacht.

Anfang Dezember war Goethe mit seiner Arbeit in eine Sackgasse geraten und er wirft sich wieder aufs Zeichnen.

»Diese Woche ist mit Zeichnen zugebracht worden, da es mit der Dichtung nicht fort wollte; man muß sehen und suchen, alle Epochen zu nutzen ...

Angelika ist gar lieb und gut, sie macht mich auf alle Weise zu ihrem Schuldner. Den Sonntag bringen wir zusammen zu, und in der Woche sehe ich sie abends einmal.«

An Weihnachten trennen sich freilich die Wege der streng katholischen Malerin und des pantheistisch empfindenden Goethe, der am 25. Dezember notiert:

»Diesmal ist Christus unter Donner und Blitzen geboren worden: Wir hatten gerade um Mitternacht ein starkes Wetter. Der Glanz der größten Kunstwerke blendet mich nicht mehr; ich wandle nun im Anschauen, in der wahren unterscheidenden Erkenntnis. Wieviel ich hierin einem stillen, einsam-fleißigen Schweizer, namens Meyer, schuldig bin, kann ich nicht sagen.«

Goethe hat nun das Gefühl, in das Wesen der Kunst tiefer eingedrungen zu sein, und verdankt dabei viel Heinrich Meyer, auch »Kunstmeyer« genannt. 1760 in Zürich geboren, lebte er seit 1784 in Italien und wurde während Goethes Romaufenthalt dessen vertrauter Freund. Später verschaffte ihm Goethe eine Professur an der neugegründeten Zeichenakademie in Weimar, deren Direktor er wurde. Diese Freundschaft währte bis zu beider Tod, was wörtlich zu nehmen ist, denn Heinrich Meyer starb wenige Monate nach Goethe.

In seinem zusammenfassenden Dezemberbericht erwähnt Goethe, daß der Bräutigam jener »artigen Mailänderin« – gemeint ist Maddalena Riggi – die Verlobung aufgelöst habe. »Wenn ich mich nun einerseits glücklich pries, meiner Neigung nicht nachgehangen und mich sehr bald von dem lieben Kinde zurückgezogen zu haben ..., so war es mir doch höchst empfindlich, das artige Bild, das mich bisher so heiter und freundlich begleitet hatte, nunmehr getrübt und entstellt zu sehen: denn ich vernahm sogleich, das liebe Kind sei aus Schrecken und Entsetzen über dieses Ereignis in ein gewaltsames Fieber verfallen, welches für ihr Leben fürchten lasse.«

Aus Weimar kamen die ersten Reaktionen auf seinen »Egmont« und sie waren nicht ohne kritische Einwände; so wurden z. B. einige der Szenen für zu lang gehalten. Goethe schrieb postwendend zurück: »Wie sehr wünscht' ich nun auch euren Wunsch erfüllen und dem Vermächtnis Egmonts einige Modifikation geben zu können! Ich eilte an einem herrlichen Morgen mit eurem Briefe gleich in die Villa Borghese, dachte zwei Stunden den Gang des Stücks, die Charaktere, die Verhältnisse durch und konnte nichts finden, das ich abzukürzen hätte ... Sonntags kam ich zu Angelika und legte ihr die Frage vor. Sie hat das Stück studiert und besitzt eine Abschrift davon. Möchtest du doch gegenwärtig gewesen sein, wie weiblich zart sie alles auseinanderlegte und es darauf hinausging: daß das, was ihr noch mündlich von dem Helden erklärt wünschtet, in der Erscheinung implicite enthalten sei. Angelika sagte: da die Erscheinung nur vorstelle, was in dem Gemüte des schlafenden Helden vorgehe, so könne er mit keinen Worten stärker ausdrücken, wie sehr er sie liebe und schätze, als es dieser Traum tue, der das liebenswürdige Geschöpf nicht zu ihm herauf, sondern über ihn hinauf hebe. Ja, es wolle ihr wohl gefallen, daß der, welcher durch sein ganzes Leben gleichsam wachend geträumt, Leben und Liebe mehr als geschätzt oder vielmehr nur durch den Genuß geschätzt, daß dieser zuletzt noch gleichsam träumend wache und uns still gesagt werde, wie tief die Geliebte in seinem Herzen wohne und welche vornehme und hohe Stelle sie darin einnehme. Es kamen noch mehr Betrachtungen dazu ...«

Goethe, der genau wußte, daß Angelika sich eine gründliche literarische Bildung niemals angeeignet hatte, war von ihrer ausführlichen und kenntnisreichen Stellungnahme zu »Egmont« so angetan, daß er sie in seinem Brief wie eine Autorität zitiert. Wir müssen uns allerdings fragen, wieweit Goethe diese Zitate – bewußt oder unbewußt – zu einer eigenen Aussage umgemünzt hat.

Inzwischen ist das Jahr 1788 angebrochen; Goethe ist jetzt intensiv mit dem menschlichen Körper befaßt:

»Das Studium des menschlichen Körpers hat mich nun ganz. Alles andre verschwindet dagegen.«

Den Januarbericht der »Italienischen Reise« beginnt Goethe mit einem Gedicht, das man vielleicht als – einzigen! – Hinweis auf sein Bettschätzchen Faustina interpretieren kann.

Cupido, loser eigensinniger Knabe,
Du batst mich um Quartier auf einige Stunden!
Wie viele Tag' und Nächte bist du geblieben,
Und bist nun herrisch und Meister im Hause geworden.

Es folgen noch zwei Strophen, die auch nicht deutlicher sind; aus dem Gedicht läßt sich nur entnehmen, daß diese Liebschaft kurz geplant war und lange gedauert hat und ein Ende nun in Aussicht steht. Doch wie es seine Art ist, versucht Goethe dieses »Geständnis« sofort zu relativieren, ja zu sublimieren, indem er vage von »tätigen Geistern« spricht und von der Notwendigkeit, »sich gegen so vieles aufrecht zu erhalten«.

Im Januar wurde Goethe in die »Arkadische Gesellschaft«, einen schon seit fast hundert Jahren bestehenden römischen Dichterbund, aufgenommen. Man überreichte ihm ein Diplom, das er im Original in der »Italienischen Reise« abdruckte.

Inzwischen ist ganz Rom vom Karneval ergriffen und Goethe, der so etwas von zu Hause nicht kennt, ist davon so angetan, daß er eigens einen Bericht darüber schreibt: »Das römische Carneval.« Jeder Bibliophile kennt den gesuchten, von J. G. Schütz illustrierten Band, der nur sehr selten angeboten wird und außerordentlich teuer ist.

Es entsprach nicht Angelikas Art – und auch nicht der des alten Zucchi – am Karneval teilzunehmen. Auch Goethe hat an keinem »festino« teilgehabt, denn er war, wie wir hören, viel zu beschäftigt. Seine erste Gesamtausgabe sollte bei Göschen in Leipzig in acht Bänden erscheinen und nun war er erst beim sechsten! Da ärgert es ihn dann schon, daß ständig Leute bei ihm auftauchen, die ihm mit seinem »Werther« keine Ruhe lassen und wissen wollen, welche der italienischen Übersetzungen die beste sei. Ja, der Ruhm hat seinen Preis und gar so unrecht ist es ihm nicht, wenn man ihn manchmal ein wenig »sekkiert«.

Angelika hatte sich inzwischen der sitzengelassenen Maddalena Riggi angenommen; denn Schadenfreude war ihr völlig fremd, und so zeigte sie schwesterliche Solidarität und fuhr mit Maddalena demonstrativ in ihrem Wagen spazieren, mitten durchs römische Karnevalstreiben. Angelika hatte schließlich mit Frederik Horn das Ihre erlebt, und ihr redlicher Sinn erlaubte gar keine andere Möglichkeit, als sich auf Maddalenas Seite zu stellen.

Es gehörte zur Konvention jener Zeit, daß ein Mädchen durch eine derartige männliche Schnödheit in ein »Nervenfieber« verfiel und sich für eine Weile zurückzog. Das war man seinem Renommee als »anständige Frau« einfach schuldig.

Goethe hatte von dem Fall ja schon im Dezember berichtet, und als er nun, »das römische Carneval« betrachtend, durch die Straßen schlendert, trifft er Angelika und Maddalena auf der Piazza Venezia: »Auf dem Venezianischen Platz, wo manche Kutschen, eh' sie sich den bewegten Reihen wieder anschließen, die Vorbeiwallenden sich zu beschauen pflegen, sah ich den Wagen der Madame Angelika und trat an den Schlag, sie zu begrüßen. Sie hatte sich kaum freundlich zu mir herausgeneigt, als sie sich zurückbog, um die neben ihr sitzende, wieder genesene Mailänderin mir sehen zu lassen. Ich fand sie nicht verändert: denn wie sollte sich eine gesunde Jugend nicht schnell wieder herstellen; ja, ihre Augen schienen frischer und glänzender mich anzusehen, mit einer Freudigkeit, die mich bis ins Innerste durchdrang. So blieben wir eine Zeitlang ohne Sprache, als Madame Angelika das Wort nahm und, indessen jene sich vorbog, zu mir sagte: Ich muß nur den Dolmetscher machen; denn ich sehe, meine junge Freundin kommt nicht dazu, auszusprechen, was sie so lange gewünscht, sich vorgesetzt und mir öfters wiederholt hat, wie sehr sie Ihnen verpflichtet ist für den Anteil, den Sie an ihrer Krankheit, ihrem Schicksal genommen. Das erste, was ihr beim Wiedereintritt in das Leben tröstlich geworden, heilsam und wiederherstellend auf sie gewirkt, sei die Teilnahme ihrer Freunde und besonders

die Ihrige gewesen, sie habe sich auf einmal wieder aus der tiefsten Einsamkeit unter so vielen guten Menschen, in dem schönsten Kreise gefunden. Das ist alles wahr, sagte jene, indem sie über die Freundin her mir die Hand reichte, die ich wohl mit der meinigen aber nicht mit meinen Lippen berühren konnte.
Mit stiller Zufriedenheit entfernt' ich mich wieder in das Gedräng der Toren, mit dem zartesten Gefühl von Dankbarkeit gegen Angelika, die sich des guten Mädchens gleich nach dem Unfalle tröstend anzunehmen gewußt und, was in Rom selten ist, ein bisher fremdes Frauenzimmer in ihren edlen Kreis aufgenommen hatte, welches mich um so mehr rührte, als ich mir schmeicheln durfte, mein Anteil an dem guten Kinde habe hierauf nicht wenig eingewirkt.«
Jetzt, da sein Aufenthalt in »Arkadien« dem Ende zugeht, hat Goethe die sichere Erkenntnis gewonnen, daß nicht die Malerei, sondern die Dichtkunst sein zukünftiges Metier sei. »Ich bin fleißig und vergnügt und erwarte so die Zukunft. Täglich wird mir's deutlicher, daß ich eigentlich zur Dichtkunst geboren bin, und daß ich die nächsten zehen Jahre, die ich höchstens noch arbeiten darf, dieses Talent exkolieren und noch etwas Gutes machen sollte, da mir das Feuer der Jugend manches ohne großes Studium gelingen ließ. Von meinem längeren Aufenthalt in Rom werde ich den Vorteil haben, daß ich auf das Ausüben der bildenden Kunst Verzicht tue.
Angelika macht mir das Kompliment, daß sie wenige in Rom kenne, die besser in der Kunst sähen als ich. Ich weiß recht gut, wo und was ich noch nicht sehe, und fühle wohl, daß ich immer zunehme, und was zu tun wäre, um immer weiter zu sehen.«
Übrigens scheint Goethe schon im Januar den Entschluß gefaßt zu haben, daß er nach Ostern Rom verlassen will. Ein Brief vom 25. Januar 1788 an den Herzog Karl August gibt darüber Auskunft, und auch Angelika wird dabei eine Rolle zugedacht: » Sie wünschen, daß ich Ihre Frau Mutter in Italien erwarten möge, ich will mich darüber aufrichtig erklären. Ostern war der letzte

Termin, den ich meinem Bleiben in Italien gesetzt habe... Die Herzogin muß eine römische Dame zur Seite haben, welche sie überall einführt, und wenigstens zu Anfang begleitet. Ich habe mit Angelika (die ein Engel von Verstand und Conduite ist) darüber gesprochen und wir haben wohl zwei Damen gefunden, doch ist bei einer jeden wieder ein Aber.«

Man ahnt schon, worauf dies hinausgeht. Das »aber« der beiden vorgesehen Damen erwies sich so stark, daß schließlich die allzeit hilfsbereite Angelika wenigstens fürs erste die Rolle des weiblichen Cicerone übernahm – noch dazu war ja die Herzogin später ihre direkte Nachbarin.

Goethe besucht die Borghese-Sammlung, wo er vor einem Jahr mit Angelika gewesen ist, und meint, er sehe sie nun »mit viel verständigeren Augen«. Am 7. März notiert er: »Eine gute, reiche und stille Woche ist wieder vorbei... Ich sah die Sammlung der Akademie San Luca, wo Raffaels Schädel ist. Diese Reliquie scheint mir ungezweifelt. Ein trefflicher Knochenbau, in welchem eine schöne Seele bequem spazieren konnte. Der Herzog verlangt einen Abguß davon, den ich wahrscheinlich werde verschaffen können.«

Im März reizt es Goethe, sich auch noch als Bildhauer zu betätigen; er modelliert einen Fuß und wird von seinem »Meister gelobt.« Und immer wieder betont er, wie froh und glücklich ihn Rom gemacht hat. Daß die schöne Faustina daran einen gewiß nicht geringen Anteil hatte, wird freilich verschwiegen.

»So viel kann ich sagen, daß ich in Rom immer glücklicher geworden bin, daß noch mit jedem Tage mein Vergnügen wächst; und wenn es traurig scheinen möchte, daß ich eben scheiden soll, da ich am meisten verdiente zu bleiben, so ist es doch wieder eine große Beruhigung, daß ich so lang' habe bleiben können, um auf den Punkt zu gelangen.«

Nun heißt es, sich von Rom zu lösen, von Menschen und Dingen Abschied zu nehmen: »Ich fahre fort, überall herumzuge-

hen und vernachlässigte Gegenstände zu betrachten. So war ich gestern zum ersten Mal in Raffaels Villa, wo er an der Seite seiner Geliebten den Genuß des Lebens aller Kunst und allem Ruhm vorzog. Es ist ein heilig Monument ... Raffael hat seine Geliebte achtundzwanzigmal auf die Wand porträtiert ...
Mein Abschied von hier betrübt drei Personen innigst. Sie werden nie wieder finden, was sie an mir gehabt haben; ich verlasse sie mit Schmerzen. In Rom hab' ich mich selbst zuerst gefunden, ich bin zuerst übereinstimmend mit mir selbst, glücklich und vernünftig geworden, und als einen solchen haben mich diese Dreie in verschiedenem Sinn und Grade gekannt, besessen und genossen.«

Das klingt ein wenig rätselhaft und wir fragen uns, wer mit diesen drei Personen gemeint war.

»Sie werden nie wieder finden, was sie an mir gehabt haben ...« Das klingt recht selbstbewußt und anspruchsvoll. Hier fällt uns natürlich zuallererst das »zweite Kissen« ein, auf dem Faustinas süßes Köpfchen ruhte, und auf sie wird gewiß zutreffen, daß sie ihn gekannt und genossen und manchmal auch besessen hat. In Angelika ist wohl die zweite Person zu sehen. Sie hat seine Gesellschaft wie keine andere genossen, hat zu denen gehört, die ihn am besten kannten. Bei der dritten Person kann es sich entweder um Karl Philipp Moritz oder Heinrich Meyer gehandelt haben, beide waren sie »Seelenfreunde« und beide blieben damals in Rom zurück.

Eine andere Meinung vertritt die Kauffmann-Biographin Claudia Helbok. Für sie sind es Angelika, Reiffenstein und Bury. Goethe hat Reiffenstein sicher sehr geschätzt, doch vermutlich eher aus praktischen als aus anderen Gründen. Der Maler Friedrich Bury könnte dafür eher in Frage kommen.

Von Moritz nahm Goethe den Aufsatz »Über die bildende Nachahmung des Schönen« in seine »Italienische Reise« auf. Aus heutiger Sicht ist dieser Essay ein ästhetisches Herumspintisieren, das man kaum noch gedanklich nachvollziehen kann. Goethe jedenfalls ehrt dieser Freundesdienst.

Inzwischen ist es April geworden und der Abreisetermin steht fest.
»Noch bin ich in Rom mit dem Leibe, nicht mit der Seele. Sobald der Entschluß fest war, abzugehen, hatte ich auch kein Interesse mehr, und ich wäre lieber schon vierzehn Tage fort. Eigentlich bleibe ich noch um Kaysers und um Burys willen. Ersterer muß noch einige Stunden absolvieren, die er nur hier in Rom machen kann, noch einige Musikalien sammeln; der andere muß noch die Zeichnung zu einem Gemälde, nach meiner Erfindung, ins reine bringen, dabei er meines Rats bedarf. Doch hab' ich den 21. oder 22. April zur Abreise festgesetzt.«
Im Aprilbericht erwähnt Goethe seinen Malerfreund Johann Tischbein, der noch immer in Neapel sei, obwohl er schon wiederholt seine Rückkehr angekündigt habe. Dieser »Tik« werde auf die Länge beschwerlich, meinte Goethe. Jedenfalls wurde der Unzuverlässige in diesen Wochen erwartet; Goethe räumt seine Wohnung und zieht eine Etage höher, »damit er bei seiner Ankunft in der untern alles bereit fände.« Von Kniep kamen nun aus Neapel die nach den Zeichnungen gefertigten Aquarelle der Sizilienreise, die Goethe sehr gefielen. Goethe wußte, daß er von seinen geliebten Gipsabgüssen nicht alle mit nach Weimar nehmen konnte, und denkt dabei auch an seine Freundin Angelika.
»Ich spreche von diesen Schätzen, welche nur wenige Wochen in die neue Wohnung gereiht standen, wie einer, der sein Testament überdenkt... Juno Ludovisi war der edlen Angelika zugedacht, weniges andere den nächsten Künstlern ...«
Dann kommt Goethe auf seine Pflanzensammlung zu sprechen. Für Angelika läßt er sich dabei etwas ganz Besonderes einfallen: »Ich nahm daher Gelegenheit, manche seltenere Pflanzen um mich zu versammeln und meine Betrachtungen darüber fortzusetzen, so wie die von mir aus Samen und Kernen erzogenen fernerhin pflegend zu beobachten.
In diese letzten besonders wollten bei meiner Abreise mehrere

Freunde sich teilen. Ich pflanzte den schon einigermaßen erwachsenen Piniensprößling, Vorbildchen eines künftigen Baumes, bei Angelika in den Hausgarten, wo er durch manche Jahre zu einer ansehnlichen Höhe gedieh, wovon mir teilnehmende Reisende zu wechselseitigem Vergnügen, wie auch von meinem Andenken an jenem Platze, gar manches zu erzählen wußten. Leider fand der nach dem Ableben jener unschätzbaren Freundin eintretende neue Besitzer es unpassend, auf seinen Blumenbeeten ganz unörtlich Pinien hervorwachsen zu sehen. Späterhin fanden wohlwollende, darnach forschende Reisende die Stelle leer und hier wenigstens die Spur eines anmutigen Daseins ausgelöscht.«
Auch Hofrat Reiffenstein wurde zuletzt noch einmal bemüht. Goethe nämlich stattete der Accademia di San Luca einen Besuch ab, um dem dort aufbewahrten Schädel Raffaels seine »Verehrung zu bezeigen«, und da kam ihm gleich der Gedanke, er müsse einen Abguß davon haben. Reiffenstein erledigte diesen Auftrag prompt, doch heute wissen wir, daß eine Verwechslung vorlag, denn ein Jahr nach Goethes Tod wurde das vollständige Skelett Raffaels gefunden. Eine weitere Versuchung, noch länger in Rom zu bleiben, trat an Goethe in Gestalt eines Signor Rega heran, der eine exzellente antike Frauenstatue anzubieten hatte. Goethe zog seinen Freund Meyer als künstlerischen Berater hinzu, doch die Figur sollte dreihundert Zechinen kosten und das war auch für Goethe eine beträchtliche Summe. Also wurde erst einmal Angelika von dem Fall in Kenntnis gesetzt.
»Wir waren beiderseits in einem wahrhaften Kampf begriffen; es schien uns in mancher Betrachtung unrätlich, diesen Ankauf zu machen: wir entschlossen uns daher, den Fall der guten Frau Angelika zu melden, als wohl vermögend zum Ankauf und durch ihre Verbindung zu Restauration und sonstigen Vorkommenheiten hinlänglich geeignet. Meyer übernahm die Meldung... und wir hofften deshalb das beste Gelingen. Allein die

umsichtige Frau, mehr aber noch der ökonomische Gemahl lehnten das Geschäft ab, indem sie wohl auf Malereien bedeutende Summen verwendeten, sich aber auf Statuen einzulassen keineswegs den Entschluß fassen könnten.«

Als Angelika kein Interesse zeigte, überlegten es sich die beiden Freunde noch einmal. Meyer vermutete, die Figur sei ein griechisches Original und der Verkäufer schien sogar bereit, auf Ratenzahlung einzugehen. Was also tun?

Goethe meinte abschließend, daß er »ohne Rat und Zustimmung unsrer edlen Kunstverwandten, des Herrn Zucchi und seiner wohlmeinenden Gattin«, nichts unternehmen dürfe, und zog sich zurück. Die Figur landete schließlich im Vatikanmuseum. Goethe fand, daß es jeder deutsche Kunstfreund bedauern müsse, sie nicht in einer vaterländischen Sammlung zu sehen.

Er versäumte es auch nicht, sich von der schönen Signorina Riggi zu verabschieden.

»Man wird es natürlich finden, daß ich bei meinen Abschiedsbesuchen jene anmutige Mailänderin nicht vergaß. Ich hatte die Zeit her von ihr manches Vergnügliche gehört: wie sie mit Angelika immer vertrauter geworden und sich in der höhern Gesellschaft, wohin sie dadurch gelangt, gar gut zu benehmen wisse. Auch konnte ich die Vermutung nähren und den Wunsch, daß ein wohlhabender junger Mann, welcher mit Zucchis im besten Vernehmen stand, gegen ihre Anmut nicht unempfindlich und ernstere Absichten durchzuführen nicht abgeneigt sei.«

Der von Goethe erwähnte und »gegen ihre Anmut nicht unempfindliche« junge Mann war Giuseppe, der Sohn des bereits erwähnten und mit Angelika befreundeten Kupferstechers Giovanni Volpato. Die Heirat fand dann tatsächlich bald nach Goethes Abreise statt, und es kann wohl kein Zweifel bestehen, daß Angelika sie eingefädelt und vermutlich auch finanziell unterstützt hat, denn Maddalena war ihr in diesen Monaten wie eine Tochter ans Herz gewachsen.

Diese neid- und selbstlose Hilfsbereitschaft, die niemals auftrumpfte oder sich auf irgend eine Weise brüstete, zeichnete Angelika Kauffmann in einem besonderen Maße aus.
Goethe hält sich an seinen Reisetermin Ende April und die Abreise geht ihm dann doch sehr nahe.
»Bei meinem Abschied empfand ich Schmerzen einer eigenen Art. Die Hauptstadt der Welt, deren Bürger man eine Zeitlang gewesen, ohne Hoffnung der Rückkehr zu verlassen, gibt ein Gefühl, das sich durch Worte nicht überliefern läßt. Niemand vermag es zu teilen, als wer es empfunden.« Für den achtunddreißigjährigen Goethe war dies ein Aufbruch zu neuen Ufern, so sehr ihn auch die Trennung bewegt haben mag. Italien lag nun hinter ihm; ein vager Plan, eines Tages wieder hierherzukommen, beschäftigte ihn noch einige Zeit, wurde aber nie verwirklicht.
Für Angelika Kauffmann sah das freilich anders aus. Die jetzt siebenundvierzigjährige Künstlerin war nach den Begriffen ihrer Zeit eine alte Frau, eine Matrone, auch wenn ihr der unvermindert anhaltende Ruhm etwas Zeitloses, etwas über dem Alter Stehendes verlieh.
Wie sehr Angelika unter Goethes Abreise litt, davon geben ihre späteren Briefe an ihn Zeugnis. Sie hatte einen sehr lieben Freund, einen wahren Herzensfreund verloren, vermißte seine anregende Gesellschaft, seine geistvolle, von einem reichen Wissen gewürzte Unterhaltung, seinen Charme, seinen nie verhohlenen Respekt. Sie muß es schließlich bemerkt und gefühlt haben, wie sehr Goethe ihren nimmermüden Fleiß, ihr Können, ihre ausgleichende Güte, ihr von weiblichen Launen freies Wesen – wie sehr er sie als Mensch liebte und verehrte. Nirgends – auch nicht außerhalb der »Italienischen Reise« – findet sich in Goethes Werk die geringste Kritik an Angelika; sie ist die einzige in seinem Reisebericht häufig erwähnte Frau und fast ein Jahrzehnt später spricht er in einem Brief von ihrer Güte und Freundschaft und von seiner Verehrung ihres Charakters

Friedrich von Schiller, Kupferstich von Friedrich Kirschner (AKG, Berlin)

und Talents. Auch Schiller konnte dies bestätigen, denn er bemerkt in einem Brief: »Angelika Kauffmann rühmt er sehr; sowohl von Seiten ihrer Kunst, als ihres Herzens. Ihre Umstände sollen äußerst glücklich sein, aber er spricht mit Entzücken von dem edlen Gebrauch, den sie von ihrem Vermögen macht... Er scheint sehr in diesem Haus gelebt zu haben und die Trennung davon mit Wehmut zu fühlen.«
Ehe nun, einige Monate nach Goethes Abreise, Johann Gottfried Herder in Rom eintraf und bald enge Bekanntschaft mit Angelika schloß, wollen wir uns ihren und Goethes Briefen zuwenden, die doch geeignet sind, das Bild von der Beziehung dieser beiden Menschen abzurunden.

21. Kapitel

Goethes Tasso – ein Zwischenspiel

Die tragische Gestalt des italienischen Dichters Torquato Tasso (1544–1595) hat Goethe lange Jahre beschäftigt und nicht nur ihn. Der erste Anstoß kam von dem Sturm-und-Drang-Dichter Wilhelm Heinse, der in Rom »Das befreite Jerusalem« – Tassos Hauptwerk – ins Deutsche übersetzt hatte. So entstanden zunächst zwei Akte eines Dramas in Prosa, doch der Stoff blieb vorerst liegen und wurde in Italien als Schauspiel in Versform gebracht. Angelika wußte, daß Goethe daran schrieb; in seiner »Italienischen Reise« hat er nur ein einziges Mal diese Arbeit erwähnt, und zwar ganz am Ende. Das Stück beschäftigt ihn auf der Rückreise in Florenz sehr, und er muß das Angelika in einem nicht mehr verfügbaren Brief mitgeteilt haben, denn in ihrer Antwort heißt es: »Ihr Tasso wirt von mier mit liebe und freude aufgenommen werden.« Es ist anzunehmen, daß Goethe sich während seines Romaufenthalts nur sehr

Johann Gottfried von Herder, Gemälde von Gerhard von Kügelgen
(AKG, Berlin)

sporadisch mit dem »Tasso« befaßte, denn wir wissen, daß er Angelika an allem, was er schrieb, teilnehmen ließ. Das Stück wurde dann erst nach seiner Rückkehr während des Jahres 1790 vollendet.

Mir geht es darum, herauszustellen, daß die Fassung des »Tasso«, wie sie bis heute auf unseren Bühnen gespielt wird, *nach* der »Italienischen Reise« entstand. Richard Friedenthal schreibt dazu:
»Goethes Hofgesellschaft besteht aus Idealgestalten ... Es ist schon viel, daß die recht irdischen Figuren Weimars den Anlaß gegeben haben zu diesen Gestalten, und da kann auch Charlotte von Stein ihren Platz finden. Vergebens jedoch wird man sie oder andere in den Personen des Dramas suchen. Sie sind aus Sehnsucht geschaffen: Solche Menschen müßte der Dichter um sich haben, edel alle ...«
Ich aber wage die Behauptung, daß Angelika Goethe so beeindruckte – oft genug hat er es ja ausgeprochen –, daß etwas von ihrer Wesensart in der Person der Prinzessin Leonore d'Este zu finden ist. Zwar wissen wir nicht, wie diese Figur in der Prosafassung angelegt war, doch müßte man blind sein, würde man nicht im vollendeten Werk einige Züge Angelikas in ihr wiederfinden. Ihre Zurückhaltung und Bescheidenheit, ihre verhaltene Sprache, ihre Nachsicht und ausgleichende Güte – ja, auch ihr leicht verhuschtes, jungfräuliches Wesen scheinen mir doch deutlich auf Angelika Kauffmann hinzuweisen. Goethe hatte in Rom viele Monate intensiven Umgang mit Angelika, sie war die einzige Frau, mit der er damals einen regen Gedankenaustausch pflegte, sie hat ihn als Mensch beeindruckt und beschäftigt und gab ihm die Vorstellung einer höheren Weiblichkeit jenseits von Erotik und Sexus. Wer in den beiden Frauengestalten des Stückes überhaupt Erotik sucht, wird allenfalls bei Leonores Freundin, der Prinzessin von Sanvitale, etwas davon finden. Sie ist unter diesen Idealgestalten quasi das Weltkind, das praktisch und ein wenig lüstern denkt. Sie ist es schließlich, die Tasso aus Ferrara entfernen will, um ihn eine Zeitlang – natürlich ideal motiviert – für sich zu haben. Insgeheim wünschte sich Angelika wohl, der Dichter möge für immer an ihrer Seite bleiben; im anregenden Austausch der Gedanken, sich gegen-

seitig geistig befruchtend. So, wie es Goethe im Tasso darstellt, wenn Leonore sagt:

Wo ist ein Mann, der meinem Freunde sich
Vergleichen darf? Wie ihn die Welt verehrt,
so wird die Nachwelt ihn verehrend nennen.
Wie herrlich ist's, im Glanze dieses Lebens
Ihn an der Seite haben! so mit ihm
Der Zukunft sich mit leichtem Schritte nahn!
Alsdann vermag die Zeit, das Alter nichts . . .

Doch Angelika war klug und einsichtig genug, um zu wissen, daß dies ein Traum blieb und bleiben mußte.
Im Schaffen Goethes aber ist der »Tasso« als Schlüsselwerk zu sehen. Man hat den Eindruck, als wollte er mit diesem Stück seinem Fürsten vor Augen führen, daß ein Dichter nicht gleichzeitig Staatsmann sein kann, und wollte damit seinen Entschluß rechtfertigen, sich von einem Teil der politischen Aufgaben zu lösen.
Das weltfremde Dichtergenie Torquato Tasso und der tüchtige und nüchterne Hofmann Antonio Montecatino sind im Grunde eine Person – nämlich Goethe selbst.
Angelika vergaß den Tasso nicht und hat Goethe in ihren Briefen immer wieder daran erinnert, so am 13. August 1788: »Ich bitte, lassen Sie den Tasso nicht zu lang ruhen, ich bitte auch im nahmen der Verehrer Ihrer Wercken.«
Am 21. September: »Ich höre, Tasso ist schon weit gekommen . . .«
Am 1. November: »Ich höre schon viel schönes von Ihrem Tasso – wie sehr freue ich mich auf dieses Wercke . . .«
Am 24. Januar 1789: »Sie werden nun mit Ihrem Tasso fast zuende sein – wie sehr verlange und erfreue ich mich auf die erscheinung dieses Wercks.«
Und dann endlich, endlich, war es soweit, als Herder nach Rom

kam und aus dem »Tasso« unter den Zypressen der Villa d'Este in Tivoli vorlas. Das war eine Stimmung, wie sie Angelika ans Herz ging: Goethes engster Freund las aus einem Werk, das der Hochverehrte geschaffen hatte, und er las es im Park einer Villa, die ein Sproß des im »Tasso« genannten Geschlechts, ein Kardinal d'Este, hier hatte erbauen lassen. Angelika schrieb Goethe am 23. Mai 1789:

»... unter den großem Cipressen hatt Herr Herder uns den überschickten Teil von Ihrem Tasso vorgelesen; mit welchem Vergnügen ich zugehört, kann ich Ihnen nicht sagen. Ich dencke es ist under Ihren schönen Wercken eins der schönsten, wer kan ein so vortreffliches meisterstück lesen, ohne begierig werden zu dem ganzen ...«

Am 1. August 1789 heißt es wieder: »Auf Ihren Tasso warte ich mit großem Verlangen ...«

Und am 10. Oktober: »Wie sehr freue ich mich auf Ihren Tasso – den Sie mir gütig versprochen haben, und den ich bald zu haben hoffe.«

Damit brechen Angelikas erhaltene Briefe an Goethe ab. Wir wissen nicht, wann der vollständige Text des »Tasso« in ihre Hände kam. Wir haben aber gesehen, mit welcher Beharrlichkeit, ja Ungeduld sie nach diesem Stück verlangte. Sie wird wohl geahnt, auch gespürt haben, daß in die Person der Prinzessin Leonore d'Este auch etwas von ihr eingeflossen war.

22. KAPITEL

Ihr Abschied durchdrang mir Herz und Seele …

Wir wissen, daß Angelika Kauffmann an Herzensbildung um vieles reicher war als an Schulbildung, die man Frauen damals versagte, doch sie besaß einen durchdringenden Verstand und war, wie wir gesehen haben, absolut in der Lage, sich mit Goethe über seine Dichtung zu unterhalten, wobei sie eigene und fundierte Ansichten äußerte. Aus der abenteuerlichen Orthographie und Grammatik ihrer Briefe dürfen wir keine falschen Schlüsse ziehen. Wenn wir heute Goethe und seine Zeitgenossen in makellosem Deutsch lesen können, so ist dies gründlicher Redaktion zu verdanken. Hier wurde bewußt auf eine Korrektur ihrer Briefe verzichtet – es hätte ihnen viel von ihrer Unmittelbarkeit genommen.

Offenbar hatte ihr Goethe gleich nach seiner Abreise einen (leider nicht mehr vorhandenen) Brief aus Florenz geschrieben, auf den sie am 10. Mai 1788 antwortete.

Theurer Freund!
Ihr abschid von uns durchdrang mier Herz und Seele, der tag Ihrer abreis war einer der traurigen tagen meines lebens, vor die lieben Zeillen die sie mier geschrieben da sie im begriff waren Rom zu verlassen habe ich Ihnen schon vielmahl gedanckt. Nun danck ich Ihnen herzlich vor Ihr schreiben aus Florenz welches ich mit gröstem Verlangen erwartet; mier träumte vor ein par nächte ich hette briefe von Ihnen empfangen, und war getröst und sagte, es ist gut das er geschriben sonst wer ich bald aus Wehmut gestorben. Mich vergnügt zu wissen daß Sie wohl seind, der Himmel erhalte sie immer so. Ich lebe so ein trauriges leben, in einer art von gleichgültigkeit, weillen ich nicht sehen kann was ich zu sehen wünsche, ist mir alles eins was ich sehe, oder wen ich sehe, ausgenommen unseren würdigen freund Reiffenstein, mit dem ich von Ihnen sprechen kan. Die sontage auf die ich mich sonsten so sehr gefreut, haben sich in traurige tage verendert. Und sie sagen die sonntage kommen nicht wieder, das will ich nicht hoffen. Das wort nicht wieder kommen thönt zu hart – nun will ich vor das mahl von sorgen nichts mehr sagen. Wissen sie wohl das ich etwas habe das Ihnen gehört und das sie mit vielen sorgen auferzogen haben, dem guten Schütz danck ich vor das. Ihr kleiner Pignen Baum stehet nun in meinem garten, das ist nun meine libste Pflanze. Noch etwas habe ich das Ihnen gewidmet ehe denn es mein war, die figur von der ich Ihnen gesprochen die Muse, nur fehlt mir an sicherer gelegenheit es Ihnen zu schicken. Zu dem werden sie mier helfen, den mier wer leid wans solte verlohren gehen.

Der Brief geht noch lange weiter, Angelika richtet Grüße von Zucchi und Spina aus und immer wieder spüren wir die Trauer um den Freund, um die Sonntage in seiner Gesellschaft; da ist die kleine Pinie halt doch ein schwacher Trost. Ja, Goethe hatte seine Spuren in Rom hinterlassen, er war kein Mensch, den man schnell vergißt.

Mit ihrem Mann und mit Reiffenstein sprach sie von den vergangenen Tagen und man hegte allgemein die Hoffnung, daß Goethe in den nächsten Jahren wiederkommen werde. Inzwischen hatte er ein zweites Mal aus Florenz geschrieben, und Angelika antwortet sofort in einem Brief vom 17. Mai 1788: »Tausend mahl dancke ich Ihnen mein theurer Freund vor die Freude so sie mier gemacht mit Ihrem zweiten schreiben aus Florenz.«
Sie beneidet Kayser, daß er mit Goethe reisen darf, und schildert ihre derzeitige Seelenlage so: »Aber mier gehets wie es mier gegangen da sie hier waren, Ihre Gegenwart machte mich confus, da sitze ich mit der Feder in der Hand, hette vieles zu sagen, möchte gerne Ihnen vieles sagen, alle Empfindungen meines Herzens klagen, aber was hilfft das, alles was ich sagen kan bringt sie nicht zu Ruck. Es ist besser ich schweige, Ihr empfindliches Herz kan das übrige dencken. Der 23 deß verwichnen der fatale tag hat mich in eine traur gesezt aus der ich mich nicht widerholen kan. Der schöne Himmel die schönsten Gegend ja leider auch das schöne in der Kunst sehe ich mit einer art von gleichgültigkeit. Ich glaube würcklich ich bin an dem äuserstem Rande der unklugheit von der wir manches mahl gesprochen. In jener welt wirt es hoffe ich bestimbt sein das Freunde sich nicht mehr trennen, glückliches leben mich freut schon darauf...
Vor einigen Tagen besuchte ich mit Zucchi Ihre wohnung, um da etwas zu sehen. Was ich gesehen will ich Ihnen sagen nach dem ich es wieder und besser gesehen. Wir waren oben in Ihrem Cabinet. Ich fühlte als wer ich an einem heilligen orte, wo Jemand gewohnt den man in grösten Ehren hält. Konte fast nicht von der stelle kommen...«
Das klingt nun manchmal fast wie ein Liebesbrief, und Stellen wie die von der Hoffnung auf ein Jenseits, wo Freunde sich nicht mehr zu trennen brauchen, könnten bedenklich stimmen, wäre nicht dieser Überschwang romantischen Empfindens, der auch andere Briefe, Romane und Bühnenstücke aus jener Zeit

beherrscht und den wir genauso zwischen Männern oder Freundinnen finden. Trotzdem darf kein Zweifel daran bestehen, daß Angelika in den ersten Tagen und Wochen nach Goethes Abschied etwas empfand, das man fast als Entzugserscheinungen bezeichnen könnte. Aus ihren Briefen spürt man auch das Bemühen, dem Freund Gefallen zu erweisen. Sie zeichnete ihm Titelblätter, erledigt allerlei »comissionen«, will auf jede Weise mit ihm in Verbindung bleiben.

Im Juli 1788 ist Goethe wieder in Weimar und auch hier warten Briefe auf ihn. Einer kam von Hofrat Reiffenstein – eine köstliche Mischung aus beflissener Servilität und sanfter Ironie. Offenbar hatte Goethe ihm den Auftrag erteilt, eine Kopie von der Totenmaske Torquato Tassos zu beschaffen, deren Original im Besitz des Klosters Sant' Onofrio war. Doch anscheinend weigerte sich der »dasige Obermönch« und der vielerfahrene Reiffenstein mußte sich ein »Cardinalbillet« besorgen, worauf er das Gewünschte bekam. Mit leisem Vorwurf merkt der Hofrat an, daß »Dero Bescheidenheit uns nichts zu erwähnen beliebet, damit... wir nicht auf einmahl mit zu vielem Nectar und Ambrosia überladen werden solten.«

Es ging um den »Faust«, den Goethe nicht erwähnt hatte und von dem Reiffenstein nun hofft, daß er ihn »bey Dero Wills Gott baldigen wiederkunft vortragen werde.«

Der zweite Brief kam von Angelika und stammt vom 23. Juli 1788. Da lange nicht alle Briefe erhalten sind, Angelika aber ein Schreiben vom 28. Juni erwähnt, müssen wir daraus schließen, daß Goethe in den ersten Monaten nach seiner Ankunft sehr viel Post bekam. Angelika entschuldigt sich gleich mit dem ersten Satz dafür : »Diese briefe kommen zu offt, werden Sie mir sagen, doch ich habe ja seit dem 28. Des Verwichenen nicht geschrieben... Das Sie mein theurer Freund so bald nach Ihrer ankunft an mich gedacht, und mir geschrieben, ist mir ein neues Zeugnis Ihrer güte, dann ich kann mir leicht vorstellen, freunde und geschäffte in grosser menge habend auf sie gewartet...

... das ich mit meinen gedancken (ich darf nicht sagen wie offt) in Weimar bin, das weis ich – das meine tage ohne freude und ohne genuss vorübergehen, das weis ich auch – mehr will ich von meinen sorgen und empfindungen vor dieses mahl nicht sagen ...
Die Pinie ist schön, und seit dem ich sie in meiner Besorgung habe schon zwei gute Zoll gewachsen ... Das ist mir eine liebe und sehr bedeutende pflanze ...
Lieber Freund, ich weis Sie seind anjezzo in einer ganz anderen Lage als da Sie in Rom waren, doch will ich hoffen ... das Sie mir immer erlauben werden sie freund zu nennen. Ihre briefe seind die freude meines lebens.«
Die kluge Angelika vermutet ganz richtig, daß Goethe »anjezzo in einer anderen Lage« ist. Seine Briefe treffen jetzt seltener in Rom ein und das hat – von seiner vielen Arbeit abgesehen – auch einen gewichtigen Grund. In jenem Sommer trat Christiane Vulpius in sein Leben, wurde schnell seine Geliebte, und Friedenthal meint, sie habe jener römischen Faustina ein wenig geglichen. Goethe ist auf den Geschmack gekommen, er hatte sich in Rom sexuell emanzipiert und machte keinerlei Hehl aus seiner jungen Geliebten. Nach Rom schrieb er davon natürlich nichts, das war kein Thema für die »zarte Seele Angelika«, die ständig davon träumt, daß der geliebte Freund wieder ihr Haus betritt. In einem Brief vom 5. August 1788 lesen wir: »Mir träumte verwichene Nacht Sie waren wieder gekommen, ich sahe sie von ferne – und eilte Ihnen entgegen bis zur Hausthüre, fasse Ihre beiden Hände die ich so fest an mein Herz gedruckt das ich davon erwachte, ich war böse auf mich das ich mein geträumtes Glück zu lebhaft gefühlt und mir selbsten dadurch das Vergnügen abgekürzt.«
Des weiteren erzählt sie von ihrer Arbeit, spricht davon, daß ihr Selbstporträt nun in den Uffizien hängt und der Großherzog sie mit »einer ungeschickt großen Goldmedaille beehret.« Wir erfahren auch, daß Goethe die Romreise seines Freundes Herder

angekündigt hatte und daß der Komponist Kayser wieder auf dem Weg nach Italien ist.
Für Herder hatte Goethe schon einen Brief an Angelika vorausgesandt, und er rät: »Mich freuts, wenn du Angelika und sie dir einige gute Stunden macht. Wenn dir Bury lieb wird sein. Sei doch ja gegen Rat Reiffenstein recht artig und rühme ihm, wie sehr ich seine Freundschaft gerühmt.«
Angelika aber setzte ihre hektische, fast ungeduldige Korrespondenz mit Goethe fort. In einem Brief vom 13. August 1788 beklagt sie sich über die Langsamkeit der Post: »Was mag doch die ursach sein das die briefe von Weimar eben so lange Zeit laufen als die briefe aus Engelland – Ihren wehrtesten von 19 July empfieng ich den 5 diesses, und zur nehmlichen Zeit hatte ich briefe aus London von 18 July.« Daß Briefe und Postkarten aus oder nach Italien heute manchmal noch genauso lange brauchen, sollte doch am Rande erwähnt werden.
Inzwischen war Herder in Rom eingetroffen, und Angelika meldet dies sofort nach Weimar: »Ich hatte große freude diesen würdigen Mann der Ihr freund ist zu sehen, übergab ihm gleich Ihren brief, die fragen nach Ihnen erwartete kaum die antwort... Die Herzogin Mutter wirt noch zu ende des Monats hier eintreffen...
Es ist sonntag, und anstat Sie abzuholen habe ich Ihnen diese weinigen Zeillen geschrieben, und das mit der lieben kleinen feder die ich Ihnen geraubt habe. Nun komt unser gute Herr Rath mit dem ich von Ihnen sprechen kan...«
Wie immer in ihren Briefen an Goethe läßt sie an ihrem Leben teilhaben, spricht über seine und ihre Arbeit, über seine in Rom gebliebenen Freunde, von denen ihm Friedrich Bury einer der liebsten war.
Nach Herder war ein weiterer Gast in Rom eingetroffen: die Herzogin Anna Amalia von Sachsen-Weimar. Diese hochgebildete und Goethe sehr wohlgesonnene Frau war damals knapp fünfzig Jahre alt und verstand sich mit der zwei Jahre jüngeren

Angelika auf Anhieb. Die beiden Damen verbanden ihre aneinandergrenzenden Gärten durch ein kleines Tor und wurden trotz des damals als sehr gewichtig empfundenen Standesunterschieds gute Freundinnen.
Die Herzogin hatte nach dem frühen Tod ihres Mannes (1758–1775) für ihren Sohn die Regentschaft geführt und sie war es eigentlich, die Weimar zu einem geistigen Brennpunkt im damaligen Vielvölkerstaat Deutschland machte. Sie komponierte und spielte mehrere Instrumente und das mag wohl bei der hochmusikalischen Angelika der erste wichtige Berührungspunkt gewesen sein. Die Herzogin hatte Goethe den mäßigenden Einfluß auf ihren Sohn nie vergessen und war ihm auch jetzt nicht böse, da er sich kurz vor ihrer Ankunft davongemacht hatte. Doch er hatte für sie vorgesorgt: die Villa Malta war gemietet und für die herzoglichen Bedürfnisse eingerichtet, eine Ehrendame stand in der Person der Prinzessin della Croce bereit – natürlich von Angelika ausgewählt und vorgeschlagen.
Herder aber war für Angelika der wichtigere Gast, denn er war mit Goethe eng befreundet, in ihm sah sie so etwas wie einen »Ersatz-Goethe«. Er wurde sofort im Haus der Herzogin – die ihn natürlich gut kannte – aufgenommen, zog sogar bald für seinen ganzen römischen Aufenthalt in die Villa Malta. Zuerst aber hatte sich für ihn die langersehnte Italienreise weniger gut angelassen.
Weil Herder doch in eine nahe Beziehung zu Angelika trat, müssen wir uns mit dem vielseitig gebildeten Gelehrten – Arno Schmidt sah in ihm den klassischen Polyhistor – näher befassen. Im Gegensatz zu seinem Freund Goethe schätzte Herder in Angelika nicht nur den Menschen, sondern die Frau und wenn unsere Quellen nicht trügen, hat er sich sogar ein wenig in sie verliebt.

23. KAPITEL

Der Herr Pastor in Rom

Johann Gottfried Herder war in einen Stand hineingeboren, der von Aussichtslosigkeit, Armut und Elend geprägt war, dem aber auch Geistesgrößen entwuchsen, die dem »Volk der Dichter und Denker« alle Ehre machten.
Herder war das dritte Kind eines Lehrers und Küsters und tat, was die meisten taten, die nicht in einer Dorfschule versauern wollten, er studierte Theologie. Mag auch damals eine sichere Pastorenstelle sein Ziel gewesen sein, so nützte doch Herder alle Möglichkeiten, sich in anderen Wissenschaften zu bilden. Er studierte Geographie, Metaphysik und Logik, hörte Philosophie bei Kant in Königsberg, veröffentlichte ein Buch über neuere deutsche Literatur und reiste ein wenig in Europa herum. Eine Stellung als Prinzenerzieher gab er bald wieder auf; 1770 lernte er in Straßburg Goethe kennen, der von dem fünf Jahre Älteren sehr angetan war, doch zu einer engen Freundschaft kam es erst viel später.

Im Mai 1771 wurde Herder Konsistorialrat in Bückeburg, zwei Jahre später heiratete er Caroline Flachsland. Die Dompredigerstelle beim Grafen von Schaumburg-Lippe machte ihn nicht glücklich und so hatten seine Freunde eine Berufung als Theologieprofessor nach Göttingen durchgesetzt, was orthodoxe Kreise zu verhindern suchten. Noch ehe eine Entscheidung fiel, kam ein Ruf aus Weimar, wo Goethe schon vorgearbeitet hatte und Herder nun Generalsuperintendent wurde – das höchste Kirchenamt in dem kleinen Fürstentum. Hier schrieb er Werk um Werk über Theologie, Philosophie und literarische Themen, während sich die Freundschaft zu Goethe vertiefte.
Kurz nach Goethes Rückkehr machte sich nun Herder auf die Reise nach Italien, die ihm ein anonymer Verehrer gestiftet hatte. Hatte er schon genug Ärger mit seinem Reisegefährten, einem Domherrn aus Trier, der seine Geliebte mitnahm, so ergaben sich weitere Schwierigkeiten in Rom, das auf ihn fremd und betäubend wirkte, ihn aber auch neugierig machte. Angelika hatte er sich offenbar jünger vorgestellt und er spürte sofort, wie sehr sie Goethe vermißte. Doch er konnte und wollte nicht in die Spuren seines Freundes treten – sein Brief vom 3. Dezember 1788 an Goethe läßt dies klar erkennen: »So einen anderen Weg ich in diesen und anderen Dingen gehen möge, als Du, Tausendkünstler, dabei gegangen bist, so finden wir uns am Ende doch zusammen …
Die Angelika ist eine liebe Madonna; nur in sich gescheucht und verblühet auf ihrem einzelnen schwachen Zweige. So ein ehrlicher Preuße Reiffenstein, und so ein guter Venezianer ihr Zucchi sein mag: so stehet sie doch allein da ohne Stütze und Haltung; daher ich allemal mit betrübtem Herzen von ihr scheide. Du hast ihr sehr wohlgetan, und sie findet an mir nichts von dem wieder, was sie an Dir verloren.«
Seine Einstellung zu Angelika änderte sich bald, doch was Goethe angeht, wird er in einem Brief an seine Frau deutlicher: »Die Regeln aus Goethes Mund schmecken mir nicht. Was sollen die

Tadeleien, die Korrektionen.. Wie Goethe hier gelebt hat, mag und will ich nicht leben... Ich bin nicht Goethe, ich habe auf meinem Lebenswege nie nach seinen Maximen handeln können; also kann ich's auch in Rom nicht... Verdorben ist einmal meine Reise, und ich hätte sie nie tun sollen; doch wer weiß, wozu auch sie gut ist! Mir gibt sie einen Ruck auf mein ganzes Leben, ob sie mir gleich nie eine angenehme Erinnerung sein wird. Auch von Goethes Gesellen habe ich eigentlich wenig: es sind junge Maler, mit denen am Ende doch nicht viel zu tun ist... Goethe wohnte unter ihnen und wußte sie zu brauchen...«

Recht deutlich, wie Herder sich hier äußert, doch später sah er alles in einem milderen Licht. Mit Goethe konnte er freilich nicht mithalten, der Herr Pastor. Ihm wäre es auch nie eingefallen, seine Zimmer in der Villa Malta mit einer einfachen Wohnung am Corso zu vertauschen – der Herr Pastor liebte seine Bequemlichkeit.

In einem Brief an seine Frau nennt er Angelika:

»...eine feine zarte Seele, ganz Künstlerin, äußerst simpel, ohne Reiz des Körpers, aber in allem sehr interessant, der Hauptzug ist Simplicität, Reinheit und Feinheit. Schade für die Kunst und die Menschheit, daß sie schon etwas altert.«

Es folgen nun regelmäßige Briefe an Caroline Herder nach Weimar und wir finden kaum einen darunter, in dem Angelikas Name nicht auftaucht. Wie andere auch, empfand Herder Angelikas Zartheit und Hilfsbedürftigkeit als hervorstechende Merkmale, wenn er aber einen Rat brauchte, wandte er sich doch an sie – wie andere auch. So etwa, als es darum ging, wie er sich in Rom kleiden solle und wer ihm günstig »ein schwarzes Kleid« mache.

Herder kann jetzt zufrieden sein: Die Herzogin, Angelika und Reiffenstein haben ihn in ihren Kreis gezogen, und sogar zu der geplanten Neapelreise wird er eingeladen. Der Herr Pastor beginnt, die Situation zu goutieren, auch wenn er weiterhin bewußt Distanz zur sinnlich-genußfreudigen Welt dieser verwirrenden Stadt wahrt. Um so mehr scheint ihn Angelika zu beeindrucken: »... sie ist eine gar zarte, jungfräuliche Seele, wie eine Madonna oder wie ein Täubchen. In kleiner Gesellschaft zwischen zwei und drei ist sie gar lieblich; sie lebt aber sehr eingezogen, ich möchte sagen, in einer malerischen Ideenwelt, in der das Vögelchen auch nur alle Blumen und Früchte mit dem Schnäbelchen berühret.«

Mag dies auch der äußere Eindruck von Angelika gewesen sein, mag sie auf Männer noch so schutzbedürftig gewirkt haben, so hat sie – bei Goethe klingt dies an – ihr Leben fest in der Hand gehabt, war fleißig und umsichtig und hielt ihr Vermögen so gut zusammen, daß sie schließlich als sehr reiche Frau starb. Doch von diesen Dingen gab sie nichts preis, ihr Ideal, ob bewußt oder unbewußt, war nun einmal das zarte Seelchen. Übrigens hat Herder bei der Beschreibung Angelikas häufig die Bezeichnung »jungfräulich« gebraucht, und daß er dies wörtlich meinte, wird aus einem Brief an seine Frau deutlich:

»Die Angelika ist gar lieb und hold: Leider aber durch die fatale Kunst, in der sie obgleich wie ein Engel existiert, und von Kindheit auf existiert hat, auf ihrem Stamme vertrocknet. Sie ist eine Dichterin mit dem Pinsel, und hat eine sehr zarte Empfindung. Sie grüßet Dich sehr, und hat mir angetragen, mein Gemälde ihr zu lassen, zum Pendant von Goethe, den sie auch gemalt hat. Ich hasse die Pendants, und weiß überhaupt nicht, ob sie Zeit dazu gewinnen wird, sonst wäre es der Mühe wert, zu sehen, wie sie mich sieht und denket. Goethes Bild hat sie sehr zart ergriffen, zarter als er ist; daher die ganze Welt über Unähnlichkeit schreiet, die doch aber wirklich im Bild nicht existiert. Die zarte Seele hat ihn sich so gedacht, wie sie ihn gemalt. Auch der Herzogin Bild ist vortrefflich, aber auch ganz und gar idealisiert. Sie kann nicht anders, und ist überhaupt eine zarte Engelsfrau oder vielmehr Jungfrau, die sie leider noch sein mag.«

Wieder hören wir fünfmal das Wort »zart« in Verbindung mit Angelika, und es ist recht aufschlußreich, wie Herder ihr Bildnis Goethes verteidigt. Er als einziger jedenfalls sprach aus, was andere nur ahnungsvoll empfanden: Angelika muß trotz ihrer beiden Ehen jungfräulich geblieben sein.
Angelika aber schwebte im siebten Himmel, nachdem die Herzogin sie spontan nach Weimar eingeladen hatte. Für sie war dies vor allem ein Wiedersehen mit Goethe, dem sie diese erfreulichen Aussichten in einem Brief vom 1. November 1788 sofort mitteilt: Wissen Sie wohl mein teurer Freund, ich komme nach Weimar – hetten Sie das wohl träumen können. Ihro Durchlaucht die Frau Herzogin hat unseren guten Hrn. Rat Reiffenstein – Zucchi und mich auf das gnädigste eingeladen, entweder mit ihr zurück oder ihr zu folgen.«
Wieder spricht sie den Wunsch aus, Goethe noch vorher in Rom zu sehen. Als sie mit der Herzogin, Zucchi, Herder und anderen ein Museum besucht und dort vor einer Apollstatue verweilt, kam der Vorschlag, den Gott um etwas zu bitten: »Meine bitte an den Apollo war, das er sie inspiriere nach Rom zu kommen, das mein bitten doch erhöhret würde.«
Inzwischen war das Jahr 1789 angebrochen und Angelika berichtet Goethe über die Reise Ihrer Durchlaucht nach Neapel – auch Herder und Reiffenstein sind dabei – und sie versichert ihm, daß sie sich nun ernsthaft auf die Reise nach Weimar vorbereitet.
Nach seiner Rückkehr aus Neapel schließt Herder sich immer enger an Angelika an und man gewinnt den Eindruck, daß allein sie es ist, die ihm den Aufenthalt in der katholischen Stadt überhaupt erträglich macht. Nun lesen wir kein Wort mehr über Angelikas Alter, das ihn zu Anfang so beschäftigt hat. Sie ist seine »Trösterin«, ihre Freundschaft »erhebt« ihn, er preist und lobt sie in allen nur möglichen Tönen in den häufigen Briefen an seine geduldige Frau, die sich das Ihre dabei gedacht haben wird.
Am 14. März schreibt er: »Angelika will mich morgen oder

übermorgen anfangen zu malen; sie ist ein gar gutes liebliches Wesen, so bescheiden, sanft und in ihrer Kunst wie ein Vögelchen lebend ...«

Und am 21. März: »Vorigen Sonntag habe ich bei Madame Angelika gesessen, morgen sitz ich wieder. Der erste Ausblick des Bildes hat mich sehr gefreut, und überhaupt ist Angelika jetzt meine einzige Trösterin in Rom. Je mehr ich sie kennenlerne, desto mehr gewinne ich dies seltene jungfräuliche Kunstwesen lieber; eine wahre himmlische Musik voll Grazie, Feinheit, Bescheidenheit und einer ganz unnennbaren Güte des Herzens. Sie hat auch mich recht gern, und die Stunden, die ich bei ihr zubringe, sind mir ohne allen Vergleich die liebsten, die ich in Italien genossen habe ...«

Am 28. März: »Was mich in diesen letzten Wochen auf eine sonderbare Weise ... gereinigt und veredelt hat, ist der Angelika Freundschaft. O daß ich so viel Zeit in Rom verloren und mich gequält habe, ohne diese zarte und edle Seele, die so schüchtern und zurückgezogen wie eine himmlische Erscheinung ist, näher kennen zu lernen. Jetzt da ich seit meiner Reise in Neapel klarere Augen und eine ruhigere Seele habe, ist mir diese Frau über alles, was in und um Rom ist, teuer. Ich bin bei ihr so gern, und immer in dem Zustand einer süßen und stillen Verehrung, wie auch sie es gegen mich zu sein scheinet, und wirklich ist. Von Dir spricht sie in ihrer holden Schüchternheit eben also, und sieht dich wie ein höheres glückliches Wesen an ... und ist bei all der demütigen Engelsklarheit und Unschuld, von der alle ihre Arbeiten zeugen, vielleicht die cultivierteste Frau in Europa.«

Was soll man dazu sagen? Hat Herder sich etwa in Angelika verliebt und gaukelt seiner Frau eine reine Seelenfreundschaft vor? Sollten seine Gefühle je anders als platonisch gewesen sein – an Angelikas jungfräulichem Wesen mußte jedes fleischliche Gelüst scheitern. Caroline Herder scheint das auch erkannt zu haben, wenn sie beteuert:

»O wie danke ich Gott, daß er Dir die treffliche Angelika gezeigt und gegeben hat. Ja, ich gönne Dir, Du mein Einzigguter, dieses reine schöne Glück...«

Jetzt wäre es natürlich gut, zu wissen, wie Angelika dies empfunden hat. Sie sieht es offenbar nüchterner, was aus ihrem Brief vom 23. Mai an Goethe hervorgeht, der am Ende dieses Kapitels zitiert wird. Zuvor noch einmal Herders Stimme, mit dessen zunehmender Abneigung gegen Rom die Freundschaft und Verehrung für Angelika steigt.

»Angelika, die zarte, treue, reine, feste Seele, grüßet Dich als Schwester und Freundin. Ich bin bei ihr fast alle Tage... und die blöde, reine, heilige Künstlerin hat mich, ob ich gleich so ein kunstloser Mensch bin, auch lieb... Sage aber Goethe hierüber nichts als gemeine Dinge; ich will nicht, daß er wisse, wie ich von ihr denke.«

Für die mit dem Vokabular des 18. Jahrhunderts weniger vertrauten Leser sei gesagt, daß »blöde« in diesem Zusammenhang im Sinne von »arglos« zu verstehen ist, wie auch »gemein« mit »gewöhnlich« übersetzt werden muß.

Am 7. April setzt Herder sein Preislied verstärkt fort: »Überhaupt, liebes Weib, ist diese Frau eine wahre Perle der Freundschaft und Unschuld, die ich noch zu guter Letzt gefunden habe und immer aufbewahren werde. Sie ist wie ein geläutertes Gold, zart wie eine in sich zurückgescheuchte Taube, die aber in einer eigenen, großen und fröhlichen Welt, die in ihr ist, lebt; und dabei die Moralität, Frömmigkeit, Sittsamkeit, Reinheit und Unschuld selbst... Leider, daß sie in dem Rom, dem verwünschten Rom lebt, und noch so manches andere Leider!... Sie ist eine heilige Seele.«

Jetzt beginnen die Gefühle Wellen zu schlagen. Angelika liebt Caroline wie einen Engel – ja, wie eine Göttin, sie möchte mit diesen Freunden sterben und sie ist – der Pastor schreibt es gerührt hin – eine »heilige Seele«...

Man sucht einander in Hochgefühlen zu übertreffen und hat

keine Scheu vor Übertreibungen, die uns heute fast peinlich anmuten. Plötzlich scheint Herder zu bemerken, daß Angelika, die er unzählige Male eine zarte unschuldige Seele genannt hat, durchaus weiß, was sie will. In einem Brief lesen wir mit Verwunderung: »...sie hat bei aller Zartheit einen sehr klaren Sinn, der sie in allem leitet, und eine sehr männliche Seele.«

Herder bleibt noch bis Mitte Mai in Rom und am 22. Mai schildert er in einem Brief an Caroline aus Florenz den Abschied von Angelika. »Ach Gott, wenn Du die großmütigste, stille, schweigende Frau am Morgen des Abschieds gesehen hättest! Sie konnte nichts reden, sah aber sehr elend aus, und als sie den Pinsel nehmen wollte, zitterte sie so, daß sie ihn augenblicklich niederlegte. O das ist eine heiliggute Seele! Mich ängstigts, daß ich noch keine Zeile von ihr habe. O wie wirst du die Frau liebgewinnen, wenn Du sie näher kennen wirst! Nochmals gesagt, sie ist eine seltne, heilige Seele; wäre sie krank geworden, ich könnte ordentlich nicht zufrieden werden. Morgen will ich an den Engel schreiben.«

Zum Abschluß sei aus Angelikas Brief an Goethe vom 23. Mai 1789 zitiert, den sie kurz nach der Abreise Herders schrieb. Während dieser die Heimreise antrat, ging die Herzogin Anna Amalia ein zweites Mal nach Neapel, um dort den Sommer zu verbringen.

»... auch der gute und vortreffliche Herder ist abgereist, wünsche er were schon bei den seinigen, die ich ehre und liebe. Heute vor 14 Tagen war ich noch mit der respectablen Gesellschaft in Tivoli, in der Villa d'Este. Under den großen Cipressen hat Herr Herder uns den überschickten teil von Ihrem Tasso vorgelesen; mit welchem Vergnügen ich zugehört kan ich Ihnen nicht sagen...

Längsten hette ich Ihnen dancken sollen vor Ihre schriften achter Band... verzögerte aber aus Furcht Sie möchten etwan sagen, ich schreibe zu oft. Mein stillschweigen ist nicht vergessenheit... Ich wünschte Ihnen von der Kunst, oder von Künstlern oder von etwas anders angenehmes schreiben zu können ... aber der abschied von so vielen guten Freunden macht mich ganz traurig, so das ich das mahl nur sagen kan, das ich noch lebe ...«

Damit endete nun Angelikas Lebensabschnitt, der unter dem Motto »Weimar in Rom« stand. Zwar blieb die Herzogin noch fast ein Jahr länger in Italien, verbrachte aber einen guten Teil davon in Neapel, wo sie das etwas kuriose Hofleben bei König Ferdinand und seiner tüchtigen Gemahlin genoß, aber auch Angelika in Rom nicht vergaß. Am 7. Juli 1789 schrieb sie ihr: »Die Liebe und Freundschaft die ich für Sie habe, liebe Angelika läßt mich auch von Ihnen hoffen, daß Sie mir verzeihen werden wenn ich Ihnen solte in Ihre Beschäftigungen stören; es ist mir aber unerträglich so lange von Ihnen keinen lautgen zu hören. Wie stehets mit Ihre Gesundheit? wie leben Sie, liebes Weibchen? Immer vor der Staffeley? Ach komen Sie doch nach Neapel. Sagen Sie unsern alten Zucchi und stellen Sie es ihm recht süße vor, was für herrliche Zeichnungen und schöne neue Ideen er hier bekommen würde.«

Die Herzogin hatte gut reden. Für Angelika wird es damals schon recht schwierig gewesen sein, den »alten Zucchi« – er war jetzt vierundsechzig – noch in Bewegung zu setzen, und von ihrer Staffelei mochte sie sich weniger denn je trennen. Wen oder was hatte sie denn jetzt noch? Reiffenstein war ein brauchbarer und angenehmer Mensch, aber als geistvoller Gesprächspartner schied er wohl ebenso aus wie Zucchi, der Abbate Spina oder die anderen altgewohnten Hausgäste, die herumsaßen, ein bißchen klatschten, aber das am wenigsten bieten konnten, was Angelika so dringend entbehrte – geistige Anregung.

24. KAPITEL

... ist die Arbeit und der Fleiß meine Freude

Fleißig war sie immer gewesen, und ihr Lebensziel hat sie nie aus den Augen verloren, die Muse von Rom, auch wenn ihr Salon vor Gästen barst, auch während Goethes oder Herders Romaufenthalt. In einem ihrer Briefe lesen wir: »Es kommen alle Winter sehr viele Freunde nach Rom ... Obgesagte Reisende sind gemeiniglich Liebhaber der Künsten und sehr reich ... Die mehresten wollen auch von meiner Arbeit etwas haben ... So lange Gott Gesundheit gibt, ist die Arbeit und der Fleiß meine Freude.«
Angelika Kauffmann war nun über dreißig Jahre künstlerisch tätig, ganz Europa kannte und schätzte ihre Werke, die Uffizien hatten ein Selbstbildnis angefordert, das nun im »Saal der Selbstporträts« neben den berühmtesten Malern aller Zeiten und Länder hing. Hatte ihr Ruhm gelitten, schätzte man sie inzwischen weniger hoch ein, war sie »unmodern« geworden?

Nichts von alledem. Die Kunden waren ihr treu geblieben, die Aufträge häuften sich wie eh und je. Der Kunsthistoriker A. M. Clark schreibt zur Kunstszene im damaligen Rom: »Durch die ganzen neunziger Jahre hindurch wurde aber Angelika nicht nur geduldet, sondern sogar hoch geachtet. Als spontane und poetische Künstlerin, als Repräsentantin der ›Wiedergeburt der Kunst‹ (Winckelmann und Mengs) und als hochgebildete und erfahrene Frau war sie für jede Partei annehmbar …«
Nach diesem Wissenschaftler soll noch Marianne Krauss das Wort haben – eine junge Frau, die 1791 mit dem Grafen Solms und dessen Gattin in Rom war und deren frisch-naiver, durch kein Vorurteil getrübter Bericht nicht ohne Interesse ist. Am 31. Januar lesen wir: »Die berühmte Angelika Kauffmann machte ich heute meine Aufwarttung. Ich fand sie, wie ich sie mir wünschte, sehr gefällig. Ich war so Entusiast über all die gute gemälde …
Angelika gleicht meinem Porträt zu hause gar nicht … und hat einen Alten Mann, welches mich nicht wenig gewundert hat …
Am 7. Februar: Angelika Kauffmann war gestern früh mit ihrem Mann bei uns. Ich kann mirs gar nicht zusammen Reimen, das dieses Weib, wo so viel Vorzüge so wohl an Geschiklichkeit als Karacter hat, so ein Mann, welcher schon recht alt ist und ein Brummeltippe gleicht, nehmen konnte …
5. Merz: Wir fuhren in die Villa ludovisi … Von da aus besuchten wir Angelika. Sie Mahlte just ein Portrait, wo sie ganz Nathur mit Kunst verbunden hat … Signor Zucki wiss mir sein Zeichnungen. Nun habe ich ihn viel lieber .. Er kann kein word Teutsch.«
Wenn es bei der jugendfrischen Marianne Krauss auch gewaltig mit der Orthographie haperte, ihre respektlos-naiven Berichte sind Goldes wert. Am 22. März nahm sie an einer Theateraufführung teil und schildert nun die Reaktion der Zuschauer: »Da sizte also die holzige Krauss neben einer Angelika, die so laut schlukte, das sich steine hätten bewegen können … H. Reif-

fenstein weinde doch noch zierlich, man konte die langsam herabrollenden andikischen Tränen zehlen ... Angelika war so hingerissen, das sie der Schöne wohl 20 mal die hand küste ...

Den 31. May

gab H. Graf denen Teutschen Mahler Schmit, Dies, Vallenti und Meister Trippel ein Mittag essen. Nach Tisch kamen ... Angelika und Zuchi auch. Das ist doch sonderbar, die Angelika hab ich herzlich lieb, aber ich bin genirt bei ihrer gesellschaft, und wenn ich noch 10 Jahre hir wäre, so würd ichs nie.«

Hier sträubt sich ein Mensch der jungen Generation gegen die Gefühlswelt der Alten, lacht über die »andikischen Tränen«, und doch spüren wir den Respekt für Angelika, deren Zauber auch bei Marianne Krauss nicht versagte, die am 26. April notierte: »Angelika mit Signor suki war da, ich gewin Sie täglich mehr lieb und ihren Mann weniger.«

Der Goethefreund Johann Heinrich Meyer war Mitte der neunziger Jahre in Rom und schreibt nach Weimar:

»Die Angelika ist noch immer munter. Sie sieht gesunder, fetter und jünger aus als ehmals und mahlt noch eben so gut oder besser als zu unserer Zeit ...«

Das zarte Elfchen ist also ein wenig rundlich geworden ... Doch Meyer versteht das in einem durchaus positiven Sinn, als Gegensatz zu kränklich oder ausgezehrt.

Hofrat Johann Friedrich Reiffenstein hat am 6. Oktober 1793 das Zeitliche gesegnet und wurde von Angelika sehr betrauert. In einem Brief an die Herzogin Anna Amalia schreibt sie:

»O! wie oft erinere ich mich der einstens genossenen glücklichen Tage, ja wohl die glücklichsten meines Lebens ...

und seit dem hatte ich den schmertz einen meiner ältesten und

Ludwig I. von Bayern als Kronprinz, ein Gemälde von Angelika Kauffmann
(Bayerische Staatsgemäldesammlung, München)

Die Schriftstellerin Germaine von Staël-Holstein, nach einem Gemälde von Elisabeth Vigée-Lebrun (AKG, Berlin)

besten Freunde zu verlieren, dem ich seit meiner Jugend gekannt. Der gute Rath Reiffenstein, ein verlust der mir sehr zu herzen gehet.«

Der von der Herzogin angeregte Plan, gemeinsam nach Weimar zu fahren, wurde aus unbekannten Gründen nie verwirklicht. Vielleicht wollte Angelika ihren alten Zucchi nicht alleine lassen, vielleicht war Reiffenstein schon zu gebrechlich – vielleicht war es ihnen allen nicht gar so ernst damit gewesen.
In diesen Tagen aber bewegte etwas anderes die Gemüter. Auch wenn man vor der Politik beide Augen schloß. Die Malerin schien sich, wie es sich für eine Frau damals ziemte, mit politischen Äußerungen zurückgehalten zu haben, und doch mußte man die Umtriebe der Französischen Revolution zur Kenntnis nehmen. Das Sausen des Fallbeils war in ganz Europa zu vernehmen, und die es diesmal traf, war nicht wie bisher die namenlose Bevölkerung, sondern die Macht selber. Und als gar der Kopf des dicken, harm- und ahnungslosen Ludwig XVI. in den Korb rollte, schrie ganz Europa auf. Dieser 21. Januar 1793 wirkte wie ein Fanal. England, Spanien, Holland schlossen sich den Gegnern Frankreichs an, doch der Schwung der Revolution heftete Sieg um Sieg an die französischen Fahnen.
Wer dem Adel angehörte oder als Royalist bekannt war, versuchte durch Flucht sein Leben zu retten, und die es rechtzeitig wagten, kamen noch ungehindert aus dem blutdampfenden Frankreich heraus. Zu ihnen gehörte die damals neben Angelika Kauffmann wohl bekannteste lebende Malerin: Elisabeth-Louise Vigée-Lebrun (1755–1842). Die Tochter eines Pastellmalers wurde in Paris geboren und hatte als Porträtistin auf Anhieb Erfolg. Sie heiratete 1776 den Maler und Kunsthändler Lebrun und gewann die Gunst der Königin Marie Antoinette. Diese Freundschaft wurde nach der Festnahme des Königspaares lebensgefährlich, und die Malerin setzte sich 1789 nach Italien ab.
So erschien diese »Konkurrentin« also in Rom und besuchte wenige Tage später das Atelier auf dem Pincio. Was Angelika von ihrer Zunftkollegin dachte, ist leider nicht überliefert, doch die Französin schrieb an einen Freund über ihren Besuch bei der Kauffmann: »Ich fand sie, ganz abgesehen von ihrem schö-

nen Talent, sehr interessant durch ihren Geist und ihr Wissen. Sie ist eine Frau von ungefähr fünfzig Jahren, sehr zart, ihre Gesundheit ist erschüttert, wohl infolge der unglücklichen Heirat mit einem Abenteurer, der sie ruinierte ...
Während der beiden Abende, die ich bei ihr zubrachte, hat sie sehr viel und hübsch mit mir geplaudert. Ihre Unterhaltung ist angenehm, sie ist erstaunlich unterrichtet, aber es fehlt ihr an Begeisterung ...«

Ein seltsamer Vorwurf! An Begeisterung wofür? Für die Kunst? Nun, wenn man in die Jahre kommt, läßt die Begeisterung – für was auch immer – allmählich nach.

Die beiden Künstlerinnen besuchten gemeinsam die Oper und wurden von dem prunkliebenden französischen Kardinal François de Bernis (1715–1794) zu einem Festmahl geladen. Dieser als geschickter Staatsmann und talentierter Dichter zu Ruhm gekommene Kirchenfürst lebte seit etwa zwanzig Jahren in Rom und hatte sein Haus zu einem kulturellen Zentrum gemacht. Er korrespondierte mit Voltaire, stimmte für die Aufhebung des Jesuitenordens und war überhaupt von erstaunlicher Liberalität. Sein Leben in Rom hatten, neben der Kunst, auch schöne Frauen begleitet, doch jetzt war dieser hochgebildete Lebemann ein Greis und hatte seine Interessen ganz auf das Geistige verlagert.

Da saßen nun die beiden berühmten Malerinnen an seiner Tafel, die noch einmal die ganze Zauberpracht barocker Festlichkeit entfaltete. Doch das Ancien Régime wurde gerade in Paris vom Fallbeil zerhackt, und wenige Jahre nach diesem Fest starb auch der prunkliebende Kardinal de Bernis, während in seiner Heimat die kalte Pracht des Empire heraufdämmerte.

Für Angelika aber begann wieder der Atelieralltag, doch immer gab es angenehme und willkommene Unterbrechungen. So kam Friedrich Leopold Graf zu Stolberg (1750–1819) auf seiner zweijährigen Reise durch Europa im Dezember 1791 nach Rom, wo er bis zum Oktober nächsten Jahres blieb. Schon sechs Jahre zuvor hatte er in St. Petersburg Gemälde der Kauffmann bewundert, und nun bemühte er sich seit langem um ein Werk von ihrer Hand. Damals hatte er an seine Frau geschrieben: »Wenn die Hexe mir doch bald das Bild schickte, das sie mir versprochen hat.«

Jetzt stand er mit seiner zweiten Frau, Sophie, vor der Tür dieser »Hexe«.

Später veröffentlichte er seine Reiseerlebnisse, und da lesen wir: »Gleich am Tage unserer Ankunft besuchten wir unsere liebe Landsmännin Angelika. Diese große und bescheidene Malerin verbindet die Einfalt eines großen Mannes mit weiblicher Liebenswürdigkeit. Güte und Adel des Herzens strahlen aus ihrem Blick ...«

Stolberg kam dann doch noch zu seinem Bild und auch seine Frau fand Angelika so bezaubernd, daß sie nach Hause schrieb: »... ich werde mich einst freuen, sie dort zu sehen, wo wir uns alle versammeln werden.«

Wieder finden wir also bestätigt, daß Angelika bei Frauen durchaus ähnliche Empfindungen auslöste wie bei den Männern.

Die Verbindung zu England riß auch jetzt nicht ab. 1793 malte Angelika die Dichterin Cornelia Knight, die selber gern zeichnete und deshalb mit einem Stift in der Hand dargestellt ist.

Zwei Jahre nach Reiffenstein, am 26. Dezember 1795, starb Antonio Zucchi, knapp siebzigjährig. Er wurde in der Kirche Sant' Andrea delle Fratte beigesetzt.

Die nun ihrer beiden männlichen Stützen beraubte Angelika hatte schon vor einiger Zeit den Vetter Johann Kauffmann ins Haus geholt. Wir wissen wenig über ihn, doch scheint er seine Aufgaben bis zu Angelikas Tod mit Umsicht und Verantwortung erfüllt zu haben.

Ein halbes Jahr nach Zucchis Tod ließ der vielbeschäftigte Goethe wieder einmal von sich hören. Er hatte sich nun tatsächlich zu einer zweiten Romreise entschlossen und teilt dies Angelika in einem Brief vom 13. Juni 1796 mit: »Möge ich Sie gesund und glücklich antreffen!«

Aus dieser Reise aber wurde nichts, weil Kriegsereignisse sie, wie Goethe schrieb, »wenigstens für den Augenblick« vereitelten. Diesen Briefen ist eine gewisse konventionelle Steifheit anzumerken. Es war doch schon ein Jahrzehnt inzwischen vergangen; Goethe hatte viel erlebt und viel geschrieben, war seit einigen Jahren eng mit Schiller befreundet – kurzum, die Weimarer Gegenwart hatte die römische Vergangenheit längst verdrängt, und Angelika bedeutete für ihn vielleicht nur noch eine freundliche Erinnerung.

Trotz der gespannten politischen Lage rissen die Besuche aus Deutschland nicht ab. Als Vorleser und Reisebegleiter der Herzogin Luise von Anhalt-Dessau kam 1795 der Dichter Friedrich Mathisson (1761–1831) nach Rom, der in seinen Erinnerungen ein lebendiges Bild von Angelika und ihren damaligen Lebensumständen gezeichnet hat. Die Herzogin kannte Angelika schon aus London, doch für Mathisson war alles neu und aufregend. Er war mehrmals in ihrem Atelier und erlebte die folgende Szene »Eines Vormittags hörte sie mit hoher Teilnahme mehrere lyrische Stücke von Schiller, malte aber dabei mit ruhiger Besonnenheit fort. Auf diese folgte eine der reichsten und genußvollsten Dichtungen, die mir in unserer Sprache bekannt sind: ›Der Wanderer‹ von Goethe… Der Eindruck, den diese echt griechische Antike in Angelikas zartfühlendem Gemüte hervorbrachte, war so mächtig, daß sie den Pinsel plötzlich niederlegte und… um eine zweite Vorlesung bat. Das ganze Wesen der stillen, vestalenhaften, in sich gewandten Frau ward, wie durch einen gewaltigen elektrischen Schlag, erhöht und erschüttert. Tränen füllten ihr Auge. Ihr Schweigen war das Schweigen einer begeisterten Muse. Endlich brach sie… in die Worte aus: ›Welche Glut der Empfindung! Welch ein Zauber des Kolorits! Welch eine Tiefe des Kunstsinns!‹«

Angelika legte sogar den Pinsel beiseite, wenn der Vielgeliebte und Vielentbehrte durch seine Dichtung zu ihr sprach; Schiller hatte das nicht vermocht…

25. KAPITEL

Die letzten Jahre

Inzwischen hatte sich die politische Lage in Italien verschärft. Die Französische Revolution war an ihrem eigenen Blut erstickt. Die Regierung übernahmen gemäßigtere Leute. Sie bestand aus einem Direktorium von fünf Männern. Diese beschlossen im Jahr 1796, Deutschland und Italien zugleich anzugreifen.

In einem Blitzfeldzug trieb General Bonaparte die Österreicher aus Italien, Anfang 1798 rückten seine Truppen in Rom ein und besetzten die Engelsburg. Papst Pius VI. wurde gefangen abgeführt. Zuvor hatte er auf weite Teile des Kirchenstaates verzichten und sechsundvierzig Millionen Scudi »Entschädigung« zahlen müssen. Die Feinde der Kirche feierten seinen Sturz und sahen in ihm den letzten Papst der Geschichte. Das war freilich ein wenig voreilig, denn die Kardinäle wählten nach seinem Tod im venezianischen Exil, den Franzosen zum Trotz, Graf

Mythologische Szene, ein Gemälde von Angelika Kauffmann
(Bildarchiv Foto Marburg)

Chiaramonti zum neuen Papst Pius VII. Im Juli 1800 zog er als Triumphator in Rom ein, im Jahr darauf schloß er mit Napoleon ein Konkordat – der Preis war unter anderem seine Reise nach Paris zur Kaiserkrönung des Korsen. Dies waren in groben Zügen die äußeren Ereignisse. Was geschah während dieser Zeit in Rom, da ein Bruder des Papstes den jakobinischen Bürgermeister spielte? Auch hier gab es plötzlich begeisterte »Revolutionäre«, die auf dem Kapitol um einen »Freiheitsbaum« tanzten. Doch das blieb Episode; das ewige Rom hatte schon schlimmere Zeiten überstanden. Angelika wird die Unruhe in der Stadt gespürt haben, Vetter Johann jammerte über die Teuerung, doch von Einquartierung oder gar Plünderung blieb das Haus auf dem Pincio verschont. Aber die als papstfreundlich und antirevolutionär verschrieenen römischen Patrizierfamilien traf es zum Teil schwer. Viele Kunstschätze wurden geraubt.

So war unter anderem auch die Villa Albani betroffen, die nun im Besitz eines Neffen des verstorbenen Kardinals war.
Mit Entsetzen und Trauer vernahm Angelika diese Nachricht, denn sie kannte ja den Palast, hatte dort Winckelmann porträtiert und an den berühmten Villeggiature teilgenommen. Die kostbaren römischen und griechischen Reliefs wurden teilweise mit Gewalt aus den Wänden gebrochen; Kunstexperten sorgten dafür, daß nichts Mittelmäßiges unterkam. Was an guten Stücken übrigblieb, war so groß und sperrig, daß man in der Eile nicht die richtigen Transportmittel dafür fand.
Das französische Direktorium verkündete vom Kirchenstaat: »Dieses alte Götzenbild wird vernichtet werden!«
Angelika erlebte all das nur am Rande mit, wenn sie auch als treue Katholikin das Schicksal des Papstes und als Künstlerin den Verlust der Kunstwerke betrauerte.
Im Jahr vor dem Franzoseneinmarsch kam die Reiseschriftstellerin Friederike Brun (1765–1835) – Herder hatte sie in einem Brief angekündigt – nach Rom. Zwischen ihr und Angelika entwickelte sich in den zwei Jahren ihres Aufenthalts eine enge Freundschaft, und Friederike hat in ihrem »Tagebuch über Rom« darüber berichtet.
14. November 1795
»Eine Frau zwischen fünfzig bis vierundfünfzig Jahren. Die sanfteste Weiblichkeit, und ein holdes in sich Geschmiegtsein charakterisieren diese edle Künstlerin. Ihre Stimme ist das liebliche Organ einer zart empfindenden Seele...
20. November
Ich flüchtete mich zu Angelika, und brachte ihr die Gedichte ihres lieben Landsmannes Salis... Wir verweilten ein Stündchen in ihrer Werkstatt... Außer einigen Porträts... war mir ihr neuestes Gemälde, Psyche und Amor, unaussprechlich lieb.

30. März 1796
Ich erwärmte mich an Leib und Seele bei Angelika... Sie erzählte mir aus ihren Kinder- und Jugendzeiten...
2. April
Wie schön ist's, auf Trinità dei Monti... die liebe Nachbarin Angelika zu besuchen, die mich freundlich in ihr Gärtchen führte, wo sie mägdlich-zart (nur wer Angelika kennt, kann diesen Ausdruck auf eine Frau von vierundfünfzig Jahren anwenden) unter den Blumen wandelt!«
Wir hören es aus den Berichten ihrer Freunde und Besucher: Angelika wurde alt, wenn auch immer wieder betont wird, wie mädchenhaft sie trotz ihrer vierundfünfzig Jahre noch war.
Der Sturm über Rom hatte Angelika nicht direkt betroffen, doch sie, deren Gesundheit trotz der zarten Konstitution nie gefährdet schien, wurde nun ernstlich krank. Es muß die Zeit um 1800 gewesen sein, als sie sich erkältete, diese Erkältung offenbar verschleppte, so daß etwas Lebensbedrohendes daraus wurde. Welche Krankheit es war, wissen wir nicht. Angelika jedenfalls befand sich in einem Zustand, daß der Arzt einen Luftwechsel für angebracht hielt, und sie folgte seinem Rat. Insgeheim hoffte sie wohl, die Reise bis in ihren »Heimatort« ausdehnen zu können, aber dazu fehlte ihr dann die Kraft.
Die letzte Fahrt der vielgereisten Angelika Kauffmann wurde eine Reise in die Vergangenheit. Über Florenz, Bologna und Mailand fuhr sie nach Como, wo sie sich so wohl fühlte, daß sie beschloß, länger zu bleiben, während der Vetter Johann ohne sie in den Bregenzerwald weiterreiste.
Die Kauffmann-Biographin Claudia Helbok nimmt an, daß Angelika sich in der Villa Arconati bei Como aufhielt, wo sich eine Art Künstlerkolonie gebildet hatte. Hier verbrachte sie den August und erholte sich sehr schnell, obwohl es um diese Zeit so heiß war, daß sie vom Mittag bis in den späten Nachmittag im Haus bleiben mußte. In Angelikas Nachlaß fand sich ein Briefentwurf aus jenen Tagen. Da lesen wir: »Du fragst mich,

warum Como mir immer im Sinne liegt? In Como war es, wo ich in meinem zartesten Alter die ersten Freuden des Lebens kostete; da sah ich reiche Paläste, prächtige Wagen, niedliche Fahrzeuge, ein glänzendes Theater; ich glaubte, ein Paradies zu sehen. Ja, da sah ich Amor, im Begriffe, seinen Pfeil nach meinem Busen abzudrücken. Noch ein junges Mädchen, ergriff ich die Flucht und der Pfeil traf nicht. Nach einer langen Reihe von Jahren trieb mich mein Genius, diese lachenden Gegenden wiederzusehen. Nun genoß ich das Vergnügen des reiferen Alters, Freunde und die Annehmlichkeiten des Sees. Eines Tages ging ich in angenehmer Gesellschaft auf einem überaus reizenden Landgute spazieren; da sah ich in einem schattenreichen Gehölze Amor, welcher schlief; ich näherte mich ihm, er erwachte, sah mir starr in die Augen, erkannte mich trotz der nun gebleichten Haare; schnell erhob er sich, griff nach dem Bogen, verfolgte mich, um sich zu rächen, schoß, und wenig fehlte, daß er nicht traf...«

Hier scheinen sich Phantasie, verklärte Erinnerung und Wahrheit zu vermischen – Angelika wandelte tatsächlich auf den Spuren ihrer Jugend. Hier hatte vor einem halben Jahrhundert der unaufhaltsame Weg zum Ruhm begonnen, als die Elfjährige den würdigen Bischof von Como porträtierte. Hätte Angelika nicht alle ihre Freunde und Verbindungen in Rom gehabt, vielleicht wäre sie hier an den Gestaden des Lacus Larius, wie die Römer ihn nannten, geblieben. Im Spätsommer reiste Angelika nach Venedig, wo sie die Verwandten ihres verstorbenen Mannes besuchte und dabei auch ihren Schwager Giuseppe Zucchi näher kennenlernte. Der trug schon seit langem alles zusammen, was seine berühmte Schwägerin betraf; später übernahm Giov. Gherardo Rossi das Material. Nach einem zwölftägigen anstrengenden Aufenthalt im Kreise der vielgliedrigen Zucchifamilie reiste Angelika über Padua und Bologna nach Florenz zurück, wo sie bis zum 22. Oktober blieb. Am 30. Oktober war sie wieder zu Hause auf dem Monte Trinità, wo schon ein

Schwarm von Freunden ihre Rückkehr erwartete und sie mit einem langen Huldigungsgedicht empfing. Inzwischen war Nachricht aus Schwarzenberg eingetroffen und Angelika erfuhr von der begeisterten Aufnahme ihres Altarbildes.

Um diese Zeit kam Germaine de Staël-Holstein (1766–1817) nach Rom, und bald führte auch sie der Weg in Angelikas Atelier. Die eigenwillige und gescheite Tochter des berüchtigten Finanzministers Necker war eine damals schon weithin berühmte Schriftstellerin. Ursprünglich für die Ziele der Revolution begeistert, konnte sie den sich steigernden Blutrausch nicht billigen und floh außer Landes. Fünf Jahre später durfte sie zwar zurückkehren, überwarf sich aber mit Napoleon, der sie aus Paris verbannte. So ging sie auf Reisen, besuchte Deutschland und 1805 Italien, was sich in ihrem wohl besten Roman, »Corinne ou l'Italie«, niederschlug.

Sie war gewiß nicht der Mensch, dem Angelika große Wärme entgegenbrachte, denn Frauen, die sich politisch betätigen, waren ihr suspekt. Nun, Frau de Staël erging es wie allen anderen. Sie war von Angelika bezaubert und saß ihr für ein Porträt. Dazu merkte sie an: »Um in Rom vornehmen Geist und einen glänzenden Salon zu finden, muß man zum Trinità dei Monti gehen, wo die gute Schweizerin Angelika Kauffmann ein der Liebe zum Schönen geweihtes Leben führt.«

Einer der letzten höchst ehrenvollen Porträtaufträge kam von dem jungen Kronprinzen von Bayern, der im Mai 1805 in Rom eintraf. Im Jahr zuvor hatte Ludwig mit achtzehn seine Großjährigkeit gefeiert und machte in Begleitung des Malers Georg Dillis seine Kavalierstour durch Europa, die ihn aber – im Gegensatz zu vielen seiner Standesgenossen – nicht durch die Halbwelt von Europa führte, sondern zu den Stätten der Kunst. In Rom besuchte er sogleich das Atelier des jungen, schon zu einigem Ruhm gekommenen Bildhauers Bertel Thorwaldsen. Er traf mit den deutschen Malern zusammen, war begeistert und hingerissen, fühlte sich ihnen geistesverwandt und wurde als

einer der Ihren akzeptiert. Mit »seinen« Künstlern besuchte er mehrmals die »Spanische Osteria« des Don Rafaele d'Anglada, und Franz Ludwig Catel (1778–1856) hat diese Szene anschaulich gemalt.
Da blieb es freilich nicht aus, daß Ludwig das Atelier der römischen Malerfürstin aufsuchte, und nach allem, was man weiß, gehörte dieser Besuch zu den Schlüsselerlebnissen des achtzehnjährigen Kronprinzen. Natürlich kannte er schon Bilder von Angelikas Hand, die er sehr schätzte, doch nun saß er ihr gegenüber, und es gelang ihr, in einem langen Gespräch über die Großen der Malerei den Jüngling so für diese Kunst zu begeistern, daß er sich vornahm, von nun an bedeutende Gemälde anzukaufen und ihnen ein Museum zu errichten. Wir wissen, daß er beides getan hat und daß die Münchner Sammlungen ohne ihn Provinzniveau hätten.
Der für die Malkunst entflammte Prinz ließ sich gleich von Angelika porträtieren – Brustbild und ganze Figur. Natürlich waren beide Gemälde noch nicht fertig, als Ludwig Rom verließ, doch der bayerische Gesandte erkundigte sich von Zeit zu Zeit, wann es endlich soweit sei. Das große Gemälde wurde im Sommer 1807 fertig und Angelika faßte den seltsamen Entschluß, es in München dem Prinzen selber zu überreichen. Doch daraus wurde nichts. Im Herbst erkrankte sie von neuem schwer, und ihre Freunde ahnten, daß dies wohl das letzte Jahr ihres Lebens sei. Ein ständiger Husten quälte sie, ihr Puls war oft unregelmäßig, und sie litt unter starker Herzbeklemmung.

26. KAPITEL

Die Muse stirbt

Ende Oktober mußte alle Hoffnung aufgegeben werden und statt der Ärzte erschien jetzt häufig ein Priester. Angelika selbst hatte aber keineswegs mit dem Leben abgeschlossen. Auf ihren Wunsch zogen einige ihrer liebsten Freunde ins Haus, so daß sie immer, wenn ihr danach war, Gesellschaft hatte. Vetter Johann hatte jetzt so viel zu tun, daß ihm ein anderer Verwandter, Peter Kauffmann (1764–1829), zur Hand gehen mußte. Dieser hatte auf Angelikas Kosten in Rom Bildhauerei studiert, und es ist ein tüchtiger Künstler aus ihm geworden. Er schuf von seiner berühmten »Base« eine Marmorbüste, die heute ihren Platz im Kapitolinischen Museum in Rom hat.

Angelikas Freundeskreis war noch immer beträchtlich. Da gab es den Schriftsteller Angelo Uggieri, der an einer Prachtausgabe über Rom arbeitete. Er wurde in Angelikas Testament be-

dacht, um sein Lebenswerk fortsetzen zu können. Eine Freundschaft verband sie auch mit dem in der Nähe wohnenden französischen Kunsthistoriker Baptiste Seroux d'Agincourt, den wir schon erwähnt haben. Der alte Herr war während Angelikas Krankheit ein häufiger und gerngesehener Gast. Nach wie vor in enger Verbindung stand Angelika zu Maddalena Riggi, die seit Goethes Tagen in ihrem Haus verkehrte und unserer Malerin viel zu verdanken hatte.
In den Jahren vor Angelikas Tod hielt sich die deutsche Schriftstellerin Elisabeth von der Recke (1756–1833) in Rom auf und gewann Angelikas Freundschaft. Sie nennt Angelika eine »deutsche Tirolerin«, und ihr Bericht ist der letzte, der über Angelika zu Lebzeiten verfaßt wurde.
»Unter den Künstlern und Künstlerinnen der Geschichtsmalerei verdient wohl Angelika Kauffmann, eine deutsche Tirolerin, zuerst genannt zu werden...
Ungeachtet ihres hohen Alters und ihrer Kränklichkeit arbeitete Angelika noch mit ununterbrochenem Fleiß...
Zwar hat die Kritik an ihrer Zeichnung mancherlei auszusetzen, findet auch in ihren männlichen Figuren zu wenig Kraft; allein, wie dem sei, ihre Gemälde machen einen angenehmen und tiefen Eindruck.«
Über ihre letzten Stunden lassen wir Rossi berichten, der ja während dieser Zeit in Rom lebte und oft in Angelikas Haus verkehrte: »Sie lag in tödlicher Entkräftung da und hatte keinen anderen Trost als jenen der ewigen Wahrheiten, welche der Pfarrer ihr in Erinnerung brachte, als einer ihrer anwesenden Freunde meinte, die kräftige Stimme des Seelsorgers möchte ihren schon so geschwächten Organen empfindlich oder schmerzlich fallen. Man riet also ihrem Vetter, einen der gewöhnlichen Krankenpriester rufen zu lassen... ›Nein‹, antwortete sie, ›dies möchte meinem guten Pfarrer nicht lieb sein, und ich würde seine fromme Sorgfalt um mich übel belohnen.‹ Nach diesen Worten schwieg sie, dann... sagte sie zu ihrem Vetter: ›Lesen Sie mir von Gellerts

Oden jene vor, welche er für Kranke schrieb.‹ Dieser nahm das Buch und las irrtümlich eine der Oden für die Sterbenden ...
›Nein, Johann, nein; diese will ich nicht, sondern jene für die Kranken auf Seite 128.‹
Der Vetter ... ist im Begriff, sie zu lesen, als Angelika in diesem Augenblick sanft in ein besseres Leben entschläft. Es war am 5. November 1807, nachmittags um halb drei ...«
Die Muse von Rom war tot. Sie starb im Alter von sechsundsechzig Jahren, wenige Tage nach ihrem Geburtstag, den sie am 30. Oktober noch feiern konnte. Sie hatte längst bestimmt, daß sie an der Seite ihres Mannes beigesetzt werden wollte, doch über die Art ihrer Bestattung hatte sie keinerlei Verfügung hinterlassen. So inszenierten ihre zahlreichen Freunde und die Verehrer ihrer Kunst eine »pompe funèbre« ohnegleichen. Der Bildhauer Antonio Canova lud die Spitzen von ganz Rom zum Begräbnis, das auf den 7. November um zehn Uhr vormittags angesetzt war.
Etwa hundert Priester gingen im Trauerzug mit, auch hohe Prälaten in schweren Prunkroben; Mädchen in antiken Gewändern begleiteten den Katafalk, als seien sie einem Bild Angelikas entstiegen. Unmittelbar dahinter schritten die Präsidenten der Kunstakademie, darunter Antonio Canova. Im Trauerzug wurden zwei Gemälde aus Angelikas Nachlaß mitgeführt, und zwar »Nathan und David« sowie »Christus und die Samariterin«. Die von Canova aus Marmor gemeißelte rechte Hand der Künstlerin wurde auf einem Samtkissen ebenso mitgetragen wie ihr mit Lorbeer umkränztes Arbeitsgerät.
Eine gewaltige Menge folgte dem Sarg der berühmten und wegen ihrer Wohltätigkeit bekannten und beliebten Künstlerin.
Die Nachricht von ihren Tod machte in Europa die Runde, und alle Zeitungen brachten lange, respektvolle Berichte über Leben und Werk der Angelika Kauffmann. Der englische Maler Benjamin West, ihr Jugendfreund, war nach Reynolds' Tod

1792 Präsident der Royal Academy geworden und veranstaltete eine prunkvolle Trauerfeier für das ehemalige Mitglied. Andere Akademien taten es ihm nach, und viele Dichter griffen zur Feder. Friederike Brun schrieb ein Gedicht auf »Angelikas Urne«, aus dem, weil es so zeittypisch ist, die letzten Zeilen zitiert werden:

Einen Altar der Kunst und einen der Weiblichkeit hegte
Immer Angelika still, täglich mit Blumen geschmückt:
Zart wie der bläuliche Reif, der herbstliche Trauben umduftet,
war die greisende Frau mägdlich im silbernen Haar!
Nein, du altertest nicht, du reiftest gleich goldenen Ähren,
Und vor der Fülle der Frucht sank geneidet dein Haupt.

In Rom aber dachte man sich noch eine besondere Ehrung aus. Die von Peter Kauffmann geschaffene Büste wurde im Pantheon aufgestellt, so daß Angelika nun im Kreise der Gräber von Raffael, Caracci, Pierino del Vaga und anderen Künstlerkollegen ihren Platz gefunden hatte.
Über die Vettern und Basen in Schwarzenberg ergoß sich nun ein wahrer Goldregen. Angelika Kauffmann war – aus heutiger Sicht – als mehrfache Millionärin gestorben und hatte den größten Teil ihres Vermögens den Verwandten im geliebten »Heimatort« vermacht. Die dankbaren Vettern und Basen errichteten ihr 1809 in der Kirche von Schwarzenberg ein Epitaph, in das man später die von Christopher Hewetson (1739–98) geschaffene Büste stellte. Sie zeigt das edle, herbe Gesicht einer alten Dame, deren gelockte Haare im griechischen Stil bis auf die Schultern fallen. Die Inschrift darunter lautet:

Der edlen, am 5. November 1807 im 66. Jahre ihres Alters in Rom gestorbenen Frau Angelika Kauffmann, der ersten in der Malerkunst, der großen Wohltäterin der Armen und Kirche zu Schwarzenberg, der Zierde ihres Vaterlandes, zum steten Andenken von ihren Freunden und Erben dankvollst gewidmet den 12. Juni 1809.

Sie war als Mensch, als Christ, als Künstler groß auf Erden.
Willst du hie und dort anderen nützlich werden,
wie sie Ehre, Ruhm, Reichtum, Ruh, Vergnügen haben?
Schätze Tugend, benütz Talente, des Schöpfers Gaben!

Dieses Gedicht enthält allerdings eine Unwahrheit. Ruhe nämlich hatte die unentwegt Fleißige ihr Leben lang nicht und nach Vergnügen im Sinne einer Zerstreuung hat sie nur selten verlangt. Ihr Vergnügen war die Arbeit, aber ein wenig wird sie ihre große, bis zum Tod anhaltende Berühmtheit doch genossen haben. Anmerken ließ sie es sich nie, und ihre Bescheidenheit war nicht gespielt, sie war – wie ihre Güte und Menschlichkeit – ein Teil ihres Wesens.

EPILOG

Sollte es mir gelungen sein, bei meinen Leserinnen und Lesern Interesse und Sympathie für die bedeutende Künstlerin Angelika Kauffmann zu wecken, so wird mancher vielleicht wissen wollen, wo die im Buch genannten Bilder zu sehen sind, ob überhaupt noch etwas von Angelikas Hand in den Museen hängt und nicht in finsteren Kellerdepots auf bessere Zeiten oder auf eine Erweiterung der Ausstellungsräume wartet. Letzteres war z. B. in München der Fall. Nachdem hier die Werke des 19. Jahrhunderts das Haus der Kunst verlassen konnten und in die wiedererrichtete Neue Pinakothek umzogen, kam auch das vorzügliche Selbstporträt unserer Angelika aus dem Jahre 1784 ans Licht. Sie hat ihr Gesicht, wie fast immer, in altersloser Jugendlichkeit dargestellt, und doch ist es das Antlitz einer reifen Frau. Um das Haar trägt sie den damals modischen Turban geschlungen, ihre Hände halten Zeichenbrett und -stift. Weitere Selbstporträts besitzen das Frankfurter Goethe-Museum, die Uffizien in Florenz, die National Portrait Gallery in London, das Tiroler Landesmuseum in Innsbruck (dort leider nicht ausgestellt), das Bündner Kunsthaus in Chur und nicht zuletzt das Vorarlberger Landesmuseum in Bregenz, das die wohl größte Sammlung von Gemälden, Skizzen und Erinnerungsstücken seines berühmten Landeskindes zusammengetragen hat. Zu ihren besten Arbeiten dort gehören meines Erachtens die beiden Studien »St. Joachim« und »Türkenkopf« sowie die Bildnisse des Königs Ferdinand von Neapel und seiner Gemahlin Karoline. Unter anderem sind dort in einem Schaukasten Urkunden, Briefe und ein Preisverzeichnis ausgestellt. Da lesen wir in einem Brief an den Vetter Casimir in

Schwarzenberg: »O wie oft wünsche ich mir den guten Butter aus dem Bregenzerwald...«
Wer die Butterqualitäten südlich von Florenz kennt, wird diesem Wunsch lebhaftes Verständnis entgegenbringen.
Das berühmte Winckelmannporträt – wohl ihre beste Arbeit überhaupt – hängt im Kunsthaus Zürich, das vorzügliche frühe Bildnis des Vaters finden wir, wie manches andere Werk der Angelika Kauffmann (z. B. das Selbstbildnis um 1781), im Tiroler Landesmuseum in Innsbruck, leider jedoch im Depot. Die Staatsgalerie in Stuttgart besitzt das Porträt der Frau von Bauer, der Louvre in Paris das etwas süßliche Bildnis der Baronin Krüdener mit ihrem Söhnchen.
Das umstrittene Goetheporträt ist natürlich in Weimar zu finden, das Frankfurter Goethemuseum besitzt die »schöne Mailänderin«, also das Porträt der Maddalena Riggi, während das reizvolle ovale Bildnis der Gräfin Meerveld in der Österreichischen Galerie Wien zu finden ist.
Zahlreiche Werke der »Miss Angel« befinden sich nach wie vor in englischem Privatbesitz, aber auch in Museen und Galerien der Städte London, Plymouth, Chichester, Glasgow, Manchester und vieler anderer.
Eine ganze Anzahl von Bildern gelangte in osteuropäische Länder, darunter in die Eremitage in Leningrad, ins Moskauer Puschkinmuseum, des weiteren in die Museen von Warschau und Budapest. Nicht zuletzt wäre noch die Gemäldegalerie in Dresden zu nennen, die drei Ölbilder der Kauffmann ihr eigen nennt.
Dies ist allerdings nur eine kleine Auswahl aus einem umfassenden Œuvre von etwa 1500 Werken, das in allen wichtigen Museen der Welt, großenteils auch in adligem Privatbesitz, zu finden ist.
In diesem Zusammenhang muß noch etwas über die Zuschreibungen gesagt werden. Angelika Kauffmann hat nicht alle ihre Werke signiert und wurde außerdem schon zu Lebzeiten und

noch eine Weile nach ihrem Tod kopiert und nachgeahmt. Soweit unsignierte Werke nicht durch eindeutige Provenienz gesichert sind, wird eine stilistische Zuordnung an ihre Stelle treten müssen, was problematisch sein kann.

Ein Wort noch zu Angelikas Graphik. Etwa knapp dreißig Blätter hat sie eigenhändig radiert, weit mehr wurden von zum Teil sehr tüchtigen Stechern nach ihren Zeichnungen und Gemälden gefertigt. Wer sich dafür interessiert, möge sich beim Kunsthaus C. Boerner in Düsseldorf den zum Teil noch verfügbaren Katalog mit über 300 Blättern Graphik und Zeichnungen von und nach Angelika Kauffmann besorgen.

Man kann nicht behaupten, daß Angelika in der Radierkunst Überragendes geleistet hätte. Neben einigen sehr schwachen Arbeiten finden wir aber auch gute Blätter wie das »Sitzende Mädchen« von 1766 oder »Juno mit dem Pfau« von 1770. Nach 1780 scheint Angelika nichts mehr selber radiert zu haben, weil ihr diese Technik offenbar nicht besonders zusagte.

Für 1998 und 1999 ist eine umfangreiche Retrospektive ihres Schaffens in Düsseldorf, München und Chur vorgesehen.

Schon zu Lebzeiten wurde viel über Angelika Kauffmann geschrieben, eine heute verschollene Biographie scheint 1788–1798 Giuseppe Carlo Zucchi verfaßt zu haben; sein Material verwandte der von mir öfter zitierte Giov. Gherardo Rossi in »Vita di Angelica Kauffmann Pittrice«, das erst nach Angelikas Tod 1810 erschien.

Weitere Werke, darunter auch einige Biographien, erschienen im Laufe der Zeit, doch diese Bücher sind allesamt vergriffen und auch schwer in Antiquariaten zu finden – mit Ausnahme des Bregenzer Ausstellungskatalogs von 1968, des Buches »Angelika Kauffmann und die deutsche Dichtung« von E. Thurnher. Diesen beiden Werken und der Biographie von Claudia Helbok habe ich viel an Informationen und Anregungen zu verdanken. Eine weitere ausgezeichnete Werk- und Lebensschau gibt Waltraud Maierhofer.

Anhang

BIBLIOGRAPHIE

Kataloge

Angelika Kauffmann und ihre Zeitgenossen. Hg. von Oscar Sandner, Ausst.-Kat. Bregenz 1968 (*Kat. Bregenz*)

Angelika Kauffmann und ihre Zeit. Graphik und Zeichnungen von 1760–1810. Hg. von Marianne Küffner u. a. Düsseldorf 1979

Angelica Kauffman. A Continental Artist in Georgian England. Hg. von Wendy Wassyng Roworth. London 1992 (*Roworth*)

Exhibition of Paintings by Angelica Kauffmann at the Iveagh Bequest. Kenwood, London 1955

Hammer, Sabine: Angelica Kauffmann. Vaduz 1987 (*Hammer*)

»...ihr werten Frauenzimmer, auf!« Malerinnen der Aufklärung. Bearbeitet von Bettina Baumgärtel. Ausst.-Kat. Bremen 1993 (*B 1993*)

Lammel, Gisold: Angelika Kauffmann. Dresden 1987

Sandner, Oscar: Hommage an Angelika Kauffmann. Ausstellung Liechtensteinische Staatliche Kunstsammlung Vaduz, Palazzo della Permanente Mailand. Mailand 1992 (*Sandner*)

Sklavin oder Bürgerin? Französische Revolution und Neue Weiblichkeit 1760–1830. Hg. von Viktoria Schmidt-Linsenhoff. Ausst.-Kat. Historisches Museum Frankfurt a. M. 1989, S. 325-339

Sutherland, Harris, Ann, und Linda Nochlin: Women Artists. 1550–1950. Los Angeles: Los Angeles County Museum of Art. New York 1976, S. 174–178

»Und hat als Weib unglaubliches Talent« (Goethe). Angelika Kauffmann (1741–1807), Marie Ellenrieder (1791–1863). Ausst.-Kat. Konstanz 1992 (*Ka Konstanz*)

Biographien

Angelica Kauffmann. Ein Beitrag zur Kunstgeschichte des achtzehnten Jahrhunderts. Hg. zur Aufmunterung der weiblichen christlichen Jugend bei Studien der bildenden Künste, mit Benutzung der Beschreibung »Vita di Angelica Kauffmann, Pittrice« (Giovanni Gherardo de Rossi). Wien 1866 (*Rossi [dt. 1866]*)

Goethe, Johann Wolfgang: Italienische Reise I-III. Weimarer Ausgabe I Bd. 30-32. Weimar 1903–1906 (*Goethe IR*)

Helbok, Claudia: Miss Angel. Angelika Kauffmann. Wien 1968 (*H*)

Maierhofer, Waltraud: Angelika Kauffmann, Hamburg 1997

Manners, Victoria, und G. C. Williamson: Angelica Kauffmann. Her Life and her Works. London 1924 (Nachdruck New York 1976) (*M-W*)

Rossi, Giovanni Gherardo de: Vita di Angelica Kauffmann pittrice. Florenz 1810 (Nachdruck, hg. von Ronald W. Lightbown, London 1970) (*Rossi*)

Schram, Wilhelm: Die Malerin Angelika Kauffmann. Brünn 1890

Weinhart, Alois: Leben der berühmten Malerin Angelika Kauffmann. Bregenz 1814 (Übersetzung von Rossi)

Romane

Anonym: Angelica Kauffmann. Roman in zwei Bänden. Leipzig 1860

Rebmann, Jutta: Angelika Kauffmann. Gefeierte Malerin im Europa des 18. Jahrhunderts. Biographischer Roman. Mühlacker 1994

Schreiner, Samuel A.: Angelica. New York 1978

Thackeray, Anne: Miss Angel. London 1875
Wailly, Armand François Léon de: Angelica Kauffmann. Historischer Roman in zwei Bänden. Paris 1832

REGISTER

Econ & List

Leo Linder

»Ah, mein kleiner Herzog, du hast Angst?« Jeanne d'Arc

240 Seiten, 20 Abbildungen

TB 26514-8

Originalausgabe

Sie ist einzigartig: Niemals hat eine Frau so direkt und mit derart durchschlagendem Erfolg in den Gang der Geschichte eingegriffen, und in keinem Fall hat der Auftritt eines Menschen auf der politischen Bühne so viele Rätsel aufgegeben. Ihr Werdegang ist atemberaubend: Eben noch Hütemädchen am äußersten Rand Frankreichs, geht sie zu dem jungen schwachen König und bringt als politisches Genie in einem schon fast hundert Jahre dauernden Krieg die entscheidende Wendung. Mit 19 ist sie tot, verbrannt als Hexe. Und sie bleibt eine Heldin.